Cuando los niños no vienen de París

Orientación y recursos para la postadopción

Marga Muñiz Aguilar

Cuando los niños no vienen de París

Orientación y recursos para la postadopción

GRUPO NELSON
Una división de Thomas Nelson Publishers
Desde 1798

NASHVILLE   DALLAS   MÉXICO DF.   RÍO DE JANEIRO

© 2011 por Grupo Nelson®
Publicado en Nashville, Tennessee, Estados Unidos de América. Grupo Nelson, Inc. es una subsidiaria que pertenece completamente a Thomas Nelson, Inc. Grupo Nelson es una marca registrada de Thomas Nelson, Inc. www.gruponelson.com

Publicado orignalmente por Ediciones Noufront
Plza. Vil·la Romana nº 3, 1º-3ª
43800 VALLS
Tel. 977 606 584
Tarragona (España)
info@edicionesnoufront.com
www.edicionesnoufront.com
© 2007 Marga Muñiz Aguilar
© 2007 Ediciones Noufront

Cuando los niños no vienen de París
Autora: Marga Muñiz Aguilar
serviciospostadoptivos@yahoo.com

El 10% de los beneficios generados por la venta de este libro, irán destinados a AFAC, con dichos fondos se apoyará un proyecto con The Amity Foundation (ver explicación en página 7 y 8).

Todos los derechos reservados. Ninguna porción de este libro podrá ser reproducida, almacenada en algún sistema de recuperación, o transmitida en cualquier forma o por cualquier medio —mecánicos, fotocopias, grabación u otro— excepto por citas breves en revistas impresas, sin la autorización previa por escrito de la editorial.

Editora General: *Graciela Lelli*
Diseño: *produccioneditorial.com*

ISBN: 978-1-60255-5-549

Impreso en Estados Unidos de América
11 12 13 14 15 QG 9 8 7 6 5 4 3 2 1

Según una antigua tradición china, todos aquellos seres humanos que están destinados a compartir un vínculo afectivo especial e intenso, permanecen desde siempre unidos por un hilo rojo invisible, que puede tensarse o enredarse, pero que jamás puede romperse. Según la leyenda, estas personas terminan por encontrarse a pesar del tiempo, del lugar o de las circunstancias.

A Rut y Ester

AFAC Asociación de Familias Adoptantes de China (www.afac.info), nació el 6 de Julio de 1998 de la mano de Asun Loste y Enric Méndez, con el fin de ayudar a otras familias en todos los trámites a seguir durante el proceso de adopción en la República Popular China.

Durante estos años AFAC ha ido creciendo en número de familias asociadas hasta llegar en la actualidad alrededor de las 2.000 familias de toda España.

En la actualidad, los esfuerzos de la Asociación están enfocados no sólo en facilitar información a las familias que se encuentran tanto en proceso de adopción como en el postadoptivo, si no que casi la totalidad de sus ingresos son destinados a la realización de proyectos en China.

Todos estos proyectos están encaminados a mejorar la calidad de vida de los niños que se encuentran en orfanatos (estas acciones se centran principalmente en intervenciones quirúrgicas, envío de ropa, zapatos, juguetes, etc.). Así como también procurar en lo posible la realización de mejoras en los propios centros; construcción de salas de rehabilitación o mejoras en las propias instalaciones del orfanato, proporcionar electrodomésticos como pueden ser lavadoras, secadoras, etc.

Para poder realizar todas estas actividades y proyectos contamos únicamente con los recursos humanos de voluntarios y de dos personas asalariadas.

Las cuotas de los socios son únicamente nuestra fuente de ingresos principal, contando también con algunas aportaciones de entidades privadas.

En el futuro AFAC espera poder seguir dando soporte a las familias adoptantes y continuar involucrándose cada vez más en el ámbito de los proyectos destinados a mejorar la calidad de vida de los niños y conseguir para ellos las condiciones necesarias para que puedan por fin tener una Familia.

The Amity Foundation es una organización benéfica independiente que fue creada en 1985 por la iniciativa de cristianos chinos a fin de promover la educación, servicios sociales, salud y el desarrollo rural de las provincias costeras de China (http://www.amityfoundation.org). De esta manera The Amity Foundation contribuye al desarrollo social de China.

The Amity Foundation opera en un total de 65 orfanatos localizados en 12 provincias de China (Jiangsu, Anhui, Jiangxi, Hunan, Hubei, Xinjiang, Zhejiang, Ningxia, Fujian, Guangxi, Sichuan, Tibet). Trabaja en la formación de los cuidadores que trabajaran con niños con necesidades especiales, y así mismo promueve operaciones que mejoraran la calidad de vida de los niños en los orfanatos.

En China, muchos de los niños que se encuentran en orfanatos tienen hándicaps congénitos (atresia anal, atresia de esófago, cardiopatías congénitas, labio leporino,…). The Amity Foundation proporciona el apoyo médico patrocinando el tratamiento y la cirugía para estos niños. Para muchos la cirugía no sólo les salva la vida sino que les permite ganar en calidad de vida y volver a entrar en el circuito adoptivo, con lo que acabarán dejando el orfanato y viviendo con una familia, su familia.

The Amity Foundation ha estado trabajando con esos orfanatos durante más de 10 años en el suministro de fondos para que los niños reciban el tratamiento médico oportuno.

AFAC colabora con esta asociación obteniendo fondos que serán destinados a operaciones quirúrgicas de niños huérfanos, y es a este proyecto al que se destinará el 10 % de los beneficios obtenidos por la venta de esta publicación.

Índice

PRÓLOGO *11*

INTRODUCCIÓN *13*

LA ADOPCIÓN, UNA FORMA DE CONVERTIRSE EN FAMILIA *17*
- *Las familias del siglo XXI* *19*
- *La adopción internacional* *21*
- *La adopción nacional* *24*
- *Familia biológica y familia adoptiva: ¿igual o diferente?* *26*
- *La experiencia de la adopción internacional en otros países* *32*

ASPECTOS SILENCIADOS DE LA ADOPCIÓN *39*
- *La adopción, a veces, también duele* *41*
- *El duelo y su elaboración* *43*
- *El duelo por la infertilidad* *46*
- *El duelo de los hijos/as adoptados* *47*
- *La depresión postadopción: causas, síntomas y estrategias*
  para evitarla o superarla *49*
- *Adopciones truncadas: factores de riesgo, etapas y medidas de prevención* *56*
- *Relatos en Primera Persona* *66*

EL CAMINO HACIA EL APEGO *71*
- *La conducta de apego* *73*
- *Factores que dificultan la vinculación* *77*
- *El Trastorno Reactivo de Vinculación: causas, síntomas y tratamiento* ... *79*
- *La Resiliencia y los efectos reparatorios de la adopción* *89*
- *Relato en Primera Persona* *92*

ADOPCIÓN Y APRENDIZAJE *103*
- *Mitos y Realidades* *105*
- *La importancia de un desarrollo neurológico apropiado* *107*
- *Los teratógenos y el desarrollo cerebral* *112*
- *Nutrición y desarrollo cognitivo* *119*
- *Tres problemas que influyen en el rendimiento escolar:* *124*
  - *Síndrome de Alcoholismo Fetal* *124*
  - *Déficit Cognitivo Acumulativo* *126*
  - *Trastorno por Déficit de Atención con Hiperactividad* *130*

- *Estrategias para enfrentar los problemas escolares* *136*
- *Relatos en Primera Persona* *148*

LA FAMILIA MONOPARENTAL *175*
- *La adopción: una nueva ruta hacia la monoparentalidad* *177*
- *Reacciones y actitudes del entorno* *180*
- *La figura ausente: cómo manejar la pregunta sobre el padre/madre* *181*
- *Retos y logros de la monoparentalidad adoptiva* *183*
- *Relatos en Primera Persona* *186*

LA FAMILIA INTERÉTNICA *203*
- *Orígenes de las adopciones interétnicas* *205*
- *¿Familias con un miembro de otra etnia o familias multiétnicas?* *207*
- *Algunos sentimientos comunes en adultos interétnicos adoptados* *209*
- *Estrategias para desarrollar una identidad étnica y cultural positiva* ... *212*
- *Relato en Primera Persona* *219*

HABLANDO CON NUESTROS HIJOS/AS SOBRE LA ADOPCIÓN *223*
- *¿Por qué es importante hablar de la adopción?* *225*
- *Cómo hablar sobre de la adopción* *227*
- *Honrando los orígenes* *230*
- *Relatos en Primera Persona* *233*

EN NOMBRE PROPIO *241*
- *De objeto de estudio a expertos en la materia* *243*
- *Recursos en la red* *248*

ÉPILOGO *253*

BIBLIOGRAFÍA *255*

Prólogo

Hace algún tiempo unos padres me decían que los niños deberían venir a este mundo junto con su libro de instrucciones, de esta forma, podría ser más factible disfrutar de ellos mientras se les educa y crecen a nuestro lado.

Al leer *Cuando l@s niñ@s no vienen de París*, uno tiene la impresión de que le han dado el libro de instrucciones que se necesita para orientarse en la aventura de la adopción. Aventura, que en sí misma, entraña una serie de particularidades que no están presentes en las familias con hijas o hijos biológicos.

Margarita Muñiz con su extraordinaria capacidad para la investigación, la reflexión y la aplicación del conocimiento adquirido, reúne las mejores condiciones personales, profesionales y la suficiente experiencia para sacar a la luz una obra tan completa y práctica como ésta, en la cual, se exponen temas que muchos padres adoptivos nunca han llegado a plantearse, y no por ello, han podido zafarse de sufrir las consecuencias pertinentes. Desenmascara las creencias erróneas que aún, actualmente, persisten y confunden a los que con más voluntad que acierto intentan realizar una buena y noble tarea en este ámbito. Presenta pautas útiles y claras para que los padres puedan identificar y manejar los problemas más típicos que la experiencia de la adopción plantea.

Calificar este libro como una obra divulgativa, sería olvidar su vertiente documental, didáctica y terapéutica. No es un texto para leerlo y aparcarlo en la estantería, por el contrario, es un tratado de formación y consulta para las madres y padres adoptivos, para aquellos que desean serlo un día y en general, para los educadores que han de trabajar con niñas y niños que han tenido que pasar por el duro trance de la separación de sus familias y sus países de origen.

Desde aquí quiero expresar mi más sincero reconocimiento a Margarita Muñiz por su labor y aportación en el campo de la adopción, la cual, he seguido de cerca desde sus inicios comprobando cómo ha beneficiado -y sin duda lo sigue haciendo- tanto a adoptad@s como adoptiv@s.

David Solá Mestres
Psicólogo clínico y escritor

Introducción

Cuando el 25 de Septiembre de 1998 inicié los trámites para adoptar a mi primera hija, hace ahora exactamente nueve años (¡cómo pasa el tiempo!) no me podía imaginar la apasionante aventura que iba a comenzar.

Desde el principio, sabiendo que iba a adoptar en China, me preguntaba como sería eso de educar una niña adoptada, además, de otra etnia y con otras raíces. Recuerdo que cuando preguntaba en la ECAI (Entidad Colaboradora de Adopción Internacional) o a otras familias adoptivas, la respuesta invariablemente era que no me preocupara porque estas niñas serían andaluzas, madrileñas, catalanas, extremeñas o vascas y que, además, no había diferencia de ningún tipo por ser adoptada. Y así lo asumí al principio.

Cuando fuí a China a buscar a mi primera hija seguía pensando de esta forma, puesto que era el mensaje que constantemente recibía, aunque la pregunta sobre cómo educarla seguía latente. Y fue ella, precisamente, la que me dio la clave de cómo hacerlo porque desde muy pequeña se interesó por sus orígenes y por su madre biológica; interés que al poco tiempo extendió al resto de la familia, con hermanos, primos, tíos, abuelos e incluso bisabuelos. Además, hacía preguntas que sorprendían y que requerían respuestas no improvisadas. Recuerdo, cuando sólo tenía 3 años, que fuimos a una reunión de familias que habíamos adoptado en China, y cuando llegó la hora de comer, entrando en el restaurante, me preguntó: «mamá, ¿por qué sólo hay niñas chinas y no hay niños?». En un sentido, la agenda me la estaba marcando ella.

Puesto que en España la experiencia en adopción internacional era muy reciente, y prácticamente no había literatura sobre el tema, empecé a bucear en Internet, buscando información en países con más tradición en este tipo de adopciones. Además, por esas fechas, conocí la terapia sistémica transgeneracional y así fue como empecé a dar un giro copernicano a mi comprensión de lo que significaba la adopción en general y la interétnica en particular.

Recuerdo que la Junta de Andalucía todavía no tenía servicios postadoptivos en Sevilla y la ECAI con la que tramité mi primera adopción tampoco ofrecía formación en este sentido. Así que, como entonces nos conocíamos casi todas las familias que habíamos adoptado en China, fue como, llamándonos unas a otras por teléfono, organizamos la primera reunión de postadopción, a la que también asistieron un par de familias más que habían adoptado en Rusia y en Chile.

Nos reunimos unas 25 familias y un psicólogo amigo trató el tema de cómo abordar la figura de la madre biológica. Hubo bastante polémica sobre si se le debería llamar «la señora que te llevó en la tripa», «tu mamá china», «tu madre biológica», o sencillamente no mencionarla para nada, puesto que madre no es que la pare, sino la que se levanta por las noches y la que está a tu lado cuando la necesitas.

Así fue como se inició mi andadura en el mundo de la postadopción. Andadura que se ha plasmado en este libro; fruto de horas pasadas ante el ordenador intercambiando opiniones y experiencias con otros padres y madres adoptivos en foros de Internet, de muchas charlas y coloquios con familias, de mi propia experiencia profesional en el campo de la educación a lo largo de 20 años y, sobre todo, fruto de la experiencia de criar a dos hijas maravillosas, que son tan diferentes y especiales, que me dan perspectivas muy diferentes sobre la forma en que cada persona vive la misma experiencia.

Precisamente por esta circunstancia, soy consciente de que hablar sobre qué ocurre *Cuando los niños no vienen de París*, es complejo, porque complejo y variado es el ser humano. Así, dada esa complejidad, el objetivo de este libro es abrir espacios de reflexión en torno a una realidad que necesita análisis desde distintas perspectivas.

Y consciente de que todo análisis implica una disección de la realidad, lo cual significa centrarse, en ese momento, en un aspecto concreto de esa realidad, que en sí misma es plural y variada. Creo que no será baladí recordar que los temas tratados hacen referencia a problemáticas que no se dan necesariamente en todos los niños/as adoptados, ni en sus familias, pero sí que se dan en algunos casos, en mayor o menor grado.

Así, aunque es evidente que no todos los niños o niñas adoptadas tienen problemas escolares, problemas de conducta o trastornos reactivos de vinculación, ni todos los padres o madres tienen que superar una depresión postadopción, elaborar un duelo, o adecuar sus expectativas a la realidad de sus hijos, creo que es necesario reflexionar sobre estos y otros temas postadoptivos. Ya que en la medida que las familias los conozcamos y dispongamos de recursos para enfrentarlos, estaremos en mejores condiciones de ofrecer a nuestros hijos e hijas los medios necesarios para que puedan vivir sus vidas con plenitud.

Capítulo 1

La Adopción, una forma de convertirse en Familia

Las familias del siglo XXI

Según las encuestas sociológicas, la familia es la institución más valorada por los españoles, por delante del bienestar económico, el trabajo, los amigos o el ocio.

Sin embargo, se escucha con frecuencia que la familia está en crisis. En realidad lo que verdaderamente está en crisis es la familia nuclear, o más bien, la familia biparental y matrimonial. Es decir, la familia no está en crisis, sino sólo una de sus formas, porque vivir en familia sigue siendo la aspiración de la inmensa mayoría de las personas.

El modelo familiar nuclear, estructurado, biparental, indestructible (o por lo menos, sólo con el evento de la muerte de uno o ambos cónyuges), sancionado legal, moral, religiosa y socialmente, es el que está en retirada. Su importancia relativa ha disminuido al surgir otros tipos de familias, que han contribuido a la denominada «Diversidad Familiar».

Así, a partir de los años ochenta, todo el mundo empezó a tener amigos divorciados, familiares que se iban a vivir juntos sin casarse, vecinos que vivían solos, conocidos que tenían hijas o hijos adoptados en la otra parte del mundo o personas que vivían con parejas del mismo sexo.

Esta diversidad ha hecho que incluso la terminología política cambie y se adapte a la realidad social. Ahora en vez de Dirección General de Infancia y Familia, encontramos Dirección General de la Infancia y las Familias.

Según el censo de 2001, más de un millón de personas vivían en pareja sin estar casados, un 155% más que en 1991. Uno de cada cinco bebés nacía fuera del matrimonio, el doble que en 1991. Había casi medio millón de hogares encabezados por una persona (mujer, en un 87%) divorciada con sus hijos a cargo, el doble que una década atrás. Casi tres millones de españoles vivían solos. Y, por primera vez en la historia de la demografía española, 10.500 hombres y mujeres declaraban libremente que eran homosexuales y que convivían con sus parejas afectivas del mismo sexo.

En ese mismo censo, 233.000 familias se declararon reconstituidas, es decir, nuevos hogares creados a partir de divorcios previos, en el que cada miembro de la pareja aporta hijos propios y a su vez tienen otros en común.

A esto hay que unir las decenas de miles de niños y niñas que han nacido en los últimos 20 años gracias a la reproducción asistida. Estas técnicas han hecho posible la paternidad/maternidad no sólo a parejas con problemas de infertilidad, sino a mujeres que deseaban ser madres sin necesidad de tener un compañero, y que hoy engrosan la cifra cada vez mayor de familias monoparentales.

En la segunda mitad de la década de los noventa se inició el boom de la adopción internacional, un fenómeno social que ha añadido color a nuestros parques, con niñas y niños de ojos rasgados, pelo rubio y ojos azules o piel negra y pelo ensortijado. Son las nuevas familias interétnicas.

La aprobación, no exenta de polémica, en el Congreso de los Diputados, en abril de 2005, de la ley de matrimonio entre parejas del mismo sexo es uno de los últimos y más llamativos episodios de una serie de cambios en el entramado familiar de este país.

Todos estos cambios se han producido en España, a diferencia del resto de Europa, en muy corto espacio de tiempo. En el caso concreto de las adopciones internacionales hablamos prácticamente de los últimos diez años.

La adopción, como forma de prohijar a un menor con el que no se tienen lazos de sangre, es tan antigua como la misma humanidad. El Código de Hammurabi ya la regulaba hace casi 4.000 años. Pero, quizás, la historia más famosa de una adopción sea la de Moisés, que se relata en el segundo libro de la Biblia, el libro de Éxodo, y que se ha popularizado en el cine gracias a una película, El Príncipe de Egipto. También fue practicada en las ciudades griegas y en Roma.

Entonces se trataba básicamente de encontrar una vía para dar continuidad a los apellidos o a la herencia de familias que no tenían descendencia. Durante mucho tiempo fue una institución llena de secretismos y mentiras para encubrir problemas de fertilidad. Hoy día es simplemente otra forma de convertirse en familia.

Aunque en la mayoría de los casos son aún parejas con dificultades para tener hijos/as por la vía biológica, también hay parejas que adoptan como primera opción para formar una familia, parejas con hijos que desean ampliar la familia o personas que quieren ejercer la maternidad/paternidad en solitario. El sentido de solidaridad o de responsabilidad social también aparece, con ciertas precauciones, entre las motivaciones de muchas familias que adoptan como una opción y no por necesidad.

La Adopción Internacional

La adopción internacional se ha convertido, a lo largo del último cuarto de siglo, en un fenómeno social emergente en los países desarrollados, donde unos 40.000 niños/as, procedentes de más de 100 países diferentes, son adoptados cada año.

En España, el fenómeno es más reciente porque se inició en la segunda mitad de la década de los 90, pero sus cifras no dejan de sorprender. En 1997, primer año del que se tienen estadísticas, se formalizaron 849 adopciones internacionales, mientras que en 2005 fueron adoptados 5.423 menores procedentes de 35 países, lo que supone un incremento del 638,7% en tan sólo 8 años.

Nuestro país ocupa el primer lugar de la Unión Europea en número de adopciones y el segundo a nivel mundial, después de Estados Unidos. También ocupa el primer lugar en proporción al número de habitantes (12,3 adopciones por cada 100.000 habitantes), siendo China el país de procedencia de la mayoría de las adopciones internacionales, seguido de Rusia, Ucrania y Colombia. El endurecimiento de las condiciones en China, ha dirigido a muchas familias a adoptar, entre otros países, en Etiopía, que se ha convertido en el cuarto país de origen de las adopciones internacionales. El 88,6% de estos niños y niñas fueron adoptados por parejas y el 11,4% por personas en solitario, la mayoría mujeres.

Las adopciones internacionales se iniciaron en Estados Unidos después de la Segunda Guerra Mundial, para acoger a los miles de huérfanos, especialmente hijos de soldados americanos y madres de los países donde estaban destinados, que había dejado la contienda. Las guerras de Corea y de Vietnam supusieron una nueva oleada de adopciones internacionales.

En las décadas de los años 70 y 80, el descenso en los países más desarrollados de niños adoptables fue lo que hizo que muchas familias optaran por la adopción internacional. Este descenso se debió, entre otras razones, a cambios en la moralidad, con una mayor aceptación de las madres solteras, a la generalización de métodos anticonceptivos, al desarrollo del Estado del Bienestar, con medidas de protección social, al implemento de políticas de planificación familiar, a la aprobación de leyes sobre el aborto, etc. Así, por ejemplo, Suecia se ha convertido en el país con el índice más alto de adopciones internacionales por habitante. Uno de cada 50 niños es adoptado.

En España las adopciones internacionales son más recientes, surgiendo en la segunda mitad de los años 90. La emisión en televisión a finales de 1995 de un documental realizado por un equipo de periodistas del Channel Four del Reino Unido, titulado Las habitaciones de la muerte, sobre la situación de los orfanatos en China, provocó un aluvión de llamadas de familias, parejas y personas solas dispuestas a adoptar estas niñas. En los días siguientes, algunos gobiernos autonómicos tuvieron que habilitar oficinas especiales para informar sobre las condiciones para adoptar en China.

La ausencia de una infraestructura administrativa que atendiera la demanda de información, impulsó la creación de múltiples asociaciones de familias adoptantes, organizadas generalmente en función de los países de procedencia de los menores. Estas asociaciones la mayoría de las veces no tienen sede física propia o son compartidas con otras asociaciones en instalaciones de participación ciudadana, pero, sin embargo, tienen sedes virtuales a través de internet que les hacen alcanzar una proyección mayor. Sirven de plataforma para informar sobre aspectos preadoptivos, para formar en temas de postadopción, para vehicular de alguna forma el contacto con otros menores que tienen el mismo origen étnico y/o cultural, para organizar proyectos de apoyo y cooperación con los países de origen de sus hijos/as, etc.

En palabras de la presidenta de CORA (Coordinadora Nacional de Asociación de Familias Adoptantes), en su comparecencia ante la Comisión Especial del Senado sobre Adopción Internacional en Septiembre de 2002: «Somos un montón de voluntarios con buena voluntad, con muchas ganas de trabajar, pero con recursos económicos y personales a nivel de tiempo muy escasos». Además de la solidaridad, el sentimiento de empatía entre aquellas personas que estaban embarcadas en la misma experiencia, favoreció la creación entre 1996 y 1998 de muchas de estas asociaciones.

El sentido de solidaridad o de responsabilidad social es un sentimiento frecuente entre las asociaciones de familias adoptantes y, sin duda, las facilidades que ofrece internet ha favorecido también el desarrollo de este espíritu. Así, se han creado múltiples listas de correos, foros, chats, etc., donde se pasa información actualizada de las últimas noticias, se asesora sobre los procedimientos a seguir en cada país, se organizan kedadas, donde conocerse y tener actividades familiares, etc. Se puede hablar de una comunidad virtual, puesto que la mayoría de las relaciones son virtuales, que aglutina a un colectivo muy variado, pero que tiene como elemento común el ser o querer ser una familia adoptiva.

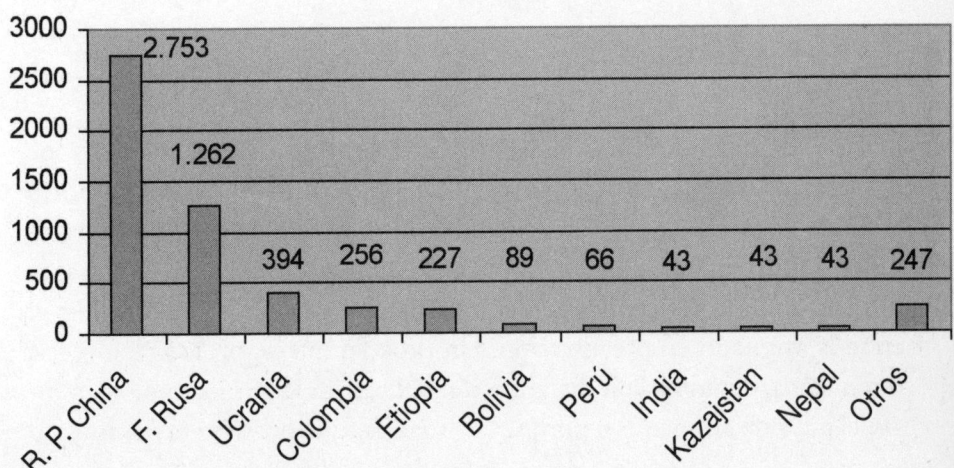

Edad de los adoptados

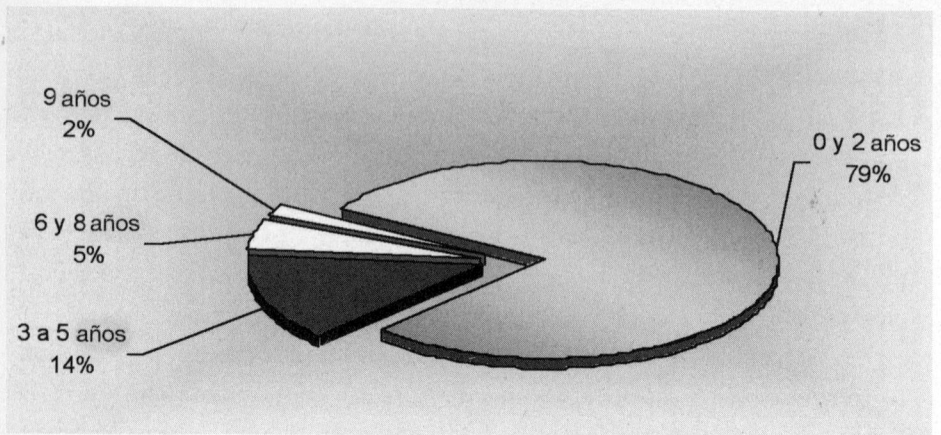

La Adopción Nacional

Los progresivos avances en los sistemas de protección de menores y los apoyos a la estructura familiar han ido ocasionando que cada vez sea menor el número de niños españoles en situación de ser propuestos para un proceso adoptivo. Esta situación ha dado lugar a la saturación de las listas nacionales de solicitantes de adopción, con tiempos de espera muy largos, en torno a los 8 años si se quiere adoptar un bebé.

Antes de que un niño pase al programa de adopción, los servicios sociales agotan todas las vías para conseguir que permanezca con sus padres biológicos y, en caso de que las medidas adoptadas no den resultados, se estudia la posibilidad de reubicar al menor dentro de la familia extensa, es decir, con abuelos o tíos. Sólo en el caso de que esta vía no sea posible, el menor es asignado en preadopción. Un proceso que se prolonga, a veces, durante años, debido a la judicialización del caso si la familia biológica recurre el auto de adopción o porque la situación que provocó el desamparo del menor desaparezca, en cuyo caso no se tramitaría la adopción, ya que el menor volvería con su familia biológica. Todas estas circunstancias han hecho que el número de adopciones nacionales disminuyan, de forma que sólo representen el 20% del total de adopciones realizadas por familias españolas.

En España había en 2005 alrededor de 33.000 niños y niñas tutelados por organismos públicos, de los cuales, 14.617 estaban en centros de protección de menores. Un número algo superior, 15.893 vivía con la familia extensa o con familias ajenas en régimen de acogimiento familiar administrativo (con el consentimiento de los padres biológicos). Otros pocos, 2.822 estaban en acogimiento familiar judicial (con la oposición de los progenitores). Sólo una minoría es adoptable, pero es imposible de cuantificar debido a las variaciones que experimentan en función de decisiones personales de las familias biológicas. En concreto, en 2005 sólo fueron adoptados 691 menores, porque más del 80% vuelve con sus padres biológicos o mantiene vínculos con ellos.

Las vacilaciones de los padres biológicos y las discrepancias entre servicios sociales y jueces hacen que muchos de estos niños pasen la mayor parte de su infancia (y dos o tres años son muchos para una vida de cinco o seis) sin afectos seguros en centros de acogida, que tenían que ser temporales. En otros casos, niños y niñas que han encontrado esos afectos seguros en familias en las que estaban en régimen de acogimiento preadoptivo, han visto como estas discrepancias terminaban con sus posibilidades de tener una familia y acaban de nuevo en centros de acogida, como en el famoso caso de la niña Piedad en Canarias. Después de una larga batalla en los medios de comunicación y en los juzgados, tanto por parte de la familia con la que estaba en acogimiento preadoptivo, como por asociaciones de protección de la infancia, y después de largas discrepancias entre las distintas administraciones, la niña volvió a un centro de menores. Pasados dos meses de su ingreso, la Asociación para los Derechos del Niño y de la Niña (PRODENI) denunció el «maltrato institucional» que se estaba dando a esta niña porque, después de separarla de la familia preadoptiva, con informes técnicos que aconsejaban lo contrario, la menor continuaba internada en un centro y, además, se habían suspendido las visitas de su madre biológica por ser perjudiciales. En estos momentos se desconoce si esa suspensión de las visitas ordenada por la Audiencia Provincial es definitiva o provisional, pero lo cierto es que la menor, a su corta edad, está sufriendo las discrepancias de un sistema, que no contempla que la vida de un niño o una niña no se puede paralizar en espera de que los adultos se pongan de acuerdo. El interés supremo debía ser el del menor y no el de nadie más.

Todas estas circunstancias pueden dar respuesta a la pregunta tan frecuente de por qué adoptar en otro país cuando aquí también hay niños que necesitan una familia. Aún recuerdo cuando presenté la solicitud para acogimiento temporal en el año 1991, estando abierta a la posibilidad de un grupo de hermanas y con un espectro amplio de edades. La administración tardó diez años en contestar y sólo para preguntar si seguía interesada en el acogimiento. Para esa fecha, ya había adoptado a mi primera hija en China y estaba en trámites para la segunda. Fueron los mismos técnicos de la administración los que me aconsejaron cerrar el expediente puesto que, en mis circunstancias, las posibilidades de acceder a la adopción nacional eran, no sólo mínimas, sino inexistentes.

Familia biológica y familia adoptiva ¿igual o diferente?

Según la Convención de los Derechos del Niño de 1989, uno de los derechos básico de todo niño o niña es el de tener una familia. Cuando la familia biológica no puede proporcionarles los cuidados necesarios para vivir y desarrollarse en su propio seno, puede ser dado en adopción, de forma que esos cuidados sean, entonces, proporcionados por una familia adoptiva.

Con la adopción se trata de buscar el interés superior del menor, proporcionándole una familia. No se trata de dar solución al deseo o necesidad de los adultos de ser padres o madres, aunque ellos también se verán beneficiados, cumpliendo su anhelo de paternidad o maternidad.

Por tanto, nos encontramos ante una tríada: los menores, los padres biológicos y los padres adoptivos. O dicho de otra forma, tenemos, unos menores y dos familias, la biológica y la adoptiva. De la comprensión de esta realidad y de los sentimientos que provoque, va a depender en gran parte el buen desarrollo de la dinámica interna de la familia adoptiva.

Y la realidad es que para que esa familia se haya podido formar, la madre biológica ha tenido que renunciar a ese hijo/a, lo cual, la mayoría de las veces, ocurre por múltiples factores, que pueden ir desde motivos económicos a incapacidad para asumir su rol de madre, inmadurez emocional, falta de apoyo del padre de la criatura o de la familia, la situación en la que se produjo la concepción (incesto, violación, etc.), o por cuestiones de índole cultural, en sociedades donde se prima el nacimiento de los varones.

En estas circunstancias, el embarazo puede provocar en la madre sentimientos ambivalentes de amor y de rechazo, que el bebé in útero percibirá y que le podrá marcar emocionalmente en su vida futura. Por otra parte, el sentimiento de pérdida, generalmente produce un duelo que acompañará a las madres que tienen que entregar a sus hijos, durante toda la vida.

Muchas veces se trata de mujeres que han preferido preservar la vida de sus hijos y entregarlos en adopción, buscando una vida mejor para ellos, en vez de tomar la opción de abortar.

Por otro lado, un porcentaje importante de las familias adoptivas llegan a la decisión de adoptar después de ímprobos esfuerzos por tener hijos biológicos, lo cual les ha proporcionado un desgaste emocional como individuo y como pareja. Los sentimientos de rabia, impotencia, etc. que provoca la renuncia al hijo biológico, deben tener una elaboración adecuada, a través del duelo por el hijo que no podrán tener, y permitir, así, el advenimiento de un nuevo hijo soñado, el adoptado.

Por su parte, el niño/a entregado en adopción, puede presentar algunas características que deriven de la problemática psicosocial de su embarazo: ingesta por parte de la madre de alcohol, drogas, efectos del consumo de tabaco, malnutrición, estado emocional de la madre (depresión, ansiedad, estrés), que pueden influir en el desarrollo del feto, tanto a nivel físico como emocional. Además, la separación de la madre siempre es una experiencia traumática, que necesitará de su correspondiente elaboración, a través del duelo.

Por tanto, las familias adoptivas tienen características que les son propias, como son: estar formadas por una tríada, la ausencia de consanguinidad, con lo que esto supone de desconocimiento de la historia genética, una experiencia traumática de abandono, los efectos negativos de los períodos de institucionalización, a veces, una dolorosa historia de infertilidad, etc.

Además, a diferencia de la familia biológica, la familia adoptiva debe demostrar su idoneidad para ejercer la maternidad/paternidad, sometiéndose a largos procesos burocráticos, llenos de incertidumbre, con la diferencia añadida de que muchas veces los hijos o hijas proceden de países con lenguas y costumbres muy diferentes a las suyas, y, en algunos casos, con características étnicas diferentes.

De qué forma y manera pueden afectar todas estas circunstancias a la vida futura del niño o niña adoptado es imprevisible. Por una parte, está la capacidad de resiliencia del ser humano, capaz de superar experiencias muy adversas y negativas, y, por otra parte, está la capacidad de los padres y madres adoptivos de ejercer una función reparadora en las vidas de sus hijos.

Lo que sí tienen en común las familias biológicas y las adoptivas, es que todas tienen como objetivo el bienestar físico y emocional de cada uno de sus miembros. También comparten la calidad del vínculo, el sentimiento de pertenencia, y el cumplimiento de roles, que pueden ser tan válidos y profundos en las familias adoptivas como en las biológicas.

Aunque, la percepción social de la adopción ha cambiado, pasando de ser un fenómeno invisible, del que no se hablaba, a ser un fenómeno socialmente visible y plenamente aceptado, sin embargo, no es infrecuente encontrar hoy día familias que todavía lo mantienen en secreto.

Muchas de estas familias dicen que no informan a sus hijos/as acerca de su origen «para no hacerles sufrir», puesto que es lo mismo ser una familia adoptiva que biológica, y consideran que la adopción es un hecho traumático. Lo realmente cierto es que la adopción es un hecho reparador y restaurador de otro suceso realmente traumático, que es el abandono.

En muchos de estos casos, por lo general, se trata de padres y madres que no han asumido el dolor que les ha producido la imposibilidad de concebir y tratan de evitarse ellos mismo el sufrimiento que significa aceptarla.

En estos casos, el argumento sería: si la parentalidad adoptiva es equivalente a la biológica ¿por qué no hablar de ella? En realidad, este planteamiento, que trata de igualar, en el fondo lo que hace es precisamente todo lo contrario, reforzar que los lazos de sangre son más fuertes que los adoptivos.

Lo que suele ocurrir es que cuando los hijos/as se enteran, y más tarde o más temprano lo hacen, suelen reaccionar con ira y con furia, acompañadas por la humillación de sentirse traicionados. También pueden sentir que tienen una deuda pendiente con los padres biológicos por el abandono padecido y con los adoptivos por lo que le han ocultado de su historia. Por estos motivos, mentir acerca del origen constituye una de las causas de fracaso en las familias adoptivas.

En este sentido acaba de salir una legislación que permite inscribir España como país de nacimiento de un niño/a adoptado en el extranjero. Esta medida no sólo intenta negar sus raíces, sino incluso borrarlas, con las consecuencias negativas que eso puede suponer para la formación de su identidad.

También nos encontramos con familias que, aún reconociendo que los hijos/as son adoptados y no teniendo ningún problema para informarles de ello, mantienen la postura de que no hay ninguna diferencia entre la parentalidad biológica y la adoptiva, como si las diferencias fueran negativas. Quizás confunden diferencia con discriminación, pero mientras la discriminación es limitante, la diferencia es enriquecedora.

En un afán por tratar a todos por igual se puede caer en el error de negar a los adultos dos experiencias de paternidad/maternidad diferentes, y a los niños/as dos realidades también muy diferentes; que si no se tienen en cuenta lo que provocan es precisamente aquello que se pretende evitar, la discriminación.

Esto es lo que ocurre, por ejemplo, cuando en un afán por «normalizar», se escolariza a los menores adoptados en edad escolar según un criterio cronológico y se espera que tengan unos comportamientos, unos hábitos y unos conocimientos iguales a los de los nacidos en el país, con la diferencia de que muchos de ellos no han estado escolarizados o no han tenido las mismas experiencias ni las mismas oportunidades.

Porque, aunque la familia adoptiva es tan válida y tan buena como la biológica, se constituye de forma diferente, porque lo hace sobre dos pérdidas: el del abandono originario y real en el niño/a, con la consiguiente institucionalización, y el de la renuncia a la parentalidad biológica en los adultos, en caso de infertilidad o monoparentalidad, y esto supone que el sistema familiar, en su conjunto, debe enfrentarse a una serie de factores estresantes.

En el caso de los menores, entre estos factores estresantes pueden estar la carencia de habilidades sociales, la hiperactividad, problemas para crear vínculos de apego con la familia, conductas sexuales inapropiadas, problemas cognitivos, etc. En el caso de algunos padres y madres adoptivos, estos factores estresantes pueden ser expectativas poco realistas, duelos no elaborados o maternidad/paternidad idealizada debido a largos años de espera.

La familia adoptiva comparte muchas vivencias con el resto de formas de vida familiar que encontramos en el siglo XXI, pero se construye desde un espacio corporal, mental y afectivo diferente y que les son propios. Por tanto, tiene tareas, procesos y dificultades que las demás desconocen por completo como los trámites y gestiones para conseguir la idoneidad, los daños y secuelas provocados por la historia del abandono, la revelación de la condición de adoptado, etc. Lo mismo ocurre con otras formas de acceder a la parentalidad, como puede ser la inseminación artificial. Cada una tiene sus propias peculiaridades y sus propias vivencias, sin que ninguna se pueda considerar con menoscabo de las otras.

H. David Kirk, en su obra *Shared Fate*, ya en 1964 defendía que ser una familia adoptiva no era lo mismo que ser una familia biológica y que lo que hacía una adopción exitosa no era que pareciera una familia biológica, sino que la adopción más exitosa era aquella en la que la familia era consciente de que tendría que afrontar diferencias para las que quizás no tenía todas las respuestas, o con las que nunca pensó que se tendría que enfrentar; pero que estaba dispuesta a trabajar para ser capaz de responder a esas necesidades, porque ser padre o ser madre, adoptivo o biológico, en definitiva, es eso, procurarles a los hijos o a las hijas un desarrollo lo más completo y feliz posible.

Según sus investigaciones, cuando la familia adoptiva rechaza las diferencias, hay menos comunicación y más probabilidad de tener relaciones conflictivas, mientras que aquellas familias que reconocen las diferencias, tienen mejor comunicación y, por tanto, mayor estabilidad.

De acuerdo con la opinión de los expertos, las familias desarrollan, básicamente, tres tipos de modelos o patrones de relación para enfrentarse a las tareas específicas que conlleva la adopción: aceptación, rechazo o insistencia frente a las diferencias.

El modelo de negación de las diferencias suele ser más funcional cuando la niña o niño que se ha adoptado es muy pequeño, así como en los inicios de la relación paterno-materno-filial, ya que en esos momentos es de primordial importancia el desarrollo de un vínculo afectivo fuerte y la presencia de unos modelos de identificación que le sirvan al adoptado/a para desarrollar un sentido de pertenencia a su familia.

Una vez pasada la etapa inicial, el modelo que mejor funciona es el de aceptación de las diferencias, ya que permite al niño/a adoptado un espacio en la familia en el que pueda reconocer, expresar, sentir, preguntar acerca de sus orígenes, etnia, cultura, etc. Este modelo permite a los padres/madres y a los hijos/as explorar los sentimientos de ser diferentes y tratar esas diferencias, que estarán presentes a lo largo de la vida, facilitando en el niño/a el desarrollo de la propia identidad y del sentimiento de pertenencia familiar.

El modelo de insistencia en las diferencias, es el que más riesgo de disfuncionalidad puede presentar, por dificultar el proceso de identificación y sentido de pertenencia a la familia. En este modelo la familia da mucha relevancia a la historia previa del niño y a sus antecedentes genéticos, especialmente en momentos conflictivos, con los cual «envían» al hijo/a de forma más o menos implícita, mensajes peyorativos sobre su familia biológica, su etnia o su cultura. Es por ello que en este modelo relacional, el hijo/a adoptada puede sentirse tratado como un extraño y no identificarse con su familia adoptiva.

Este modelo, sin embargo, puede aportar cierta utilidad al adolescente, que al abordar la crisis relacionada con su identidad (¿quién soy, quiénes son los míos?, etc.), contaría con una gran presencia de elementos sobre sus orígenes, ayudándole a desarrollar una fuerte identidad. Para ello sería necesario que en ese modelo de insistencia se utilizaran las diferencias en sentido positivo, pues al contrario lo único que llevaría sería a una identidad confusa, negativa o problemática.

Es lo que ocurre en aquellas familias que usan este patrón, en momentos de disfuncionalidad familiar, para asociar determinados comportamientos del hijo/a adoptado a estereotipos ligados a su cultura o etnia de origen.

En conclusión, el hecho de reconocer la diferencia, que no es deficiencia, el hecho de buscar puntos de contacto a través asociaciones de familias adoptivas, de revistas o de foros de Internet, el hecho de formarnos para poder ayudar a nuestros hijos e hijas a asumir de manera positiva su propia historia, no supone ningún peligro de crear guetos, como temen algunas personas que defienden la postura de que las familias adoptivas no tenemos unas características que nos son propias, sino todo lo contrario. Es procurarse los recursos necesarios para hacer que nuestros hijos e hijas puedan vivir sus vidas con la mayor plenitud posible.

La familia adoptiva, vivida desde esta perspectiva, es una fuente de satisfacción y de enriquecimiento, que difícilmente podíamos imaginar cuando iniciamos, a veces de manera algo ingenua, los primeros pasos hacia quienes se convertirían más tarde en centro de nuestro universo vital.

La experiencia de la Adopción Internacional en otros países

En España, debido a lo reciente del fenómeno, no contamos con estudios longitudinales que revelen la evolución de los menores adoptados durante la adolescencia y la juventud y su llegada a la edad adulta, pero en otros países con más tradición en la adopción internacional sí existen.

Con las precauciones necesarias, derivadas de una situación contextual diferente a la española, y evitando extrapolaciones que no siempre son las adecuadas, estas investigaciones pueden proporcionar una información muy valiosa: tanto a las instituciones públicas, como a los profesionales que trabajan en el ámbito de la adopción, como a las familias adoptivas, para ser capaces de responder, cada uno desde el ámbito que le es propio, a las necesidades de aquellos niños y niñas que nacieron a la vida en lugares lejanos, pero que van a crecer como ciudadanos españoles y como hijos e hijas que ocupan el centro de nuestros corazones y nuestras vidas.

Suecia es uno de los países con mayor número de menores adoptados por habitantes del mundo. La mayoría de las familias adoptivas son de clase media y tanto económicamente, como desde el punto de vista educativo, están por encima de la media.

Un estudio llevado a cabo por Anders Hjern, de la Comisión Nacional de Salud y Bienestar, comparó la salud mental y el nivel de adaptación social de cuatro grupos de población nacidos entre 1970 y 1979 y que continuaban viviendo en Suecia en 1985: jóvenes adultos adoptados internacionalmente antes de los 7 años, hijos biológicos de las familias adoptivas, jóvenes adultos nacidos en Suecia de padres suecos y jóvenes adultos hijos de inmigrantes que hubieran llegado Suecia antes de los 10 años.

Los resultados mostraron que, en el grupo de los adoptados, el 82% de los chicos y el 92% de las chicas, tanto en la adolescencia como en la edad adulta, no habían tenido problemas de adaptación ni ningún indicador de trastornos de salud mental, aunque a una minoría sí le había resultado difícil crecer en Suecia.

El estudio también reveló que una proporción más alta de adoptados, comparados con los no adoptados, tenían problemas. Los adoptados internacionales tenían tres o cuatro veces más probabilidades de tener problemas mentales serios, como suicidio, intentos de suicidio e ingresos psiquiátricos que los no adoptados y cinco veces más posibilidades de cometer delitos o tener problemas con el alcohol, comparados con otros suecos en parecidas circunstancias socioeconómicas.

Los resultados del estudio levantaron una gran polémica en Suecia, que, además, se vio avivada con la emisión, en un canal público de televisión, de un emotivo documental hablando de los efectos negativos de la adopción internacional. En respuesta, Tove Lifvendahl, adoptada coreana, y una de las líderes más importantes del Partido Moderado, escribió un artículo en el periódico de más tirada de Suecia, pidiendo que se acabara con la persecución a que estaban siendo sometidos los niños adoptados y sus familias, ya que, no se debía olvidar que la inmensa mayoría de las familias adoptivas tenían vidas tan felices como cualquier otra en Suecia, sin intentos de suicidio, ni consumo de drogas ni nada por el estilo.

El estudio de Hjern muestra una serie de cuestiones que son dignas de tener en cuenta:

La mayoría de los adoptados internacionales, a pesar de iniciar sus vidas en circunstancias muy adversas, no se ven afectados por problemas psicológicos o de adaptación grave, una evidencia más de la capacidad de resiliencia del ser humano.

Los bajos porcentajes de problemas de salud mental o desajustes sociales en los hijos biológicos de familias adoptivas muestran que los factores relacionados con los padres adoptivos tienen poca importancia en el origen de los problemas de los adoptados como grupo. Los resultados muestran que los padres/madres adoptivos, como grupo, son más competentes que otros grupos parentales, lo cual es un resultado repetido en otros estudios.

Los riesgos de desajuste social o de problemas mentales son más altos para aquellos adoptados con familias de mayor nivel socieconómico. Una posible explicación puede ser que estas familias ponen más presión y tienen expectativas más altas para sus hijos, tanto a nivel escolar-académico, como en otras áreas de la vida que aquellas con niveles socioeconómicos más bajos. Sentimientos crónicos de no ser capaz de alcanzar las expectativas de los padres puede ser un importante factor estresante que influya en el desarrollo emocional del adoptado/a.

Los adoptados internacionales que presentan problemas, obtienen resultados muy similares a los del grupo de hijos de inmigrantes, con proporciones ligeramente más altas en desórdenes mentales y ligeramente más bajos en desajustes sociales. El resultado es sorprendente, puesto que la mayoría de las familias inmigrantes tienen niveles socioeconómicos más bajos. Quizás esta similitud se pueda entender en función de los prejuicios y la discriminación que pudiera existir contra los jóvenes con una apariencia no-sueca. Esta clase de experiencias afecta a la autoestima y a la formación de la identidad de una manera negativa.

En otro estudio llevado a cabo en Holanda por Wendy Tieman, los resultados son muy similares, llamando la atención el hecho de que, como en el caso sueco, los varones adoptados muestran una mayor vulnerabilidad que las mujeres a las experiencias negativas en edades tempranas.

En Estados Unidos, en estudios similares, también encontraron que los adoptados varones tenían peores resultados que las mujeres adoptadas, comparados con la población general, en relación al consumo de drogas, el bienestar psicológico y algunos problemas de conducta, situándose el porcentaje de adoptados que no tenían problemas de desajuste social ni problemas mentales, en torno a los mismos porcentajes que en Suecia.

Especialistas de la Universidad de Leiden, en Holanda, analizaron 34 estudios sobre salud mental y otros 64 sobre problemas de comportamiento publicados en todo el mundo entre 1950 y 2005 para comparar la evolución de niños dados en adopción en el extranjero o en su país de nacimiento. Contrariamente a lo que los propios especialistas hipotetizaron antes de comenzar, los adoptados internacionales se adaptaron bien a su nuevo entorno familiar, mejor incluso que los adoptados nacionales. Estos pequeños fueron enviados a especialistas en salud mental más a menudo y, en general, dieron muestras de una mayor tasa de problemas de comportamiento que los adoptados internacionales, que a su vez, precisaron mayor atención psicológica que los biológicos, aunque las diferencias eran pequeñas. Los peores resultados se observaron entre aquellos que habían tenido peores condiciones antes de ser adoptados. Cuidados médicos insuficientes, malnutrición, separación de la madre o negligencia y abusos en los orfanatos eran las causas más frecuentes.

Según los autores, la buena adaptación podía explicarse, en parte, debido al perfil de las familias que adoptan internacionalmente: muy motivadas y con un buen estatus socioeconómico, que les permite invertir en el desarrollo de sus hijos.

En otro estudio llevado a cabo en Suecia, se analizó el modo en que los jóvenes adultos adoptados internacionales se comportaban en el mercado laboral. Aunque el estudio no está completado, los autores anticiparon que alcanzaban el mismo nivel educativo que los suecos nacidos en Suecia y un nivel más alto que los inmigrantes que llegaron al país antes de cumplir los 10 años. En cuanto al nivel de ingreso tienen, de media, ingresos inferiores en un 4% a los de los suecos de nacimiento, y un poco más altos que los emigrantes de segunda generación. En cuanto a la incidencia que pueda representar el no tener una apariencia sueca, el estudio revela que esta circunstancia tiene una influencia pequeña.

Un resultado curioso de este estudio es que los adoptados internacionales tienen más dificultades para alcanzar un estatus marital o similar, no sólo que los suecos de origen, sino también de la población emigrante. Un resultado similar aparece en las estadísticas de un encuentro de adoptados coreanos de todo el mundo, que se celebró en Estados Unidos.

Este dato, quizás, se pueda entender con las reflexiones de una joven vietnamita adoptada por una familia australiana: «me he dado cuenta recientemente de que mis relaciones pasadas han sido sacrificadas como resultado de mi miedo al abandono. Reflexionando, he tomado conciencia que mis relaciones íntimas han sido inconscientemente saboteadas por mí, debido a mi instintiva falta de confianza. Creo que ésta era mi forma de asegurarme de que no sería abandonada otra vez, como me ocurrió hace muchos años, por parte de mis padres vietnamitas. Mi temor de ser abandonada por aquellos en los que confiaba me ha hecho dudar de la fortaleza de todas mis relaciones anteriores, incluso aunque ellos no se lo merecieran. Al menos, ahora que me he dado cuenta de este patrón de conducta, espero que futuras relaciones tengan mayores posibilidades de sobrevivir».

Todos estos resultados no los deberíamos dejar pasar desapercibidos, por las implicaciones que tienen para nuestros hijos e hijas, para nosotros como familias adoptivas y para los demás agentes psicosociales que intervienen en los procesos adoptivos, con objeto de disminuir el número de adoptados que tienen problemas de ajuste en la sociedad de acogida, independientemente de que sean una minoría.

Según Hjern, las familias adoptivas deberían obtener ayuda psicológica tan pronto como fuera posible, cosa que al parecer no ocurrió en el caso sueco, porque muchos profesionales de la salud mental pensaban que estas familias contaban con recursos suficientes para enfrentar por sí mismas los problemas. En estos casos, ser una familia acomodada había sido más bien un obstáculo que una ventaja. En España puede estar ocurriendo lo mismo con ciertos problemas escolares.

Otra medida importante sería informar a las familias de la existencia de riesgos mayores de inadaptación en hijos adoptados que en hijos biológicos, especialmente en aquellos adoptados a más edad. Por una parte, la pobreza extrema y, en consecuencia, una desnutrición severa durante el embarazo y los primeros años de vida, pueden afectar al desarrollo del cerebro de una forma, a veces, casi irreversible. Por otra parte, una institucionalización prolongada, carente de unos cuidados mínimos, puede provocar desajustes e inadaptación social y afectiva a posteriori.

Durante los años 70, cuando se hicieron las adopciones de estos jóvenes adultos, era creencia popular en esos países que los adoptados internacionales tenían exactamente las mismas posibilidades de tener una buena vida que los hijos biológicos nacidos en la propia familia. Se pensaba que amor, buena alimentación y respeto podrían conseguirlo. Hoy se sabe que esto, aunque es necesario, no es suficiente.

Es interesante observar cómo esta ingenuidad de las familias que adoptaron en la década de los 70 está muy extendida hoy entre las familias españolas que han adoptado en la década de los 90 y en los primeros años del nuevo siglo.

Los resultados de estudios de este tipo, y la opinión de expertos en el tema, que llevan trabajando mucho más tiempo que nosotros en España, deberían hacernos reflexionar para, en la medida de lo posible, disminuir las posibilidades de desajustes y problemas cuando los que hoy son niñas y niños, algunos de ellos entrando ya en la adolescencia, lleguen a la edad adulta.

Capítulo 2

Aspectos silenciados de la adopción

La adopción, a veces, también duele

Es muy frecuente ver en China a personas que paran por la calle a las familias que pasean con sus hijas recién adoptadas, les sonríen, levantan el pulgar e invariablemente dicen: «son afortunadas».

Una vez aquí en España, es también muy frecuente escuchar expresiones como: «a esta niña le ha tocado la lotería», pero, aunque es cierto que la adopción tiene un lado feliz, porque son niños y niñas muy deseados y queridos, muy pocas veces, por no decir nunca, se hacen comentarios sobre la pérdida y el dolor que conlleva, porque cuesta entender que pueda haber una parte dolorosa en un acontecimiento tan feliz como es la adopción.

Tanto si se adopta un bebé, como si se trata de un niño o niña mayor, muchas familias creen, erróneamente, que la vida de este niño/a comienza cuando ellos entran a formar parte de ella, y que el pasado queda atrás. La realidad es que muchos aspectos de sus pérdidas se van a manifestar en sus nuevas familias, sin importar la edad en que fueron adoptados, porque la adopción se inicia a partir de una pérdida, la de la familia biológica.

A las familias adoptivas no nos resulta, a veces, fácil reconocer las consecuencias de esas pérdidas porque no son fáciles de ver e identificar y porque la mayoría de los niños/as no son capaces de elaborar mediante el lenguaje el dolor por esas pérdidas. Pero debemos estar atentos a algunas de las reacciones más frecuentes que provoca: ira, tristeza, resentimiento, hiperactividad, problemas de atención, conductas regresivas, pérdida de apetito, problemas escolares, etc., porque expresar el dolor es un paso hacia su superación.

Es la familia la que debe tomar la iniciativa de hablar de estas pérdidas y el dolor que les trae. Poner palabras a sus emociones no siempre resulta fácil, pero los niños y niñas que han vivido situaciones traumáticas o no han tenido una vida estable, no han aprendido a identificar sus emociones y los efectos que éstas producen.

La tarea de la familia adoptiva es informarse y prepararse para acompañar a sus hijos/as en su dolor y sus pérdidas. Porque la adopción, a veces, también duele. Y no sólo a los hijos, sino también a los padres y a las madres adoptivos. Y también duele, aunque se habla poco, a la familia de origen, especialmente a la madre biológica.

Y duele porque los adoptantes deben elaborar:

- El duelo por la infertilidad, si es el caso, renunciando al deseo de embarazo.

- El duelo por el hijo biológico, para lograr así, el advenimiento del deseo del hijo adoptivo.

- El duelo por el bebé cuando adoptan un niño mayor.

- El duelo por el hijo biológico, en caso de muerte prematura de éste.

- El duelo por la familia biparental, que puede que nunca tengan, en el caso de las personas que deciden ejercer la maternidad/paternidad en solitario.

Y duele porque el niño o niña adoptada debe elaborar:

- El duelo por su padre y, especialmente, por su madre biológica, con quien compartió sus primeras experiencias en la vida, ya que ésta no se inició en el momento del parto, sino nueve meses antes.
- El duelo por no ser hijo biológico de sus padres adoptivos.

- A veces, el duelo por las personas que lo acogieron en su transición entre la familia de origen y la familia adoptante.

- En los casos de adopción internacional, el dolor por la pérdida del país y la cultura de origen.

Y duele porque la madre biológica, la mayoría de las veces, se ve forzada a dar el hijo/a en adopción por circunstancias socioeconómicas y/o culturales, pero no por su voluntad.

Brian Stuy, padre adoptivo americano que trabaja en la búsqueda de información sobre los orígenes de niñas chinas adoptadas, consiguió localizar, gracias a una serie de circunstancias fortuitas, a la madre biológica de su propia hija y de otra niña adoptada también por una familia americana. Preguntadas por la motivación última que las había llevado a tomar la decisión de renunciar a sus hijas, contestaron que había sido la presión ejercida por los abuelos paternos para tener un varón que continuara el apellido, ya que en las familias rurales se considera el tener un hijo varón como símbolo de éxito biológico y el no tenerlo como fuente de mala suerte. Educados en el respeto a los mayores, ni estas mujeres ni sus maridos se habían podido oponer. Cuando les preguntó con qué frecuencia pensaban en sus hijas, la respuesta fue unánime: cada día.

El duelo y su elaboración

Tanto los padres adoptantes como los hijos adoptivos enfrentan crisis específicas referentes a su situación de ser «adoptantes» y «adoptivos». Cada uno de ellos deben ser cuidados y acompañados en la resolución de sus duelos y conflictos.

El trabajo del duelo constituye una reacción psicológica normal frente a una situación traumática, la cual implica una pérdida y a la vez genera un pesar. Mediante el trabajo del duelo se pretende que la persona acepte la pérdida, readaptándose a la nueva realidad de ausencia del objeto, condición esencial para la elaboración del duelo. Es decir, para conseguir que acontecimientos dolorosos se calmen en nuestro interior, se ha de llorar el dolor y dejarlo ir. Lo imposible o irrecuperable debe ser reconocido y aceptado como tal para dar lugar a lo posible.

Los síntomas o manifestaciones pueden ser muy similares a aquellos presentes en un episodio de depresión: tristeza, insomnio, pérdida de peso, angustia, culpa, pánico, desesperanza, apatía, etc. En algunos casos se evidencian pensamientos recurrentes de muerte, ideación suicida, o tentativa para llevarlo a cabo.

Los síntomas psicológicos anteriores se asocian frecuentemente con otros físicos: migrañas, úlcera, colitis, problemas respiratorios, palpitaciones, sudoraciones, etc. Se puede presentar una disminución en las defensas del organismo, lo cual facilita la infección y el contagio de diferentes agentes.

En el caso de los niños el dolor por la pérdida se puede manifestar en forma de rabia, tristeza, problemas de atención, dificultades para la vinculación, problemas de aprendizaje, etc.

La emoción es una energía que genera el cuerpo, y que por principio físico, no se acaba, sino que puede transformarse en enfermedades somáticas, o en problemas de comportamiento. Esta energía debe ser sacada del cuerpo mediante la expresión de sentimientos como el llanto, la risa, las palabras, etc. Se habla de elaboración del duelo cuando hemos aceptado la pérdida y recordar no nos causa dolor.

El duelo, por tanto, afecta a toda la persona, tanto a nivel físico como psicológico. La respuesta individual del duelo depende de varios factores, tales como:

- Las características personales: edad, sexo, religión, duelos anteriores y personalidad.
- Las relaciones interpersonales: la cantidad de vínculos y las posibilidades de comunicación. Las personas que tienen mayor apoyo social y que son animadas a expresar sus sentimientos lo superan con mayor rapidez.
- Aspectos específicos de la situación: esperada, repentina, dramática, grado de vínculo afectivo o importancia de lo perdido, etc.

ETAPAS DEL DUELO

Cuando la persona elabora el duelo, suele pasar por varias etapas, que pueden ocurrir en secuencias diferentes, y que ahora detallamos.

Primera etapa: **Negación**
La persona se niega a aceptar la evidencia de la pérdida. Se muestra incrédula y le parece que todo es una pesadilla, de la que se va a despertar de un momento a otro.

Segunda etapa: **Rabia**
A medida que la persona va asumiendo que la pérdida es real e irreversible, el sentimiento de impotencia le hace preguntarse por qué a ella, increpando al destino, a Dios, si es creyente, etc. Incapaz de manejar las emociones adecuadamente, se rebela contra lo que tiene más próximo. Si no expresa esa rabia, se puede transformar en dolores de cabeza, migrañas u otras formas vicarias de expresión corporal.

Tercera etapa: **Negociación**
En esta fase, que se puede mezclar con la anterior, la persona puede culpabilizarse y desarrollar algunas conductas que actúan como rituales, como actos de compensación. Si ha tenido rabia e impotencia, busca modos de canalizarla, hasta que comprende que nada sirve para devolver lo perdido. Entonces surge propiamente la depresión. Es la fase más larga, puede aparecer angustia, sentimientos de indefensión, inseguridad, temor a nuevas pérdidas, etc.

Cuarta etapa: **Aceptación**
En esta fase se tolera la pérdida. Se valora el peso del azar y se buscan actitudes positivas que permitan el reajuste para adaptarse a la ausencia de aquello que se perdió. A medida que se va restableciendo de la pérdida, hace nuevos planes y siente que la vida merece la pena vivirse.

La persona que no elabora completamente el proceso de duelo puede tener problemas para conciliar el sueño, dificultades para concentrarse y falta de apetito. Muchas de estas personas se vuelven, además, consumidoras habituales de fármacos.

El duelo por la infertilidad

La infertilidad es uno de los temas más estresantes en las vidas de las personas que la padecen. Frecuentemente expresan sentimientos de culpa y de desvalorización, baja autoestima, su sexualidad se ve afectada por la pérdida de la espontaneidad y sienten el aislamiento de sus amigos, que muchas veces están criando a sus hijos y se transforman en fuente de dolor para el matrimonio estéril. Se trata de una crisis no anticipada en la vida de la familia.

Entre los futuros adoptantes encontramos personas dañadas en su autoestima dado que se frustraron sus ideales de paternidad/maternidad biológica. En ese caso deben disponer de un espacio de reflexión donde puedan disponer del tiempo individual y de pareja para elaborar el duelo de un no poder hasta acceder a un sí poder tener hijos a través de la adopción.

Estos duelos son difíciles de elaborar porque no hay rituales que observar o señales que pongan fin a las expectativas de la pareja de tener hijos biológicos.

Se habla de tres tareas que la pareja infértil debe hacer para adaptarse a la infertilidad:
- reconocer el dolor de perder esa experiencia básica de la vida.
- restaurar una imagen corporal sana.
- evaluar la importancia de la maternidad/paternidad y determinar si otras actividades compensan o bien considerar otras formas de paternidad/maternidad.

Con frecuencia ocurre que las parejas infértiles si no han elaborado el proceso de duelo suelen no hablar del tema, como si al no hacerlo se pudiera evitar al otro o a sí mismo el dolor.

Es tentador no hablar ni recordar lo doloroso. Así, muchas veces, uno de los miembros de la pareja, generalmente el que está en apariencia menos afectado emocionalmente por la infertilidad, ha optado por proteger a su pareja, no hablándole del tema, con lo cual no se permite recordar ni compartir los propios sentimientos al respecto. Así, cada uno vive su duelo en soledad, sin darse cuenta que si bien el hablar del sufrimiento implica abrir una herida, también permite curarla con mayor rapidez bajo la compañía y la contención de la pareja.

En muchos casos, la adopción es la última opción que se baraja tras recorrer un largo camino en busca del primer hijo biológico. Conviene saber que, en prevención de desarreglos emocionales en la familia, el cierre de ese camino natural y la apertura a la nueva alternativa no deberían ser simultáneos. Hay que dejar transcurrir un tiempo; encarar la nueva realidad con una buena disposición anímica. La dolorosa situación que supone ir aceptando que no se puede conseguir la paternidad biológica, que nuestro hijo no se va a parecer a nosotros y que habremos de explicar a los demás lo que nos ocurre, requiere su tiempo. Es necesario que el conflicto interno se resuelva y la frustración desaparezca, para que se asuma dicha realidad gozosamente y sin traumas. Sólo cuando nos hemos mentalizado positivamente, podemos comenzar a desarrollar el estado afectivo que requiere el trascendental paso de adoptar un niño.

Cuando la infertilidad no es asumida adecuadamente y la pareja adopta, como una forma de curar la herida que ese hecho produce, puede hablarse de una motivación que puede poner en riesgo el éxito de una adopción.

Es frecuente encontrar entre las personas que adoptan la idea de que la paternidad/maternidad adoptiva es igual a la biológica, como si al borrar cualquier diferencia que existiese entre ambas permitiera, por una parte, anular los sentimientos propios del duelo por la infertilidad y, por otra, los dejara en condiciones de igualdad con aquellos que forman familia de manera biológica.

El aceptar que hay diferencias, no tiene relación con poner en duda la solidez del vínculo afectivo que se puede generar entre padres e hijos adoptivos.

De hecho, el aceptar que sí existen diferencias básicas es lo que permite asumir y llevar a cabo una sana maternidad/paternidad adoptiva.

El duelo de los hijos/as adoptados

La adopción, como opción para formar una familia, es siempre mutua en el sentido de que el niño/a encuentra una familia y ésta a un hijo/a. En este sentido, todos los miembros de la familia han sufrido una profunda pérdida: los padres adoptivos, en casos de problemas de infertilidad, han debido renunciar a la ilusión de criar a su hijo biológico y probablemente desearía que el hijo/a que cría fuese biológico.

En el caso del hijo adoptivo, ha perdido la conexión con sus padres biológicos y probablemente desearía que los padres que lo tuvieron y los que lo están criando fueran los mismos.

La revelación para el niño/a supone necesariamente la elaboración de un duelo por la familia de origen y exige a los padres adoptivos acompañarlo en la expresión de los sentimientos que este conocimiento despierta en las distintas etapas de su desarrollo, ya que para elaborar un duelo es necesario expresar, poner en palabras, la situación emocional vivida.

Así, la revelación de la historia de su origen no puede ser realizada en un momento puntual, sino que corresponde a un proceso gradual y continuo a lo largo de la vida.

Muchos padres/madres adoptivos tienen la creencia de que al informar al niño/a sobre sus orígenes podría destruir el vínculo afectivo que se ha establecido entre ellos, que podría aportar elementos conflictivos a su autoestima y que favorecería el surgimiento de fantasías respecto a «los otros padres/madres».

En realidad, en estos casos, la familia adoptiva está constituida por cuatro miembros: padre, madre, hijo y el «fantasma de los padres biológicos», que probablemente dará como resultado, en mayor o menor grado, algún tipo de patología.

Para evitar estos riesgos, los padres/madres debemos mostrarnos receptivos y comprensivos frente a las inquietudes del niño/a en cuanto a la historia de su origen, acompañándole en la elaboración de su «ser adoptivo». Como familias adoptivas tenemos, en este sentido un doble reto: identificar su dolor, y ayudarles a crecer desde su dolor. Esta responsabilidad empieza cuando adoptamos y continúa hasta que llegan a la edad adulta, ya que el dolor no desaparece por completo cuando se acoplan a la nueva vida, sino que reaparece a lo largo de la vida en situaciones de cambio: una nueva escuela, la muerte de una mascota, la llegada a la universidad, establecimiento de relaciones de pareja, el nacimiento de un hijo, etc.

Una característica de esta pérdida es que no existe un reconocimiento social de la misma, sino todo lo contrario. Se espera que los niños/

as adoptados sientan gratitud ante el hecho de tener una familia que los acoja, los eduque y los quiera. De tal forma, que algunos adoptados adultos esperan, incluso a que sus padres adoptivos mueran, para iniciar la búsqueda de sus orígenes, ante el temor de que esta búsqueda pudiera entenderse como una falta de amor o de gratitud hacia ellos.

En cuanto a la expresión de esta pérdida, puede ir desde mostrarse retraído o distraído, hasta tener episodios de ira o tristeza. Si los síntomas no son severos, pueden ser difíciles de identificar, pero, sin duda, están ahí.

Muchas familias adoptivas creen, erróneamente que si sus hijos/as no hablan sobre su pasado es porque no piensan en él. Pero lo cierto es que si no se crea una atmósfera que propicie la expresión de estos sentimientos es normal que no hablen de esa realidad, pero de esta forma difícilmente podrán elaborar el duelo que les permita asimilar esas pérdidas, y hay que tener en cuenta que, independientemente de la edad que tuviera el niño/a cuando fue adoptado, todos han sufrido la pérdida de la madre biológica, que es la persona que estuvo con el él/ella en los primeros y más críticos nueve meses de su vida.

La depresión postadopción

Durante mucho tiempo no se ha hablado abiertamente y con claridad sobre ciertos sentimientos que con frecuencia se tienen en los momentos posteriores a la llegada de ese hijo o hija tan deseado. Para algunas personas reconocer la existencia de estos sentimientos es una especie de deslealtad hacia el mundo de la adopción, porque piensan que si hablamos de las dificultades de la postadopción, de alguna manera podemos desanimar a aquellas familias que se estén planteando la adopción.

Esta forma de pensar hace un flaco favor: por una parte, a las familias que necesitan ayuda, porque negar o ignorar estos sentimientos no hace que desaparezcan y, por otra, a aquellas familias que están pensando adoptar porque no se les prepara para esta eventualidad.

El término «Síndrome de Depresión Postadopción» fue acuñado por June Bond en 1995 en un artículo publicado en la revista *Roots and Wings*. En ese artículo, Bond señala cómo cuando finalmente alcanzas el objetivo y entras a formar parte del «club de la parentalidad», con tu carrito, el asiento portabebé, el monovolumen, etc., de repente, tres o cuatro semanas después, un extraño sentimiento de ansiedad te puede invadir. A este sentimiento es al que ella denominó *«Síndrome de Depresión Postadopción»*.

La depresión postparto es ampliamente conocida y aceptada como una consecuencia del reajuste hormonal que ocurre después del parto. En el caso de la depresión postadopción, no se puede culpar a las hormonas. De hecho, todo el mundo espera que estés exultante, después de haber logrado tu tan esperado sueño de se madre/padre.

Por este motivo, muchas familias sufren en silencio, llenas de sentimientos de culpabilidad, en vez de hablar abiertamente de la situación, para no decepcionar o confundir a sus amigos y familiares que no entenderían por qué no se sienten felices después de haber conseguido lo que durante tantos años habían deseado.

POSIBLES CAUSAS

En todas las áreas de la vida se tienen expectativas respecto a como imaginamos el futuro. Las expectativas son algo necesario, que nos ayudan a prepararnos para alcanzar los objetivos que nos proponemos. Sin embargo, es importante tomar conciencia de que se puede caer en la tentación de tener falsas expectativas o expectativas no realistas.

Cuando la realidad difiere grandemente de lo que se había imaginado, esta realidad crea estrés y, a veces, sentimientos de tristeza, resentimiento y ansiedad, que son la antesala del estado depresivo.

Entre las posibles causas de esta situación puede haber expectativas no cumplidas respecto a nosotros mismos como madres/padres, respecto a nuestros hijos/as, respecto a nuestra familia y amigos o respecto a la sociedad.

1. Expectativas no cumplidas respecto a nosotros mismos como madres/padres

Las personas que hemos adoptado hemos tenido que pasar por un proceso donde se ha valorado nuestra capacidad para ser padres/madres y donde hemos tenido que exponer nuestros principios educativos sobre muchas cuestiones, lo cual parece que nos ha preparado suficientemente para ejercer la maternidad/paternidad. Por otra parte, el largo proceso les ha hecho desear tanto ese hijo/a, que pueden llegar a pensar, erróneamente, que el amor será suficiente para enfrentar cualquier tipo de problema.

Debido a estas altas expectativas, cuando algo no funciona tan a la perfección como esperábamos, nos damos cuenta de que no somos los padres/madres perfectos que creíamos, y podemos caer en una irritabilidad, frustración y ansiedad que son signos de depresión parental.

Esto ocurre, especialmente, en aquellos casos en los que la vinculación con el hijo o hija no ocurre espontáneamente desde el primer momento. Hay muchos libros y artículos escritos sobre problemas de vinculación desde la perspectiva de los niños, pero se habla menos de los problemas de vinculación desde la perspectiva de los padres y, especialmente, de las madres. Sin embargo, es una realidad que existe.

La sociedad hace creer que el amor maternal es algo natural, instantáneo, pero esto no siempre es cierto. ¿Qué ocurre cuando ese niño o niña que tanto han deseado no les gusta, cuando su comportamiento es tan diferente de lo que esperaban, cuando sólo quiere estar con el padre o con la madre, con el consiguiente sufrimiento que esto supone?

En esta situación emergen sentimientos que nunca hubieran imaginado y que les llevan a plantearse su legitimidad y su capacidad para criar a ese hijo o hija. Incluso pueden llegar a plantearse si no habrá sido un error empeñarse en tener un hijo cuando la naturaleza se lo ha negado. También pueden surgir sentimientos de culpabilidad por no ser capaces de quererlo o por haber impuesto esta situación a un hijo biológico, en el caso de familias como una opción para ampliar la familia.

En otras ocasiones, los cambios en la forma de vida, la falta de sueño, la responsabilidad de cuidar un niño las 24 horas de cada día, 7 días a la semana, en la que tomar una ducha tranquilamente puede convertirse en una meta personal, el deterioro de otras áreas de la vida, como las relaciones de pareja, pueden crear un estrés, que difícilmente se anticipó cuando se inició el proceso. En el caso de familias monoparentales, este estrés se siente doblemente, porque a los cambios en el estilo de vida se suma que tiene que enfrentar toda esta situación sin contar con alguien que lo releve en algún momento del día o de la noche.

Lo importante es tomar conciencia de que los superpadres y las supermadres no existen, que estos sentimientos son naturales, que hace falta tiempo para establecer una buena vinculación (a menudo, y en el mejor de los casos, se necesita de dos a seis meses para que florezca un sentimiento real de vinculación), que se necesita ayuda para manejar situaciones nuevas o no esperadas, y que la llegada del hijo o de la hija a casa no es el final, sino el principio de un largo y maravilloso viaje, que implica una reestructuración de la vida familiar, personal o de pareja, y que puede tener, como todos los viajes, imprevistos que hay que aprender a afrontar.

2. Expectativas no cumplidas respecto a nuestros hijos/as

Siempre resulta difícil y, a veces, doloroso, tanto para las familias biológicas como para las adoptivas, enfrentar el hijo soñado con el hijo real. En el caso de familias adoptivas se trata de niños que, con frecuencia, han sufrido abandono emocional, desatención física, los efectos de la institucionalización, etc. En algunos casos son niños con problemas no esperados en el terreno escolar, médico, neurológico o emocional.

En estos casos, hace falta que ese niño o niña que se soñaba como saludable, feliz, que le iba bien en la escuela y con los amigos, deje paso a este otro niño con retrasos, conductas difíciles, problemas de vinculación, etc., que nos agota. Hace falta elaborar el duelo por la pérdida de esa fantasía, para que se pueda recibir al hijo real con sus necesidades reales.

Mientras que esto no ocurra surgirán sentimientos de profunda tristeza, de rabia, preguntas como «¿por qué a mí?», en vez de la alegría que se esperaba. También pueden surgir sentimientos de negación de la realidad, pensando que el tiempo y el amor solucionarán el problema.

3. Expectativas no cumplidas respecto a la familia y los amigos

Los padres y madres adoptivos, a veces, no están preparados para entender las reacciones del resto de la familia, sobre su decisión de adoptar. Cuando, a veces, toman conciencia de que no pueden contar con su apoyo y aceptación, es normal sentir rabia, tristeza y enfado ante la recepción de «segunda clase» que le han dado a su hijo/a, el trato diferente que reciben en los regalos de cumpleaños, o la frialdad en reuniones familiares como navidad u otras fechas señaladas, por no hablar, incluso, de las diferencias que se pueden llegar a hacer entre nietos biológicos y adoptados en testamentos y herencias.

Cuando se llega a reconocer esta realidad duele que no se pueda contar con el apoyo que se suponía vendría del círculo más cercano, exacerbando la vulnerabilidad que probablemente ya se sienta, pero hay que aceptar y admitir que estas actitudes desleales se pueden contrarrestar con estrategias como la de llegar a entender que no se puede vivir la vida a través de la familia extensa, ni la familia extensa puede vivir la vida a través de los valores y elecciones que nosotros hayamos hecho.

A veces, también es necesario poner fronteras o barreras que te protejan a ti y a los tuyos de los prejuicios y heridas que puede causar una familia extensa que no comparta tus principios, valores y decisiones.

Por otra parte, la mayoría de las familias que adoptan tienen una edad en la que muchos de sus amigos tienen los hijos ya crecidos, con lo cual los intereses y las necesidades son diferentes. Esta situación también puede producir sentimientos de soledad, al no contar con un grupo de amigos con los que compartir las experiencias.

En ambos casos, a veces, cuando surgen problemas no esperados, se pueden escuchar comentarios como «no os deberías haber metido en esto», «con lo bien que estábais…», «deberíais haberlo pensado bien», etc. para los que hay que estar preparados, pero que, indudablemente, duelen y acentúan los sentimientos de rabia, tristeza y soledad.

4. Expectativas no cumplidas respecto a la sociedad

Las familias adoptivas son minoría en la sociedad, y como cualquier minoría, cuenta con menos apoyo y recursos y con la incomprensión y posibles prejuicios de la mayoría dominante.

En el caso, además, de familias interétnicas, donde es más obvio y evidente el hecho adoptivo, son frecuentes las preguntas intrusivas, que no respetan la privacidad de la familia e invaden su intimidad hasta extremos que no se entenderían en el caso de que fueran familias biológicas.

Por otra parte, cuando los niños no están acompañados en ese momento por los padres, a veces, se pueden escuchar expresiones xenófobas que cambian repentinamente cuando se dan cuenta de quienes son sus padres. Lo mismo suele ocurrir en las escuelas cuando se habla de la presencia de hijos de emigrantes en relación al descenso del nivel de la clase, pero inmediatamente se dice: «por supuesto, no nos estamos refiriendo a tu hijos».

Más grave resulta cuando llegan a la adolescencia o la juventud y su sola presencia provoca una actitud de «sospecha». Todas estas situaciones pueden provocar sentimientos de ira, rabia, resentimiento, etc. que dificulten el proceso de adaptación en un principio, o que posteriormente reestimulen la desestabilización inicial.

SÍNTOMAS QUE NOS PUEDEN ALERTAR

La depresión se manifiesta de forma diferente en hombres y mujeres, entre otras razones, porque sus roles están fuertemente influenciados por cuestiones culturales.

Algunos hombres tienden a mostrar irritabilidad, enfado, frustración, falta de interés por el trabajo y por sus aficiones, problemas de sueño, aunque la mayoría, se vuelcan en el trabajo tratando de esconder la situación ante sí mismos, su familia y los amigos. Otros tratan de ocultarlo con actividades de alto riesgo.

En otros casos, los hombres vuelcan su enfado con el «sistema», al que consideran responsable de no exponer con claridad todas las necesidades o problemas que tiene el niño, o bien de no proporcionar los recursos educativos o médicos que necesitan. De ahí que centren sus energías en encontrar vías para resolver el problema, más que en el aspecto emocional.

Las mujeres suelen tener más sentimientos de tristeza, de vacío, de falta de valoración personal y de culpabilidad. También pueden tener pérdida o ganancia significativa de peso, pérdida de energía o cansancio excesivo, insomnio o hipersomnia, dificultad para concentrarse y disminución de interés por la mayoría de las actividades.

ESTRATEGIAS PARA EVITARLA O SUPERARLA

Resulta relativamente frecuente encontrar personas que, tras pasar por un período de depresión postadopción, comentan que todo habría sido más fácil y llevadero si alguien le hubiera alertado sobre su existencia, y si alguien le hubiera preparado con estrategias para evitarla o para superarla.

La primera estrategia sería precisamente reconocer su existencia y que es más común de lo que se piensa, porque hay razones válidas para sentirse así después de un largo proceso, que puede haber durado años, con muchas tensiones emocionales. Además, si en algún momento anterior se ha padecido una depresión, el riesgo es mayor.

La segunda estrategia sería tomar conciencia de que en el momento de la adopción se necesita apoyo psicoemocional y físico, como si se tratara de un recién nacido, por lo que se debería alertar a amigos y familiares de ello. En el caso de un parto biológico se supone que la madre necesita un tiempo para recuperarse, tanto física como emocionalmente, y su entorno se suele volcar, ayudando en tareas de la casa, ayudando con el bebé, etc., cosa que no ocurre en el caso de las maternidades adoptivas.

Más bien ocurre todo lo contrario. La casa se llena de visitas que impiden a veces recuperarse incluso del jet-lag, y que con toda su buena intención lo único que hacen es dar más trabajo y restar tiempo para disfrutar de estos primeros momentos, fundamentales para establecer una buena vinculación.

Por eso, aunque parezca descortés, hay que limitar el número de visitas y encontrar algún familiar o amigo que se encargue de las cuestiones domésticas durante los primeros días.

También es recomendable alargar la baja maternal el mayor tiempo posible y posponer la entrada en la guardería o la escuela al máximo, ya que estos momentos son necesarios para establecer vínculos, crear rutinas... En suma, establecer un período de adaptación lo más relajado posible, sin presión de horarios ni calendarios, cosa mucho más fácil de conseguir si contáramos con el año de que disponen las familias en Noruega para tal fin.

La forma física no debe descuidarse, durmiendo las horas necesarias, comiendo de forma equilibrada y pasando tiempo al aire libre. Esto no siempre es fácil, especialmente si el niño tiene trastornos de sueño, pero hay que buscar a alguien que ayude, si el padre no puede, que permita a la madre echar una pequeña siesta cuando sea necesario, o simplemente dedicarse a sí misma unos minutos al día.

En caso de familias monoparentales es importante contar con una red de apoyo social o familiar porque a esto se une el hecho de que, generalmente, se trata de personas que llevan varios años viviendo solas y disponiendo de libertad para entrar y salir, para organizar el tiempo y el espacio a su manera, etc. y de pronto se pueden ver sobrepasadas por la responsabilidad, el cansancio, las situaciones imprevistas, etc.

Por otra parte, es frecuente que algunos padres sientan que con la llegada del niño han perdido su espacio, ya que la madre vuelca todo su energía y sus afectos en el nuevo miembro de la familia. Todo esto puede deteriorar la relación dentro de la pareja y añadir estrés a la situación.

Es importante, pues, tener en cuenta que los primeros meses son un tiempo de transición para toda la familia, con lo cual la relación de pareja también se va sentir afectada. Por esto es fundamental reservar un tiempo exclusivo para los dos solos, ya que el mejor regalo que se puede dar a un niño/a que ha sufrido abandono y carencias afectivas es un hogar estable, donde unos y otros velan por el bienestar emocional y afectivo de todos los miembros de la familia.

Adopciones Truncadas

Las adopciones truncadas son la punta del iceberg de las adopciones fracasadas, que son aquellas en las que, aunque se mantiene el vínculo legal, se buscan fórmulas, como mandarlo a un internado o a otras instituciones, para resolver la situación de conflicto permanente que vive la familia, o se continua la convivencia pero nunca llega a existir una vinculación afectiva. Son las llamadas adopciones «no constituidas», un porcentaje que varía entre el 2,4% y el 4,3%. Se trata de familias en las que padres o hijos no se sienten vinculados emocionalmente o se muestran insatisfechos, a pesar de vivir bajo el mismo techo.

Un porcentaje más alto, superior al 15%, no cuestiona el vínculo pero lo vive en una atmósfera continua de dificultad. En conjunto, Ana Berástegui, Investigadora del Instituto de la Familia y la Facultad de Ciencias Humanas y Sociales de la Universidad de Comillas de Madrid, y especialista en temas de adopción, considera que si se suman estos porcentajes, se desprende que en torno a un 20% de los padres e hijos adoptivos experimentan dificultades para vivir en familia, algo, por otra parte, a lo que tampoco son ajenas las familias biológicas.

En el caso de las adopciones truncadas, se trata de niños o niñas cuyas familias no se encuentran en disposición de continuar haciéndose cargo de ellos y pasan a la tutela de las administraciones públicas, pudiendo ser objeto de una nueva adopción. Es una situación similar a la de aquellas familias biológicas con hijos conflictivos que cuando se ven superados por la situación acuden a los servicios de protección de menores, aunque en estos casos no se presenten como un abandono. En cualquier caso, el porcentaje de abandonos en familias adoptivas es muy inferior al de familias biológicas.

En España no existen todavía estudios longitudinales que reflejen la realidad de las adopciones truncadas, porque las adopciones internacionales son un fenómeno reciente, pero se habla de un 1,5%, lo cual significa que entre 1994 y 2005, unos 500 niños/as que habían sido adoptados en otros países pasaron a depender del sistema de protección de menores, ya que al ser las adopciones irrevocables, no se les puede devolver a sus países de origen.

Este porcentaje está aún lejos de los que se dan en otros países con más larga tradición en adopciones internacionales, como Holanda (5%), Suecia (6%), Gran Bretaña (11%).

En Estados Unidos, algunos expertos han lanzado voces de alarma al respecto, basándose en sus propias experiencias. Ronald S. Federico, un neuropsicólogo de reconocido prestigio en el campo de la adopción internacional, experto en niños postinstitucionalizados con problemas de conducta, ya en el año 2000, hablaba del rápido incremento de la adopciones truncadas hasta el punto de tratar 3 ó 4 casos al mes.

Jerri A. Jenista, pediatra especialista en adopciones internacionales, también mencionaba que en los primeros 15 años de su trabajo sólo había necesitado un archivador para casos difíciles, mientras que en los últimos tres años había necesitado 250 archivadores que contenían 7.800 informes de casos difíciles. En esos 15 años sólo tuvo un caso de adopción truncada, mientras que en los últimos tres años había tenido 5 casos.

Es precisamente esta realidad en países con más experiencia en adopciones internacionales, las que debería llevarnos a nosotros en España a un análisis minucioso de las circunstancias que han desembocado en esta situación para, en la medida de lo posible, evitar o paliar este problema.

FACTORES DE RIESGO

Entre los factores de riesgo, podemos encontrar los siguientes.
En los menores:
- Familia biológica con antecedentes de enfermedad mental, problemas emocionales o de conducta, exposición fetal al alcohol o las drogas.
- Período largo de institucionalización, con múltiples cuidadores.
- Menores que han sufrido algún tipo de abuso sexual.

En la familia adoptiva:
- Motivación inadecuada
- Expectativas poco realistas.
- Falta de apoyo por parte de la familia extensa.

De acuerdo con las estadísticas de países con más larga tradición en adopción, la estancia media de permanencia con la familia es de ocho años antes de llegar a la ruptura. Durante este tiempo pueden sucederse problemas de conducta y desajuste social, tales como: agresiones, robo, expulsión de los colegios, problemas de piromanía, escapadas nocturnas, autolesiones, amenazas violentas, promiscuidad sexual, etc., que se van agravando con la edad.

En general, se trata de niños/as que tienen unos problemas tan fuertemente arraigados, como resultado de su pasado, que son incapaces de vincularse y llegar a sentirse parte de la familia por muchos esfuerzos que ésta haga.

Este fue el caso de Sacha. A diferencia de muchas familias adoptivas, ellos no tenían problemas de infertilidad. De hecho, tenían tres hijos. Sus fuertes convicciones religiosas les llevaron a querer compartir su vida con otros menos afortunados.

Sabían que en los orfanatos la vida era difícil y era probable que tuviera algún retraso madurativo, pero creían que podrían afrontarlo. Puesto que ya tenían tres hijos, en su solicitud advirtieron que no se sentían en condiciones de adoptar un niño con problemas graves de salud o de conducta, ni con síndrome de alcoholismo fetal.

En principio recibieron la asignación de una niña, que tenía 2 años de edad. Antes de partir su búsqueda, la agencia de adopciones les comunicó, sólo a título informativo, que había otro niño un poco mayor, con un retraso madurativo leve, que superaría con tiempo y amor. Después de sopesar la nueva situación decidieron adoptarlo también.

Al llegar a casa, la niña estuvo gritando durante días, semanas y meses, se balanceaba de manera incesante y presentaba una conducta conflictiva. El niño tenía terrores nocturnos y se arañaba hasta sangrar, de forma que las heridas se convirtieron en llagas que estuvieron abiertas durante meses. Se mordía las mejillas por dentro, y los labios y escupía después la sangre, sin mostrar ninguna muestra de dolor.

La agencia les aseguró que el niño sólo necesitaba tiempo y que estaban fallando algunas estrategias parentales. La niña empezó terapia ocupacional, logopedia y terapia física y fue mejorando, pero el niño iba empeorando. Después de múltiples visitas al pediatra y al psicólogo le recetaron Ritalin para la hiperactividad y otro fármaco para los terrores nocturnos. El tratamiento no dio resultado y su aversión hacia la familia iba en aumento. Cuando recibía algún castigo por su conducta, se orinaba en el asiento del coche o en cualquier otro sitio. Finalmente, lo diagnosticaron de Trastorno Desafiante Negativista, un síndrome frecuente en niños postinstitucionalizados.

Era cruel con los animales y con sus hermanos. En una ocasión, golpeó a su hermana hasta hacerla sangrar y después que cayó al suelo le pisoteó la cara, sólo porque quería llegar el primero al coche. Se negaba a recibir ninguna muestra de afecto de la familia, aunque se mostraba simpático y amable con los desconocidos. Le fue diagnosticado Trastorno Reactivo de Vinculación. Otro síndrome frecuente en niños que han recibido poca atención en períodos claves de su desarrollo. Este hecho le impidió desarrollar vínculos con la familia biológica, con los cuidadores en el orfanato y posteriormente con la familia adoptiva.

La familia lo llevó a distintos médicos y terapeutas, pero ninguno había tratado niños con estos síndromes y los progresos fueron escasos. Mientras el matrimonio empezó a hacer aguas ante el estrés de la madre pasando horas en sesiones y ejercicios con el niño, y el padre haciendo horas extras para hacer frente a los gastos de los tratamientos. Los amigos empezaban a desaparecer y los demás hijos empezaban a resentirse de la situación. Uno de ellos estaba tan aterrorizado con la conducta del hermano, que sólo podía dormir en la cama con los padres.

Las formas convencionales de disciplina no funcionaban en un niño que había sufrido malos tratos por parte de su madre biológica, antes de ser ingresado en el orfanato. En dos ocasiones lo internaron en un centro para tratamiento de problemas mentales, pero las finanzas de la familia, con cinco hijos, estaban ya exhaustas, así como sus nervios y su salud.

En un esfuerzo por buscar alguna información que se les hubiera escapado en los informes del niño, lo volvieron a traducir, ésta vez por un traductor que no tenía ninguna vinculación con la agencia de adopciones. El informe decía que el niño había intentado ser adoptado por cinco familias en su país de origen, pero todas lo devolvieron al orfanato debido a los problemas psicológicos que presentaba.

Finalmente, tras otro acto vandálico y repetidas muestras de crueldad con sus hermanos, la madre y el padre, tras muchas dudas y sentimientos encontrados, decidieron llamar a los servicios sociales.

Hoy día, está con una familia que acoge niños con problemas graves de conducta, pero los padres adoptivos siguen haciéndose cargo de su mantenimiento hasta que sea adoptado de nuevo o tenga 18 años.

En Estados Unidos, existen agencias especializadas en reubicar niños procedentes de adopciones truncadas, bajo ciertas condiciones, como las anteriormente descritas. También existen centros como «Ranch for Kids», un lugar donde, en un ambiente terapéutico, tratan de sanar las heridas emocionales de niños y niñas adoptados, cuyas familias no cuentan con los recursos y habilidades necesarias para hacerse cargo de los traumas emocionales severos que sufrieron en los años que pasaron en los orfanatos. Algunos de estos niños pueden volver con sus familias adoptivas o son adoptados por otras familias, pero otros, un pequeño número muy traumatizado por los años de orfanato, irán a centros psiquiátricos o centros de protección de menores.

En España, los menores que se encuentran en esta situación, pasan directamente a depender del sistema de protección de menores de la comunidad autónoma de residencia de la familia. Aunque pueden volver a ser adoptados, las posibilidades suelen ser mínimas, tanto por su edad, como por sus antecedentes.

Las cifras de las estadísticas no hablan de la historia de cada uno de esos niños devueltos, pero lo cierto es que detrás suele haber una historia dramática y una decisión difícil de tomar.

ETAPAS QUE LLEVAN A UNA ADOPCIÓN TRUNCADA

Hay una serie de pasos que llevan a una decisión final, que los profesionales implicados deberían tener en cuenta para ayudar a las familias en esos momentos claves, de forma que no se llegue a la disrupción.

La primera etapa es cuando la familia empieza a ver que las dificultades son mayores que las alegrías. Muchos padres/madres en esos momentos empiezan a preguntarse como se les ocurrió pensar en adoptar, pero el problema empieza realmente cuando ese pensamiento se tiene de forma reiterada.

Una segunda etapa aparece cuando la familia empieza a percibir el problema como de una magnitud tal, que no se siente capaz de manejar, ni mucho menos de superar.

La tercera etapa surge cuando la familia empieza a quejarse abiertamente con otras personas, de los problemas que tienen con el niño/a.

En esos casos es muy importante que la familia cuente con un grupo de apoyo, que le proporcione el reforzamiento positivo necesario para no avanzar más en el camino hacia una adopción truncada. Otras familias adoptivas que hayan superado problemas similares son las mejor preparadas para hacerlo.

La cuarta etapa es un punto de inflexión. Se trata de algún hecho que ocurre y lleva a la familia a pensar que no puede tolerar por más tiempo la conducta del niño o de la niña. Por ejemplo, puede tratarse de un acto de piromanía o de crueldad con algún miembro de la familia, que los atemoriza hasta el extremo de empezar a pensar que sería mejor no seguir insistiendo en su vinculación con la familia.

La quinta etapa es aquella en la que se le da al niño/a un ultimátum, o los padres deciden que será la última vez que soporten una conducta semejante.

La etapa final es cuando ese hecho ocurre y los padres se ponen en contacto con los servicios de protección de menores. Sienten que han hecho todo lo que han podido, que no pueden hacer nada más y que no pueden continuar con esa situación.

Esta etapa es especialmente dolorosa para todos. El niño, aunque tome conciencia de que su conducta estaba siendo muy conflictiva, experimentará un profundo sentimiento de rechazo, porque en el fondo no se esperaba que los padres cumplieran sus amenazas, o simplemente muestra indiferencia ante el hecho, porque nunca llegó a vincularse con la familia, por un mecanismo de defensa frecuente en niños que han estado institucionalizados y nunca han tenido ningún tipo de vinculación: se cumplen sus expectativas de volver a ser abandonado. Las experiencias traumáticas que han vivido les han llevado a pensar, como mecanismo de defensa, que es mejor no establecer ningún vínculo para no sentir dolor cuando los rechacen.

Las familias, por su parte, muchas veces vierten las culpas del dolor y el sufrimiento que han pasado contra la agencia de adopción o el país de origen, que no les informó adecuadamente de las circunstancias del menor, o contra el sistema que no les proporcionó los recursos médicos, escolares o de otro tipo, que les hubiera podido ayudar a enfrentar la situación. Probablemente se sientan culpables por no haber sabido hacerlo mejor. Al mismo tiempo se encuentran, por una parte, con personas de su entorno que «se escandalizan» de que envíen a su hijo a un centro de menores y, por otra parte, con personas que les animan a que lo haga, ya que en muchas ocasiones se trata de niños/as que roban, mienten, se prostituyen, etc.

En el caso de que haya más hermanos, hay que hacerles ver que ellos no deben sentirse responsables de lo ocurrido, aunque muchas veces la decisión de interrumpir la adopción surge cuando los padres sienten que los otros hijos están siendo perjudicados. Si, además, estos hijos son adoptados, es importante cerciorarse de que entiendan que ellos no serán los próximos en salir de la familia, y sobre todo, que la permanencia en la familia no depende exclusivamente de lo bien que se porten.

MEDIDAS PARA PREVENIR LAS ADOPCIONES TRUNCADAS

1. Se debería poner un especial énfasis en el análisis de las motivaciones de los adoptantes y en su capacidad y disponibilidad para hacerse cargo de menores que pueden presentar problemas de vinculación, dificultades de aprendizaje, problemas de conducta graves, etc. Razones de tipo humanitario, casos en los que se busca sustituir al hijo biológico muerto prematuramente, proporcionar un compañero/a de juegos al hijo/a único o llenar la sensación de «nido vacío», cuando los hijos crecen, son algunas de las motivaciones que están detrás de muchos de los casos de adopciones truncadas. La clave está en buscar una familia adecuada para un niño o una niña que la necesita y no al revés, un niño adecuado para una familia que lo necesita.

   En este sentido es interesante observar que los procesos de idoneidad en España, dejaron fuera al 3% de los solicitantes, mientras en países donde el boom de la adopción internacional se dio en los años 70, como Bélgica, Italia o Suecia, la cifra asciende al 30%.

2. Las Entidades Colaboradoras de Adopción Internacional (ECAI) deberían proporcionar a las familias una información veraz sobre el menor en cuanto a su salud, su edad, problemas emocionales

y sus posibles consecuencias, etc., no tratando de minimizar la situación, aduciendo que con tiempo y mucho amor todo se soluciona. Detrás de algunas adopciones truncadas hay expectativas no cumplidas por falta de veracidad en la información proporcionada por las ECAIs.

En este sentido, muchas familias denuncian que no fueron suficientemente informadas de la situación, o incluso fueron engañadas, con traducciones erróneas de los informes médicos o incluso, con discrepancias graves entre la información recibida en la asignación y la realidad del menor cuando fueron a recogerlo. En un caso ocurrido recientemente, que ha circulado por los foros de Internet, la familia comprobó con estupor cómo la edad que aparecía en los documentos de la asignación, no se correspondían después con la edad real del menor. La ECAI no tuvo el menor reparo en aducir que lo hicieron porque en caso de haber incluido la información real, la familia no habría aceptado la asignación.

La falta de ética en las prácticas de las entidades colaboradoras son, por tanto, también responsables, en ocasiones, de esa parte amarga de las adopciones que son las adopciones fallidas.

Las administraciones autonómicas, bajo cuya responsabilidad está el control de las ECAIs, deberían ejercer ese control de forma que sólo se acreditaran entidades que ofrecieran suficientes garantías de ser entidades sin ánimo de lucro y con profesionales de probada experiencia en el campo de la adopción, como, por otra parte, se establece en la ley que las regula. Por otra parte, en caso de detectarse la menor irregularidad, deberían actuar con la prontitud y contundencia necesaria para evitar que se volvieran a repetir dichas irregularidades. En el caso mencionado con anterioridad, la ECAI continúa acreditada por la comunidad autónoma correspondiente, a pesar de que el caso es suficientemente conocido en foros de Internet y, además, no es la única irregularidad conocida cometida por esta entidad.

3. Proporcionar una formación adecuada a las familias solicitantes.

Esta formación permitiría a las familias conocer la realidad que se pueden encontrar y los recursos que están a su alcance para hacer frente a las dificultades que puedan surgir. El problema, muchas veces, estriba en la falta de profesionales preparados para impartir estos cursos. En otras ocasiones son las mismas familias, las que en su afán por ser padres/madres no se muestran receptivos ante la información que están recibiendo.

4. Es fundamental contar con buenos servicios postadoptivos, ágiles y eficaces, que sirvan de apoyo a las familias cuando surgen los desajustes, en vez de tener que esperar a que los problemas se enquisten. También es importante que cuenten con terapias, asesoramiento, profesionales especializados, etc., de forma que las familias no tengan que depender sólo de iniciativas privadas, a veces muy costosas, o de profesionales que no son expertos en materia adoptiva, para hacer frente a los problemas que puedan surgir.

5. Potenciar las asociaciones de familias adoptivas, donde puedan sentirse comprendidos y donde puedan recibir el soporte y la ayuda de familias que hayan vivido situaciones similares. Hasta ahora, el movimiento asociativo en el campo de la adopción es mayoritariamente virtual, a través de Internet, pero se debería dotar de los recursos necesarios para que pudiera cumplir con sus objetivos de una manera más eficaz. Es de valorar, no obstante, el hecho de que la mayoría de estas asociaciones o foros son dirigidos de forma voluntaria por las propias familias adoptivas, quitando, a veces, tiempo al sueño o a otras actividades.

Los investigadores que han estudiado las adopciones truncadas en nuestro país, como Ana Berástegui o Jesús Palacios, auguran un aumento, en el futuro inmediato, del número de adopciones fallidas. Según Amparo Valcarce (Secretaria de Estado de Servicios Sociales, Familias y Discapacidad) se están tomando medidas para atajar el problema. Esperemos que sea así y que las previsiones de los expertos no se cumplan.

Relatos en Primera Persona

Estos relatos en primera persona son mensajes enviados a una lista de correo de Internet en la que participo. Sus autoras no han tenido inconveniente en compartir estos mensajes con los y las lectoras de este libro. Son una muestra del valor que tienen estos foros como grupos virtuales de ayuda entre las familias adoptivas.

El espíritu solidario de estos grupos hace que los mensajes tengan una respuesta inmediata por parte de personas que, la mayoría de las veces, han pasado por la misma experiencia, algo que no es fácil de encontrar, ni en el entorno social o familiar más próximo, ni en muchos profesionales, a los que la experiencia adoptiva les ha pillado de sopetón y sin formación. Mi agradecimiento a las dos.

Asunto: pánico y agotamiento

Os leo como y cuando puedo. Llegué el domingo con mi hija de 3 años, sana, guapa, simpática, y que aguantó de maravilla el viaje, a pesar de que el primer día fue tan horrible y ella estaba tan mal que pensé que no conseguiría traérmela.

Se está portando muy bien, aunque lleva las alcalinas puestas todo el día. Sólo se calma sentándola en el carro y sacándola a pasear, así que pasamos gran parte del día en la calle.

Come bastante bien y duerme mucho. No debería tener quejas. Sin embargo, y lo digo mientras lloriqueo por puro agotamiento y desazón, estoy derrotada. Duermo poco y me despierto con tanta ansiedad, tengo miedo de que sea ya la hora de levantarse y tenga que estar otra vez todo el día con ella, jugando, cocinando, paseando, que hasta literalmente me duele el corazón.

Necesito saber que no todo ha sido tan idílico para toda la gente que escribe en los foros mensajes maravillosos. A lo mejor es que yo soy una histérica, incapaz de afrontar retos difíciles.

Luego se me pasa y disfruto un montón de la niña, pero uno o dos momentos de éstos los tengo cada día, sobre todo durante la mañana. Voy a sacarla de la bañera. Os leo.

Respuesta:

El pánico se te pasará porque verás que no es una fiera lo que te ha tocado sino una hija y tú no eres una incapaz... sino una madre primeriza... Lo del agotamiento esa es otra historia... eso con tiempo y organización se lleva mejor...

Yo tengo dos. Con la primera siendo biológica todo el mundo se ofreció a echar una mano. Hasta mi madre vino a Viena a hacerme caldos con apio, gallina y la madre del cordero. Y mi suegra estaba enfadadísima porque no la dejaba «ayudar»... Me invitaban a las casas para que yo no cocinara, me ofrecían un sitio tranquilo para que le diera el pecho...

Con la segunda nadie ha visto esa necesidad, como no hubo parto pues no había que recuperarse de nada... y te aseguro que la había tanto como con la primera. O quizás más. Porque con la primera decidí que tenía que acostumbrarme a su ritmo y dormir cuando ella lo hacía. Sólo estábamos las dos. Pero con la segunda había otra hija que necesitaba una madre normal y descansada... no una histérica.

Aún teniendo ayuda en casa en ambos casos, con la primera me dio el bajón del siglo a los 3 meses de nacer la niña. Con la segunda fue exactamente igual que con la primera... 3 meses. Pero eso fue algo que se fue acumulando durante esos 3 meses, no fue de la noche a la mañana. En mi caso al ser ambas bebés no había que correr u organizar actividades, pero aún así fue agotador física y sobre todo emocionalmente. Con la segunda fue a las dos semanas cuando me di cuenta de que tenía que cambiar la situación si no me iba al garete... y aun así, como te digo, llegó el batacazo a los 3 meses.

A día de hoy tengo mis momentos. Dicen que la falta de sueño es la peor forma de tortura. ¡¡Qué cierto!! Y te lo digo precisamente hoy, que llevo sin dormir en condiciones desde hace una semana.

Había una psicóloga amiga en Moscú que siempre nos decía: hay que decirse a una misma «si yo estoy bien, mi familia estará bien». A veces con tanto poner a todo el mundo primero, una se olvida de que necesita un par de horas para salir al cine, tomarse un café o depilarse las cejas... sin niños, sin conversación de niños y sin ir vestida como si le acabaras de dar de comer a un niño.

Yo creo que sí deberías de quejarte. No somos heroínas ni tenemos que pretender que lo somos. No es necesario... Nos quieren vender esa imagen de que todo es perfecto y que podemos con todo... y no es así. Tenemos derecho a quejarnos y debemos ejercer ese derecho. Y no justificarnos por ello. Tenemos límites y saber aceptar que los tenemos nos ayuda a no pegarnos los batacazos que nos pegamos por tener tantas expectativas y esperar a cumplirlas todas.

No sé cuál es tu situación pero te diría lo que te han dicho todas. Prioriza... Lo más importante sois vosotras dos. El resto es secundario. Busca ayuda con la casa y dedícate a disfrutar y a aprender con ella. Y a buscar un ratito para ti... y no te sientas culpable... Además como no tienes suegra... lo tienes hasta facilito:-))

Respuesta:

Gracias por vuestros mensajes. De verdad que me han ayudado mucho.

Han pasado sólo diez días desde que llegamos a casa juntas, pero ya han cambiado muchas cosas desde mi primer mensaje. Ese día, en ese momento, creí de verdad que no lo iba a soportar. Creo que la clave está en el tema del descanso y horas de sueño. Llegaba de un viaje agotador, habiendo dormido poquísimo, y las primeras noches fueron horribles porque no conseguía dormir. Estaba como paralizada, acobardada. Me eché encima innecesariamente una carga demasiado pesada y todo se volvió muy negro. Oír que un año después todo es igual de estresante y agotador no me ayudó nada. Necesitaba saber que en un plazo corto de tiempo las cosas se calmarían y me encontraría mejor. Afortunadamente, aunque sigo muerta, el dormir me ha hecho ver las cosas con más serenidad, aunque unas 20 veces al día piense «ojalá pase rápido este mes y empiece el cole para tener unas cuantas horas de tranquilidad».

Tengo una sobrina de 4 años y siempre, desde que nació, he sido la primera en querer achucharla y cuidar de ella. Cuando me quedaba en casa de mi hermana sabían que si tosía no debían moverse de la cama, que yo quería ser quien se levantase para atenderla. Cuando llegué con mi hija estaba tan aterrorizada que lloraba pidiendo que alguien se quedara conmigo por la noche para no estar sola con ella. Una cosa tan rara...

Duerme 11 horas (¡¡yo no las duermo seguidas desde que tengo 20 años!!), así que el descanso no debería suponer un problema si yo consiguiera dormir (y en ello estoy). Ya tengo organizada también la limpieza de casa y, aun a riesgo de no estar haciéndolo bien, mi hermana pequeña me ayudará con la niña una o dos horas al día, de modo que yo pueda aprovechar para organizar papeles y tareas, a parte de darle un poco a la pinza, que pensaba que nunca más podría ir a la «pelu», o depilarme, o salir a la calle medianamente aseada (no mona; simplemente «aseada»).

Me he dado cuenta de que puedo ver la tele cuando ya se ha dormido, o leer, o tender, o lo que sea. Vamos, que no hace falta estar en silencio absoluto. Es que ni eso hacía los primeros días. Ahora sólo falta que se me pase el sueño éste (que los 40 no ayudan nada) para tener ganas de hacer algo más que tirarme en el sofá cuando ella duerme.

Aunque más de 10 minutos sola no aguanta, ya me permite recoger algo o lavarme los dientes sin encontrarme al acabar el estropajo friéndose en el micro (¡no gano para cierres de seguridad!). Si quito las llaves de la cerradura y las escondo no puede abrir e irse, como le gusta hacer (¡¡arggggggg, es que 3 años y tanta energía son una locura!!). En fin, poco a poco voy aprendiendo.

Luego está la tragedia de haber perdido la independencia de 15 años viviendo sola..., pero ésa es otra historia. Supongo que dentro de un mes, de seis o de un año seguiré cansada y estresada, pero el pánico de los primeros días ha pasado y en gran parte os he de agradecer a vosotras, al haberme hecho sentir «normal» y haberme dado esperanzas de que pasaría rapidito, «asín» que muchísimas gracias a todas. Volveré a recurrir a vosotras pronto, me temo, je, je, je.

Besos.

Capítulo 3

El Camino hacia el Apego

La Conducta de Apego

El primero en desarrollar una teoría del apego fue John Bowlby. Según esta teoría, los niños están desde el principio emocionalmente apegados a sus cuidadores, primordialmente la madre, y emocionalmente angustiados cuando son separados de ellos.

Según Bowlby, esta conducta está regulada por el sistema nervioso central y está al servicio de la supervivencia, puesto que los bebés son seres indefensos que dependen de un adulto para sobrevivir, por lo que el sistema de apego está compuesto por tendencias conductuales y emocionales diseñadas para mantener a los niños en cercanía física con sus cuidadores, especialmente la madre.

Investigaciones recientes llevadas a cabo con animales muestran que el exponerlos a situaciones de estrés o tensión nerviosa (estando en el útero o después del nacimiento) provoca efectos dañinos en la estructura cerebral. Por ejemplo, cuando se priva a las crías del contacto con las madres o éstas tienen un comportamiento errático e insensible, posteriormente éstas muestran problemas emocionales y de socialización. En cambio, aquellas crías que reciben cuidados cariñosos y atentos de sus madres, logran una mayor capacidad para lidiar con las tensiones cotidianas.

Por tanto, las experiencias que los niños/as tienen cuando son bebés y en la primera infancia, enseñan a sus cerebros cómo pensar, cómo sentir y cómo relacionarse, de forma que podemos decir que el cerebro no sólo nos permite ver, oler, gustar, pensar y movernos, sino también amar o no amar.

Además, debido a que los recuerdos traumáticos se almacenan en las áreas «primitivas» del cerebro, son menos accesibles a través del lenguaje, la lógica y el razonamiento. Permanecen «congelados» en el tiempo, con la misma intensidad que cuando ocurrieron. Cuando surge un recuerdo traumático, se incrementa la actividad en el hemisferio derecho del cerebro, lo que provoca una respuesta emocional. Al mismo tiempo, decrece la actividad del hemisferio izquierdo, que es el que controla el lenguaje, con lo que disminuye la capacidad del niño/a para expresar con palabras lo que siente.

Con el desarrollo de la neurociencia y el nacimiento de una nueva disciplina, la Psicología Prenatal, se ha demostrado que, en realidad, el vínculo posterior al nacimiento no es más que la continuación de un proceso de vinculación que había comenzado mucho antes, en el útero materno.

Según Thomas Verny, uno de los principales impulsores de esta nueva disciplina, el feto puede ver, oír, experimentar, degustar y, de manera primitiva, inclusive aprender, por lo que lo sentido y percibido por la criatura mientras está en el útero, definirá en el futuro, en parte, su comportamiento social. El instrumento fundamental para este aprendizaje es, por supuesto, la madre.

Pero, el vínculo intrauterino no se produce automáticamente. Para que funcione, es preciso que la madre lo establezca. Si la madre se cierra emocionalmente, el niño intrauterino no sabe qué hacer. El período óptimo para que se establezca este vínculo son los tres últimos meses de embarazo, y especialmente los dos últimos.

Evidentemente, las emociones negativas o los hechos que producen tensión en la madre no afectarán negativamente el establecimiento del vínculo intrauterino si son ocasionales. Sólo afectarán al feto cuando sus necesidades físicas y emocionales sean constantemente desatendidas. Si son atendidas, el vínculo se produce de manera espontánea.

Aunque las tensiones externas que afronta una mujer, tienen importancia para el establecimiento del vínculo entre ambos, lo más importante es lo que siente hacia su hijo no nacido. Sus pensamientos y sentimientos son el material a partir del cual el niño intrauterino se forja a sí mismo.

En un estudio llevado a cabo con dos mil mujeres durante el embarazo y el alumbramiento, se llegó a la conclusión de que la actitud de la madre producía el efecto más importante en la forma de ser del infante. Todas procedían de la misma extracción económica, eran igualmente inteligentes y habían disfrutado del mismo grado y calidad de asistencia prenatal. El único y principal factor distintivo era la actitud hacia sus hijos no nacidos. Los hijos de las madres aceptadoras (las que deseaban tener descendencia) eran emocional y físicamente mucho más sanos al nacer y después que los hijos de madres rechazadoras, lo cual muestra que sentimientos como el amor o el rechazo afectan al niño intrauterino desde muy temprano.

Las emociones de la madre desempeñan un papel importante en el modelado del «yo». Las madres cálidas y cariñosas alumbran hijos más seguros y llenos de confianza en sí mismos porque ese yo está hecho de calidez y amor. De manera semejante, si las madres desdichadas, deprimidas o ambivalentes dan a luz un porcentaje superior de niños difíciles, se debe a que los egos de sus vástagos se modelaron en momentos de temor y angustia. No es sorprendente que, sin una reorientación, dichos niños se conviertan a menudo en adultos desconfiados, ansiosos, y emocionalmente frágiles.

Estudios recientes han confirmado que el comportamiento de un niño/a entre los 12 y los 18 meses de edad, se puede prever con muchas antelación, conociendo los modelos operatorios internos de las madres, valorados durante el embarazo. Estos trabajos permiten predecir en más del 65% de los casos el tipo de vínculo afectivo que tendrá el menor a los 12 meses.

En cuanto al nacimiento, es el primer choque físico y emocional prolongado que experimenta el niño y hasta los detalles más insignificantes dejan huellas imborrables en su memoria, aunque no se puedan evocar conscientemente. Por ejemplo, bebés que han tenido partos difíciles, con sufrimiento fetal y pérdida de oxígeno en algún momento, de niño y adultos suelen tener problemas de claustrofobia.

De la misma forma los estudios realizados han demostrado que los recuerdos del recién nacido sobre la primera adhesión con su madre sigue afectando años después su sentido de la seguridad emocional, de manera que los niños que aprenden más deprisa y parecen más felices se habían vinculado con sus madres después del nacimiento.

Se puede observar, pues, como, aunque puedan diferir en el tiempo y las circunstancias, las consecuencias del vínculo intra y extrauterino son casi siempre las mismas.

Mary Ainsworth diseñó y aplicó un programa, conocido como la «Situación Extraña», para evaluar la calidad del vínculo entre madre e hijo/a, basándose en que las figuras de apego actúan como sustento de la conducta exploratoria y por tanto las separaciones son seguidas de efectos psicológicos y fisiológicos en el niño/a, que van a repercutir en la forma de elaborar los procesos cognitivos y en la forma de organizar sus relaciones interpersonales.

Los niños/as con estilos de apego seguro han tenido figuras parentales sensibles a sus necesidades, lo cual les permite explorar el mundo con seguridad y confianza. Han experimentado que confiar es seguro y que pueden experimentar ayuda en la adversidad. Poseen estructuras cognitivas flexibles, por lo que se pueden ajustar de manera adecuada a los cambios del ambiente, a proponerse metas realistas y a evitar creencias irracionales.

Tienen expectativas positivas acerca de las relaciones con los otros, por lo que tienden a confiar y a intimar con los demás. También gozan de una autoestima alta.

Los niños/as con estilo de apego ansioso-ambivalente, debido a la inconsistencia en las habilidades emocionales de sus cuidadores, no tienen la seguridad de encontrar en ellos la ayuda necesaria si se encuentran en una situación amenazante, por lo que son propensos a la separación ansiosa. En sus conductas está siempre presente la inseguridad, por lo que tienden a bloquearse cuando desean acceder a la información. Recuerdan más fácilmente experiencias negativas, por lo que las relaciones interpersonales están mediatizadas por el temor a una nueva pérdida.

Tienen baja tolerancia al dolor emocional y responden con miedo y ansiedad ante cualquier ruptura en el ambiente. Presentan mayor propensión a la ira que los niños/as con apego seguro.

Los niños/as con estilo de apego evasivo tienen poca confianza en que serán ayudados por sus figuras parentales, por lo que no buscan el amor ni el apoyo de otras personas. Tienen estructuras cognitivas rígidas y tienden a activar con más facilidad los recuerdos de no ayuda, lo que les lleva a mantenerse distantes e indiferentes.

Niegan activamente sentir dolor y experimentan enojo con frecuencia, pero procuran evitarlo y lo niegan. Al igual que en el estilo de apego anterior, el enfado les lleva a plantearse metas destructivas y conductas desadaptativas.

Factores que dificultan la vinculación

En el caso de niños/as adoptados, que pudieron disfrutar o no de una vinculación intrauterina, pero en los cuales la vinculación postnatal fue imposible, debido a la separación de la madre biológica, la experiencia resultante de abandono y pérdida queda impresa de manera indeleble en el inconsciente, causando lo que Nancy Newton Verrier ha llamado «la herida primal».

Esta herida puede ser más evidente en niños que han sufrido una larga institucionalización o han tenido muchos cuidadores, pero también puede estar presente en aquellos que fueron adoptados como recién nacidos. Es más, la sufren incluso los bebés que pasaron los primeros momentos después del parto en una incubadora, aunque volvieran a los pocos días o semanas con sus madres.

Lo que provoca esta herida es la experiencia de sentirse abandonado por alguien con quien se ha compartido una experiencia de 40 semanas y con la que se tenía una vinculación no sólo biológica y genética, sino también en algunos casos, psicológica y emocional. Una vez que los cuerpos se han separado después del parto, el bebé tiene la necesidad de sentir de nuevo la cercanía física de la madre después del estrés y el miedo sentidos durante el parto, sobre todo si fueron separados bruscamente. Pero si la primera sensación que experimenta el bebé al nacer se llama soledad y abandono, esta sensación entra en su alma y provocará una profunda desconfianza que le acompañará el resto de su vida, si no se interviene de alguna manera.

En su libro *The Primal Wound*, Nancy Newton Verrier relata como, en el caso de su hija, cada año, los tres días entre la fecha de su cumpleaños y el día que la llevaron a casa, son para ella los tres días más difíciles de su vida. En esos días se siente desvalida, sin esperanza, vacía y sola. Pareciera como si el recuerdo de esos tres días estuviera grabado en su psique de manera indeleble.

En otros casos, a ésta primera experiencia traumática, se une la institucionalización, con cambios constantes de cuidadores, con lo cual es difícil que se pueda establecer ningún tipo de vinculación, posibles malos tratos, negligencia, o situaciones de mucha privación.

Indudablemente, éstos son factores que dificultan la vinculación, pero no son los únicos. Cuando los niños son adoptados, las conductas de la familia adoptiva pueden también afectar negativamente la vinculación.

Las parejas estériles que no hayan resuelto adecuadamente sus sentimientos acerca de su condición, pueden proyectar su frustración contra el hijo/a si éste/a no cumple sus expectativas, llegado a tener resentimiento, hacia él/ella, aunque no lo expresen, dificultando así la vinculación.

El cúmulo de expectativas no cumplidas hace referencia, en líneas generales, a tres tipos de expectativas: las relacionadas con la personalidad del niño/a, las referentes a la ausencia de una mejoría conductual y aquellas que tienen que ver con la reciprocidad de cariño por parte del menor.

También dificultan el proceso de vinculación aquellas familias adoptivas que tienden a desligarse de la propia responsabilidad por la conducta de los hijos/as, con el fin de mantener una autoimagen positiva.

En otros casos esto ocurre cuando la familia atribuye la conducta de los niños/as a estereotipos de sus lugares de origen, o cuando critican o rechazan a sus hijos/as porque son niños/as difíciles.

El no contar, en la mayoría de los casos, con modelos de parentalidad adoptiva, también puede dificultar el proceso de vinculación, así como las dificultades para solicitar y aceptar ayuda. La voluntad de la familia para revelar debilidades y descorazonamiento, es la clave para encontrar ayuda y plantearse nuevas soluciones.

En general, podemos decir que cuando el ciclo del apego se rompe, la vinculación se dificulta. La mayoría de los expertos consideran que el período más crítico es el que corresponde a los primeros dieciocho a treinta y seis meses de vida. Durante este período el niño/a aprende que si tiene una necesidad, alguien suplirá esa necesidad y esa gratificación le llevará al desarrollo de su confianza en los otros.

Así, si un bebé tiene hambre, está mojado o quiere que lo coja expresa esta necesidad a través del llanto para requerir la atención de un cuidador, pero si no ve cubiertas sus necesidades de forma consistente, se siente desamparado y enfadado y no desarrolla confianza. Así se rompe el ciclo y se dificulta el proceso de vinculación.

Como la conducta de apego es un proceso basado en la interacción, este proceso se puede transferir a otro cuidador, si se hace adecuadamente, a través de la adopción.

El Trastorno Reactivo de Vinculación

Según los expertos, la mayoría de los niños/as adoptados logra una buena adaptación, gracias, por una parte, a la capacidad de resiliencia del ser humano, capaz de sobreponerse a experiencias muy traumáticas, y, por otra parte, al papel reparador ejercido por las familias adoptivas. Así, distintos estudios han comparado la calidad del apego en familias con niños/as adoptados y en familias biológicas, sin encontrar diferencias significativas.

Sin embargo, hay que reconocer la existencia de una minoría que presenta dificultades para establecer esta estrecha relación de confianza y cariño con la familia adoptiva. El término con el que se conoce esta dificultad es Trastorno Reactivo de Vinculación. Como su nombre indica, la dificultad para vincularse se debe a una reacción como consecuencia de algo que el niño/a experimentó en el pasado. La magnitud de la dificultad dependerá de la gravedad del trauma que sufrió.

En términos generales, se puede decir que los niños/as que fueron abandonados tempranamente pero a su vez fueron adoptados tempranamente no presentan problemas en el apego respecto de niños criados con su familia biológica.

En cambio, niños/as que fueron abandonados tempranamente y adoptados tardíamente son los que tienen mayores dificultades en el apego y los que mayores consecuencias para el desarrollo a posteriori presentan.

CAUSAS

Todo niño o niña adoptado ha sufrido, al menos, el trauma de la separación de la madre biológica, pero mientras la mayoría no tiene problemas para vincularse con su familia adoptiva, otros sí los tienen. Es evidente que si al primer abandono le sumamos negligencia emocional, desatención, abusos, malos tratos o el paso por distintas instituciones y cuidadores, los efectos negativos se agravarán.

Según los expertos, si en los primeros meses de vida del menor no se estableció una relación estable con un cuidador/a maternal, aunque posteriormente reciban el amor, la atención y los cuidados de la familia adoptiva, en algunos casos, estos niños o niñas son incapaces de aceptarlo. A consecuencia del daño sufrido en el pasado, no son capaces de aceptar el cariño de su nueva familia.

En el desarrollo del cerebro, hay unos períodos óptimos de aprendizaje, conocidos como «ventanas de oportunidad», en los cuales las experiencias de vinculación tienen que estar presentes para que los sistemas responsables del apego, se desarrollen normalmente. Estas ventanas de oportunidad se abren a la largo del primer año de vida y están asociados a la capacidad del bebé y su cuidador, de manera óptima la madre, de desarrollar una relación interactiva positiva.

Esta primera relación determina «el molde» biológico y emocional para todas sus relaciones futuras. Un apego saludable a la madre, o en su defecto, a un cuidador/a, construido de experiencias de vínculo repetitivas durante la primera infancia, provee una base sólida para futuras relaciones saludables. Por el contrario, problemas de vinculación y apego en esos momentos puede resultar en una base biológica y emocional frágil para futuras relaciones.

A pesar del potencial con que todo ser humano nace para vincularse, es la naturaleza, cantidad, patrón e intensidad de las experiencias en la vida temprana lo que permite la expresión de ese potencial genético. Sin unos cuidados predecibles, amorosos y sensorialmente ricos, el potencial del niño/a para poder vincularse y crear un apego normal, no podrá materializarse. Los sistemas del cerebro responsables de las relaciones emocionales no se desarrollarán en forma óptima sin las experiencias oportunas en los momentos adecuados de la vida.

Esto no quiere decir que pasados esos períodos óptimos de aprendizaje sea imposible el establecimiento de una vinculación saludable, y que los niños/as que hayan sufrido un abandono o negligencia emocional importante en esta etapa de su vida no tengan esperanzas de poder desarrollar relaciones normales. Lo que sí ocurre es que no surgen de manera espontánea, sino que se requiere algún tipo de intervención, mediante terapias y técnicas que les ayuden a establecer patrones de relación que, en su momento, no se establecieron.

Fuera del período óptimo de aprendizaje, tanto para la vinculación intrauterina, como para la vinculación postnatal, el proceso puede ser en ocasiones, largo, difícil y frustrante dependiendo de la gravedad del abandono o negligencia emocional que sufrieron, pero no es necesariamente imposible.

En realidad, al igual que se hacen controles médicos, sería positivo que también se hicieran controles rutinarios sobre temas afectivo/emocionales de los menores adoptados, porque como con cualquier problema, cuanto antes se detecte y se actúe, antes se podrá solucionar. Las revisiones podrían hacerse a los seis meses de la asignación y repetirse periódicamente cada cuatro o seis meses hasta que se compruebe que el vínculo está adecuadamente establecido.

Si el ciclo del apego se rompió en su momento y no se consigue recomponer en los inicios de la nueva experiencia adoptiva, según va pasando el tiempo, la familia y, especialmente la madre, se va frustrando cada vez más, al sentirse rechazada por el hijo/a, que se resiste a todos sus esfuerzos por darle cariño. Con el paso del tiempo, muchas familias que empezaron llenos de amor e ilusión, acaban derrotados, desalentados y resentidos, con lo cual las posibilidades de superar el problema van decreciendo.

También es fundamental que se acuda a un profesional que sea especialista en materia de adopción, porque en caso contrario es frecuente que ese profesional termine por concluir que el problema lo tiene la madre, porque el niño/a en la consulta se muestra simpático y colaborador y el padre no ve tanto problema como la madre. Como consecuencia, se considera que la que realmente necesita hacer terapia es la madre, con lo cual el problema se agrava, porque la madre se siente cada vez más incomprendida.

En realidad, es frecuente que el niño/a exteriorice los problemas, especialmente, cuando esta solo/a con la madre, por eso es esencial que la familia conozca los síntomas principales.

SÍNTOMAS

Los síntomas de este trastorno se pueden clasificar de leve a grave, estando directamente relacionado con la gravedad del trauma que lo originó. En cualquier caso, necesitará tratamiento terapéutico para su superación.

Los síntomas pueden agruparse de la siguiente manera:

- *Dificultad en aceptar o buscar afecto y contacto físico.*
  No tienen sentimientos amorosos, se resisten a que les cojan en brazos y cuando lo hacen se giran hacia afuera, no toleran que les toquen ni siquiera ligeramente o les hagan cosquillas, y menos que los abracen, etc. Evitan el contacto visual, prefieren al padre antes que a la madre y son indiscriminadamente cariñosos con los extraños.
  El malestar hacia el contacto físico podría ser también un síntoma de Disfunción de la Integración Sensorial, que es frecuente en menores que han estado institucionalizados.
- *Necesitan tener el control.*
  Esta necesidad viene del miedo a volver a sufrir por ser tan indefensos como cuando eran bebés. Son de carácter muy fuerte, mandones, disconformes, desobedientes e incluso, desafiantes con las normas. Les cuesta empatizar con los demás.
- *Tienen problemas con la rabia.*
  La pueden expresar abiertamente, a través de rabietas, porque tienen poca tolerancia a la frustración, o pueden dedicarse a enfadar, frustrar y enfadar a los demás a través de conductas pasivo-agresivas.
- *Tienen la conciencia poco desarrollada.*
  No tienen remordimientos, ni muestran arrepentimiento o culpa. En los casos más graves, pueden estar totalmente ausentes, de forma que mienten, roban son crueles con los animales, sienten atracción por el fuego, etc., sin tener conciencia de las consecuencias de sus actos ni mostrar arrepentimiento ante ellos.
- *Existe un problema de confianza mutua.*
  No confían en sus padres/madres y éstos no pueden confiar en ellos, puesto que el engaño forma parte de su manera de vivir. La gravedad

de estos problemas de confianza está en relación directa con la severidad del trastorno. En algunos casos, cuando son mayores, tienen que estar todas las cosas de valor bajo llave, ante el temor de que lo vendan para conseguir dinero.

El catálogo completo de síntomas es muy variado, incluyendo desde problemas con el sueño, hasta falta de pensamiento causa-efecto, problemas de aprendizaje, tensión corporal crónica, alta tolerancia al dolor, etc.

En general, puede decirse que hay dos tipos de niños/as con problemas de apego. Por una parte, están aquellos que son irascibles, que lloran constantemente, inquietos, etc.; y por otra parte, están aquellos que son tranquilos, excesivamente independientes, que no protestan por nada y no necesitan a nadie para jugar, etc.

En este segundo caso, al ser un niño/a demasiado fácil corre el riesgo de ser menos evidente el problema, lo cual dificultará la resolución del mismo. En el primer caso, un niño/a problemática, que obligue a la familia a una mayor vigilancia, puede reparar el trastorno y mejorar el tejido del vínculo con mayor facilidad. En cualquiera de los dos casos, el diagnóstico precoz y un tratamiento adecuado son fundamentales.

TRATAMIENTO

Los tratamientos individuales o de grupo con el niño/a no suelen ser muy efectivos porque suelen mentir, negar y minimizar sus problemas. Sin la versión de la familia, los niños pueden llegar a embaucar o manipular al terapeuta porque suelen mostrarse muy amables y colaboradores con ellos, para no enfrentar la situación.

La terapia familiar es más eficaz porque ayuda a los padres/madres a entender por qué sus hijos/as actúan así, les ayuda a protegerse, evitando ser victimizados, y pueden aprender a desarrollar sentimientos de empatía hacia ellos.

En realidad, las familias que tienen hijos/as con Trastorno Reactivo de Vinculación necesitan información y entrenamiento para saber cómo ser padres terapéuticos. En este sentido, la Terapia de Contención y el Enfoque Cognitivo de los Problemas de Conducta se han mostrado como dos herramientas muy útiles.

La Terapia de Contención

La Terapia de Contención es uno de los tratamientos que se ha mostrado más eficaz en la superación de los problemas de vinculación. También se conoce como Terapia del Abrazo Forzado. Esta terapia fue inicialmente usada en Nueva York por Martha Welch para el trabajo con niños autistas, y posteriormente desarrollada por Jirina Prekop. En el mundo de habla hispana ha sido introducido por Laura Rincón Gallardo, psicoterapeuta mexicana que se formó con Prekop en Alemania.

Como sabemos, la necesidad esencial del recién nacido es continuar pegado a su madre, en una especie de embarazo externo, porque, comparado con el resto de los mamíferos, el infante humano nace fisiológicamente inmaduro y es el que más depende de la madre para sobrevivir.

En el caso de un niño/a adoptado, para quien esta experiencia no fue posible, debido al abandono o a la negligencia emocional, la terapia de contención le puede ayudar a crear con su nueva familia los lazos de vinculación y apego que no pudo disfrutar en los inicios de su vida.

La Terapia de Contención no es un método educativo sino una terapia que, en la medida que los padres/madres la practiquen, se convierte en una forma de relación gracias a la cual los hijos/as aprenden, a través de un abrazo, que puede ser llevado a cabo incluso en contra de su voluntad, para poder expresar toda su ira, decepción tristeza, etc., que en los brazos de su madre o de su padre adoptivos, pueden recuperar el equilibrio interno que no pudieron alcanzar en el momento óptimo para que esto ocurriera.

La terapia se realiza con la ayuda de una terapeuta, que previamente ha entrenado y orientado a la madre o al padre, para que tome conciencia de los conflictos personales que interfieren en las relaciones con su hijos/a. Después del aprendizaje de la técnica, en compañía de la terapeuta, pueden llevarla a cabo en casa de manera independiente, en momentos de crisis o conflictos importantes con sus hijos/as. Esta terapia se muestra como una herramienta muy útil con niños/as hasta los diez años de edad.

Una vez que la madre (o en su defecto, el padre), se hayan preparado con la terapeuta y se consideren capaces de llevar a cabo la primera sesión con su hijo/a, se presentan con ropa cómoda a la sesión. Según la edad, se sientan o se acuestan en una colchoneta, mirándose a los ojos. La madre lo abraza y comienza una confrontación verbal en la que ella le dice al hijo/a las conductas que a ella la enojan. Posteriormente, el niño le dice a ella lo mismo, y después la madre lo abraza para sentir ambos la rabia con toda su intensidad.

La terapeuta estimula la verbalización para que cada uno diga lo que le enoja del otro. Con ciertas preguntas les ayuda a despertar, al mismo tiempo, la empatía hacia el otro, con lo cual se favorece, no sólo la expresión de los sentimientos, sino también el desarrollo del pensamiento lógico y la comprensión.

En ese momento empiezan a recorrer juntos una serie de sentimientos, que empieza con la rabia. Cuando se expresa esta rabia dentro de una proximidad física, como es el abrazo, surgen los sentimientos que están debajo: la tristeza y el miedo.

El niño/a empieza a aceptar a su madre, se apoya en ella, empieza a sentirse aceptado y seguro para poder llorar las lágrimas de la tristeza que sintió cuando, por ejemplo, fue llevado al orfanato, o la soledad que sintió allí, o cómo vuelve a sentir esa soledad cuando ella lo manda a su habitación siempre que se porta mal.

En la cercanía, el niño/a se siente cada vez más seguro y querido para expresar también su miedo: el miedo más inmenso y profundo de todos los miedos humanos, el que se siente cuando eres abandonado por quien te dio la vida.

Sólo entonces, después de haber expresado todo el dolor acumulado, el canal hacia el amor se va abriendo poco a poco. El proceso es más rápido en unos casos que en otros y termina cuando ambos sienten alegría y un amor renovado.

El proceso es doloroso, pero es la única forma de curar una herida. Primero es necesario limpiarla a fondo y esto es lo que más duele. No es posible sentir el amor plenamente si antes no se ha expresado toda la rabia y dolor existente.

Al final, el niño/a y la madre se abrazan y besan profunda e intensamente y la madre empieza a recordar y a contarle cómo lo esperaba, los preparativos para el viaje, la primera vez que lo vio, etc. A los niños les encanta escuchar esa parte de su historia, hacen preguntas, se ríen cuando le cuentan situaciones graciosas que vivieron, etc.

El sentido de la terapia de contención es el acceso a la confrontación emocional entre dos seres que se quieren, cuya relación se encuentra tan lastimada que ningún otro tipo de confrontación podría ayudarlos.

Enfoque Cognitivo de los Problemas de Conducta

Otra herramienta que proporciona información y entrenamiento para convertirse en una familia terapéutica, es el abordaje de las conductas desadaptativas desde un enfoque cognitivo. Este enfoque también proporciona a los niños/as que sufren Trastorno Reactivo de Vinculación y a sus familias, recursos necesarios para superar los problemas de relación que presentan.

Como hemos visto, si en los primeros meses de vida del menor no se estableció una relación estable con un cuidador/a maternal, su personalidad se verá dificultad en su formación, no sólo en lo afectivo, sino también en lo cognitivo, en lo motor y en lo social, lo cual le provocará problemas conductuales.

Estos niños han sido tradicionalmente poco entendidos. Con mucha frecuencia han sido tachados de tozudos y caprichosos, productos de familias con pautas educativas inconsistentes.

El enfoque tradicional del tratamiento de los llamados niños difíciles parte del supuesto de que los niños se portan bien si quieren, porque con su mala conducta lo que pretenden es llamar la atención o coaccionar a los adultos para que cedan a sus deseos. El objetivo, por tanto, es inducir a los niños a que obedezcan las instrucciones de los adultos, para lo cual se recomienda usar un programa de recompensas y castigos con el fin de incentivarlos para mejorar su conducta. Se trata de un enfoque reactivo para manejar las conductas problemáticas después de que hayan ocurrido.

Sin embargo, cuando se parte de la base de que estos niños se portan bien si pueden, porque sus problemas de conducta derivan del desarrollo deficitario de ciertas habilidades, como la flexibilidad, la adaptabilidad, la tolerancia a la frustración, etc., entonces el objetivo para mejorar sus problemas de conducta pasa por el aprendizaje de las habilidades cognitivas y emocionales de las que carecen.

Según este planteamiento, propuesto por R. W. Greene, Profesor Asociado de Psicología en el Departamento de Psiquiatría de la Escuela Médica de Harvard, los adultos son parte de la solución del problema de estos niños, estableciendo, en primer lugar relaciones positivas con ellos, a través de la empatía, y, después, entrenándolos en las habilidades necesarias para establecer relaciones adecuadas y que, en su momento, no se estimularon adecuadamente en las zonas cerebrales correspondientes.

Así, cuando surge una conducta disruptiva o desadaptativa, empieza el abordaje terapéutico. Entendiéndose que esta conducta surge cuando las demandas cognitivas superan las posibilidades del niño/a para responder de forma adaptativa, de forma que esa conducta no se entiende como intencional ni como manipuladora del adulto para que ceda a los deseos del menor.

Hay cinco áreas de habilidades cognitivas, cuya ausencia frecuentemente desemboca en conductas conflictivas:

1. *Habilidades de las Funciones Ejecutivas*
   Son las habilidades que nos permiten tener un pensamiento claro, organizado y reflexivo en medio de la frustración. Cuando faltan estas habilidades los niños tienen problemas para cambiar de actividad, para ver y anticipar las consecuencias de sus acciones, etc.

2. *Habilidades del Lenguaje*
   La habilidad para solventar problemas es básicamente una habilidad lingüística, ya que estas habilidades nos permiten delimitar el problema, comunicarlo y resolverlo.
   Los niños/as con déficit en estas habilidades tienen un vocabulario mínimo para nombrar las emociones, articular sus necesidades y buscar soluciones.

3. *Habilidades para Regular las Emociones*
   Se trata de las habilidades cognitivas que usamos para controlar las emociones. Lo que caracteriza a los niños/as que tienen dificultades en esta área son: la irritabilidad, el cansancio, la agitación y la ansiedad. Estos estados crónicos dificultan el manejo de la frustración.

4. *Habilidades de Flexibilidad Cognitiva*
   Los niños/as que tienen dificultad en esta área son literales y concretos en su pensamiento. Se encuentran totalmente perdidos cuando las cosas no salen como esperaban, por eso tienen grandes dificultades en el aspecto social, ya que, en esta área, se requiere mucha habilidad para manejarse con los matices.

5. *Habilidades Sociales*
   Los niños/as que tienen déficit en esta área tienen una percepción pobre de las consecuencias que tienen sus acciones en los demás. Por otra parte, tienen pocas habilidades para empezar una conversación o entrar en un grupo.

Por tanto, desde este enfoque, el problema conductual debe contemplarse como un trastorno del aprendizaje centrado en una disfunción cognitiva. Está, pues, muy vinculado al lenguaje interno, control de las emociones, motivación y, en definitiva al aprendizaje del comportamiento. Por tanto, este enfoque se centra más en la cognición que en la conducta, y en consecuencia, el abordaje de la conducta disruptiva parte de la premisa de que el niño/a puede alcanzar una conducta adaptativa si dispone de las habilidades necesarias.

Este abordaje de las conductas disruptivas también enfatiza que la regulación de las emociones, la tolerancia a la frustración y la habilidad para enfrentarse a los problemas, no se desarrollan por parte del niño/a de manera independiente, sino que dependen, en gran parte, de la manera y de los modelos usados por los adultos para enseñar a los niños/as.

Desde este enfoque, el resultado de la conducta depende del grado de compatibilidad entre el adulto y el niño/a. La compatibilidad entre las características de cada uno de los componentes de la relación tiene implicaciones importantes a la hora de reducir las conductas desadaptativas.

Por tanto, el primer objetivo es resolver aquellos puntos en los que se observan incompatibilidades entre las dos partes, para posteriormente mostrarse empático, definir el problema e invitar al niño/a a encontrar una solución que sea satisfactoria para ambas partes. La empatía facilita que los dos conserven la calma, la definición del problema asegura que la preocupación del niño/a queda clara y la búsqueda de la solución permite que el proceso sea lo importante y no quien «gana».

El objetivo fundamental de este enfoque es colaborar de forma efectiva con el niño/a para resolver aquellos problemas o situaciones que desembocan en conductas disruptivas por falta de las habilidades cognitivas adecuadas. Con este enfoque se potencia la resolución de los conflictos a través de la empatía, el lenguaje y la negociación, de forma que se favorecen los mecanismos de vinculación.

La Resiliencia y los Efectos Reparatorios de la Adopción

El término resiliencia se usa en ingeniería para hacer referencia a la capacidad de un material para adquirir su forma inicial después de someterse a una presión que lo deforme. Al hablar de la resiliencia del ser humano, nos referimos a la capacidad de resistencia frente al sufrimiento que tiene la persona y al impulso de reparación psíquica que nace de esa resistencia.

En la resiliencia aparecen, pues, dos elementos: por una parte, la resistencia frente a la presión y, por otra, la capacidad de reconstrucción a pesar de haber sufrido esa presión. Se trata de un potencial humano que es capaz de superar las dificultades para convertir el trauma en una oportunidad de crecimiento.

Aunque la resiliencia es tan antigua como la misma humanidad, sólo recientemente se ha convertido en fuente de investigación y análisis. No es de extrañar que uno de esos primeros estudiosos sea Boris Cyrulnik. Con tan sólo 6 años consiguió escapar de un campo de concentración, de donde el resto de su familia, rusos judíos emigrantes, jamás regresó, pasando su infancia en centros de acogida. Neurólogo, psiquiatra y psicoanalista, es uno de los fundadores de la Etología Humana. Según Cyrulnik, una infancia infeliz no determina la vida, aunque estos niños/as sólo pueden tejer una resiliencia si encuentran a unos adultos motivados y formados para este trabajo.

Por eso, la adopción no significa, en sí misma, el fin de los problemas para aquellos niños y niñas que han vivido experiencias traumáticas, negligencia emocional o maltratato institucional. Encontrar una familia adoptiva cuando se ha perdido la propia no es más que el comienzo del fin, porque esa herida ha quedado escrita en su historia personal, grabada en su memoria y requiere de un trabajo de elaboración para su superación. Trabajo en el que la familia adoptiva tiene un papel reparador fundamental.

Pero, ¿por qué unos niños/as son capaces de beneficiarse de su nuevo entorno familiar y otros no? Las razones son variadas. Por una parte, la resiliencia sólo es posible cuando existe un «cómplice significativo» que le permita crear lazos y vínculos consigo mismo, con los otros y con el entorno.

Para que esto ocurra, en casos de menores muy dañados emocionalmente, se necesitan unos padres y unas madres «terapéuticos», que tengan tolerancia a la propia ambivalencia o a la existencia de sentimientos negativos. Dada la patología del niño/a, que sepan retardar las gratificaciones de las necesidades parentales, que tengan habilidad para encontrar felicidad en pequeños incrementos de mejoría, que tengan flexibilidad de roles, de forma que no tenga que ser siempre la madre la que atienda las necesidades del hijo/a, sino que el padre tenga habilidad para asumir el rol de cuidador, alternándose ambos, para evitar el agotamiento. Familias que no pierden el sentido del humor y se preocupen del autocuidado personal y de pareja, con tardes o fines de semana solos para mantener las fuerzas físicas y la salud mental.

Por otra parte, también depende del tipo de vinculación que el niño/a haya establecido previamente, tanto «in útero», como después del parto, con su madre biológica, y al que posteriormente hubiera podido establecer con algún cuidador/a o figura de apego. Basta encontrar una sola vez a alguien que signifique algo, para que esa llama se pueda avivar posteriormente y pueda disfrutar de los beneficios de la nueva situación con su familia adoptiva.

Por tanto, el hecho de constatar que ciertos niños/as son capaces de resistir las experiencias traumáticas de su pasado y otros no, no puede explicarse en términos de la mayor fortaleza o vulnerabilidad de unos o de otros, sino a la presencia o ausencia de unos recursos internos y externos adecuados en uno y otro caso.

Aunque muchas personas piensen que la adopción tiene un efecto reparador automático, y que por sí misma, con mucho amor y aceptación, el niño/a adoptado va a emprender una nueva vida que le hará olvidar y borrar las experiencias difíciles que previamente haya podido experimentar, lo cierto es que se necesitan unas determinadas guías de resiliencia.

Por ejemplo, toda pérdida necesita su duelo y la pérdida de la madre biológica fue real, por lo que necesita su duelo correspondiente. Algunas conductas frecuentes en niños adoptados, como rabietas, ansiedad, hiperactividad, oposición desafiante, etc. pueden estar detrás de un duelo no elaborado.

También es importante entender que desde el momento que el niño/a puede recomponer el relato de su sufrimiento a través de la palabra, el sentimiento que experimenta puede quedar transformado si en la familia hay un ambiente donde siente que puede expresar esos sentimientos de pérdida, sin temor a herir a nadie y en una atmósfera en la que la expresión de esos sentimientos sirve para vehicular los procesos de vinculación.

En realidad lo que calma o perturba a los niños/as es la forma en la que las figuras de su vínculo afectivo traducen los sentimientos. Cuando en medio de una catástrofe los niños están rodeados de adultos ansiosos, los niños muestran más trastornos que cuando están rodeados de adultos serenos. Así, puede decirse que el mundo cambia a partir del mismo instante en que se habla con naturalidad del hecho adoptivo en el seno mismo de la familia, porque cualquier emoción se alimenta no sólo de la sensación que provocó el impacto recibido, sino también de la representación que se recibe de ese hecho a través de los demás.

Si para la familia el hecho adoptivo representa un hecho doloroso del que es mejor no hablar, el hijo/a no podrá beneficiarse del gran poder liberador que supone el poner palabra a los sentimientos. Liberación, además, que ayuda a vincularse con la persona a la que se están confiando esos sentimientos.

Por tanto, el alcance de la reparación estará determinado, entre otros factores, por: el momento en que el niño/a fue abandonado y adoptado, las características constitucionales del menor, el ajuste temperamental entre la familia y los menores, los estilos de crianza, los apoyos pre y postadoptivos que se brinden a la familia, elaboración de la infertilidad de los padres, si fuera el caso, actitud de la familia hacia la adopción, etc. El control oportuno de estas variables, permitirá a la familia adoptiva cumplir una función reparadora de valor inestimable en las vidas de sus hijos e hijas adoptivos.

Relato en Primera Persona

Mercedes es española y vive en Milán, Italia. Está casada con un italiano, tiene una hija biológica y una adoptada. En este conmovedor testimonio comparte con nosotras las dificultades de su experiencia personal. ¡Gracias Mercedes!

Las sombras (más allá de las luces) de una adopción internacional

A menudo leemos testimonios muy positivos y emocionantes sobre experiencias de adopción. Me he preguntado si sólo a nosotros nos había tocado vivir una adopción con dificultad, o si fuera debido al pudor el que las parejas no compartieran «las sombras» de su experiencia adoptiva. Nos hemos atrevido a compartir con vosotros nuestro camino, menos idílico que otros, con la esperanza de que algunos puedan reconocerse en ella, y también con el deseo de que quien quiera adoptar, lo piense dos veces.

Acaban de cumplirse dos años de nuestro viaje a India (Bangalore) para buscar a Romy, que entonces tenía «oficialmente» seis años. Tenemos ya una hija biológica de 12 años, Irati.

Romy, a pesar de una historia tremenda de abandonos y malos tratos, es una niña afectuosísima, lista, alegre, con ganas de aprender, de vivir... ¿y entonces? os preguntaréis, ¿cuál es el problema? El problema se presentó cuando en mí, la mamá (más que en el resto del sistema familiar) nació un rechazo, aparentemente inexplicable, hacia nuestra nueva hija.

Una parte de mí deseaba esta segunda maternidad con tanta fuerza que nos hizo superar los años de espera, trámites, coloquios... que todos conocéis. Y una parte de mí rechazaba a esta niña (con los consiguientes sentimientos de culpabilidad): su ser prepotente, autocentrada, descarada, manipuladora, mentirosa... me sacaba de quicio. Me dije que probablemente ella tuviera que reconstruir la imagen de la madre, destruida después de los malos tratos, y que por eso me provocaba. Me dije que con el tiempo nos iríamos acercando, que habría llegado a amarla poco a poco.

Me hice muchas preguntas y el tiempo pasaba sin que la situación mejorase; al contrario, Romy me irritaba cada vez más y yo tomaba la defensa de nuestra hija mayor. He llegado a odiarme por mi incapacidad de amar a esta niña estupenda que se nos había donado. Empecé a pensar que el problema era mío y no suyo. Por algún motivo me sentía amenazada por esta personita y me cerraba en mí misma llena de tristeza. He llorado mucho, muchísimo en estos dos años. Y después de una de mis «bajadas al infierno» (como yo llamo a mis crisis de rechazo) me decidí a pedir ayuda. Hemos creído reconocer que no fuese ya sólo cuestión de tiempo, que era hora de actuar de otro modo (complementando lo que ya hacía el servicio psicosocial de la zona, que con gran comprensión y profesionalidad nos ha prorrogado el año preadoptivo).

Por suerte hemos encontrado buenísimos psicoterapeutas, con los cuales estamos haciendo un trabajo importante, que esperamos incida positivamente sobre todo el sistema familiar. También Romy necesitará años para curar las heridas que tan bien esconde. Pues lo que quiero contaros es algunas de las cosas que hemos comprendido durante estos dos años. No tanto por lo que se refiere a mí (necesitaría un libro), sino por lo que se refiere a Romy, en cuanto niña abandonada, adoptada e inmigrada. Espero que podáis encontrar razones para comprender lo que les ocurre a nuestros hijos adoptivos, que son cada vez más numerosos en nuestra sociedad.

Abandono y supervivencia

Si muchos de nuestros hijos adoptivos han conseguido llegar hasta nosotros, después de haber sido abandonados y maltratados, es gracias a su capacidad de defenderse y sobrevivir en las dificultades y adversidades. Para conseguirlo han debido desarrollar habilidades propias de los adultos para poder huir, adaptarse a contextos hostiles, manipular la realidad para no sucumbir, mentir, etc.

Deberá pasar mucho tiempo para que nuestros hijos «bajen la guardia», se fíen completamente, y no necesiten sacar su parte «adulta», que les ha servido para sobrevivir. Nuestros hijos, aunque no lo parezca, tienen un miedo atroz de perder nuevamente todo lo que tienen, como ya ha ocurrido antes. Miedo de ver desvanecerse el cuento de hadas.

Promover la confianza no es siempre fácil pero parece ser el camino más eficaz. Las heridas de los niños abandonados son como fisuras en un cántaro: les hacen insaciables respecto al afecto que reciben. Parece que nada es suficiente para calmar esa sed. A esto podemos referir el frecuente protagonismo exasperado que vemos en muchos de nuestros hijos adoptivos: estar siempre en el centro de la atención como demanda de amor. Romy quiere más que nada en el mundo, una mamá, y no descansará hasta que la tenga. Probablemente cuando esté segura de mi amor se relaje un poco. No se da cuenta de que su presión me asusta, que la pretensión y la exigencia no son el camino más eficaz para obtener algo.

Castigos y Límites

Muchos de nuestros hijos adoptivos, cuando llegan a nosotros están acostumbrados a reconocer los límites a través de las sanciones y los castigos corporales. A nosotros, occidentales, estas prácticas nos resultan absurdas y nos cuesta marcar los límites a través de los castigos. Y, sin embargo, para los niños acostumbrados a ello es muy difícil cambiar los códigos aprendidos durante años y pasar a otros más racionales.

De pronto el NO, que estaba muy claro con un azote ahora sólo se explica con palabras y les resulta difícilmente reconocible. Y nosotros nos ponemos nerviosos por tener que repetir mil veces las cosas. Decía Romy cuando empezó el cole: «¿Aquí no pegan? ¿y cómo vamos a aprender?». A menudo me ha parecido clarísimo que Romy me estuviera pidiendo un castigo. Me he sentido fatal por haber usado castigos y bofetones (innecesarios con nuestra primera hija), hasta que nos hicieron comprender cómo esa modalidad pudiera ser un instrumento de contención que ayudara a Romy a reconocer la figura del padre/madre como «alguien que piensa por mí, que se ocupa de mí. No estoy sola». Los niños adoptados (como también los naturales) necesitan límites para no perderse, para ser contenidos. Aunque a nosotros nos cueste tanto esfuerzo o más que ser afectuosos.

Mentiras

Muchos niños «mutilados» como Romy, sufren un cierto retraso en el contacto con la realidad. Manifiestan síntomas que normalmente los niños/as expresan alrededor de los tres años: un sentido de omnipotencia que denota la necesidad de creer que la fantasía es la realidad. Confunden la realidad con la imaginación. Con paciencia habrá que conducirlos hacia la realidad, aunque a los padres nos resulte complicado distinguir entre este fenómeno y la mentira o la astucia para salirse con la suya una vez más.

Terremoto Emigración

A las muchas dificultades que encuentran nuestros hijos al cambiar las personas de referencia cuando son adoptados, hay que añadir las dificultades de cambiar de cultura.

Sinceramente no creo haber dado bastante importancia a este aspecto al pensar en la adopción internacional (con todo el «halo de bondad» que arrastra). El problema es más grave cuanto más alta es la edad de los niños/as. Romy ha vivido casi siete años de su vida «entrenándose» para sobrevivir en una sociedad/cultura que de pronto desaparece. Y todas aquellas costumbres, reglas, habilidades... a menudo chocan con las de la nueva cultura (comer con las manos, caminar descalza, pegar para castigar, los roles en la familia, la lengua....). De pronto se le pide aprender nuevas reglas, costumbres, habilidades..., y deprisa. Imaginemos lo que todo esto puede significar para la seguridad primaria de un niño/a: nada de lo que servía para sobrevivir sirve ya. Al contrario.

Desde que Romy llegó está intentando comprender lo que significa en el nuevo contexto occidental «ser una niña de 8 años, hermana, hija, nieta, estudiante, de cierta clase social,...», lo que se espera de ella. ¡Un esfuerzo titánico!

He descubierto en este proceso que hay muchos psicólogos que no están de acuerdo con las adopciones internacionales, con gran escándalo por parte de muchos. Tengo que reconocer que yo también he reconsiderado mi opinión al respecto.

Además hemos descubierto otra cosa: Romy ha traído una fuerte dosis de diversidad a nuestra familia. Una diversidad cultural y relacional. En mi superficialidad y presunción preadoptiva creía que nosotros no íbamos a tener particulares dificultades en la adopción de Romy. Nosotros, «una pareja sólida, culta, socialmente comprometida y políticamente correcta» ciertamente habríamos superado todo sin dificultad. Y justamente ahí hemos encontrado una de las dificultades. No contábamos con nuestra rigidez desde el punto de vista ideológico, ético e intelectual. La pobre Romy ha caído en una familia con grandes expectativas sobre ella, que ejerce una presión y un control altísimos.

Probablemente familias más sencillas y flexibles son más capaces de adoptar a una persona «distinta». Imagino que este aspecto no es algo fácil de evaluar en las entrevistas preadoptivas, pero creemos que hay que tomarlo seriamente en cuenta. Para nosotros ha significado un buen palo de humildad y para Romy una dificultad más. El psicólogo de Romy nos dice que ella siente una gran rabia dentro, contra la vida, contra el mundo. En nuestra familia «no está permitido» pegar, gritar, amenazar... expresar la rabia de ese modo. Por lo que ella se busca otros canales para sacarla: provocarnos hasta que a alguien (a menudo Irati o la madre) le salten los nervios, griten y se enfaden... Pero es tan agotador hacer de «canal» para su rabia... A veces siento que me quiero rendir.

La edad: adoptar niños mayores

A menudo nos hemos preguntado si hubiera sido más fácil adoptar un niño pequeño. La respuesta probablemente sea sí, pero no sólo eso. Durante la terapia he descubierto que yo (o nosotros) no tendríamos que haber recibido la «idoneidad» para adoptar, y menos aún para adoptar niños/as mayores. Yo, ahora, estoy de acuerdo. No todos estamos capacitados para adoptar (existe una gran ingenuidad al respecto: se piensa que basta el amor) y la edad es una dificultad añadida. De hecho todos los padres intentamos adoptar niños pequeños, luego la agencia de turno te propone elevar la edad («porque nadie quiere adoptar niños mayores»). Tú aceptas porque te sentirías fatal si te negaras, aunque tienes miedo. Pero yo digo que, conociendo las estadísticas (el 15% de los niños ¡son restituidos! Doble trauma) no se tiene que proponer la adopción de niños mayores a cualquier pareja. La responsabilidad es enorme, respecto al sufrimiento de los niños como al de los padres. La pareja necesitaría ser preparada y acompañada posteriormente muy bien, y no se suele hacer.

La Historia: punto y seguido

Bueno, hasta aquí algunas reflexiones que hemos hecho en nuestro camino, por si le sirven a alguien. Hace pocos días hemos recibido la confirmación de la adopción. Ha sido un momento emocionante. Hoy estamos felices, pero ha habido momentos en los cuales no sabíamos si nos habríamos quebrado bajo el peso del dolor. Han sido dos años intensos y difíciles. Muchos nos dicen que ésta ha sido la ocasión de nuestra vida. El desierto que hemos atravesado para poder alcanzar la Tierra Prometida. Aún nos queda camino por delante, pero seguramente hemos crecido y aprendido muchísimo. De momento, como los peregrinos de Santiago, lanzamos el bastón al aire porque a lo lejos ya hemos visto el campanario. Aunque aún nos queden días de camino, tormentas y cansancio. Y si hemos llegado hasta aquí, es también gracias a tantos amigos y familiares que nos han escuchado, sostenido y empujado. No dejéis de hacerlo, por favor.

Romy

Hemos pasado unos días muy difíciles. Romy hace tiempo que nos quita cosas, las esconde, las regala, las rompe... como para «castigarnos» (en clase no lo hace), se mete en líos con mentiras, etc. En medio de esta tensión ha ido donde una familia amiga y le ha pedido si la pueden adoptar. Imaginaos lo que lloré ayer cuando lo supe. Todo parece indicar que no es feliz. Que quiere que la queramos y que, o no es suficiente, o no le llega nuestro amor. Reconozco mi dificultad de amar a quien me da patadas constantemente. La escalation no ayuda y ella (según el psicólogo) vive lo que en lenguaje técnico se llama «la identificación con el agresor»: lo que ha sufrido lo hace ella, creyendo inocentemente que funciona para atraer el amor, en vez de para hacerlo escapar. Bueno, el caso es que después de tanto llanto, me decidí a escribirle una carta que expresara lo que no consigo expresar de otro modo, y ella pide a gritos. Le dejé la carta cuando me fui al pleno del ayuntamiento y la leyó con su papi. Lloró mucho de emoción, estaba feliz, decía cosas lindísimas, positivas, negativas,... me escribió una carta con dibujitos también lindísima diciendo que no quiere otra familia, y que quiere ponerse los vaqueros como su hermana (estaba castigada después de haberlos cortado dos veces). Esta mañana los llevaba puestos y toda feliz me ha abrazado diciendo que mi carta es su regalo preferido y que la ha metido en su caja de los tesoros. Deseo tanto que podamos empezar de nuevo, como si nos encontráramos por primera vez...

Ahí va la carta. Me ha costado mucho, y sólo después de cuatro años y de tanta terapia he podido escribirla. Hace sólo un año no habría sido capaz.

Querida pequeña Romy,

Tú eres mi pequeña, mi florecita, mi chocolatina preferida. ¿A dónde podría ir yo sin ti? ¿Qué sería de nuestra vida sin tu sonrisa? ¿Cómo podría vivir yo si tú te fueras? Me moriría de tristeza yo...

Sé que no soy la mamá que tú habías soñado. Tal vez tú soñaras una madre afectuosa y dulce, que te mimase y acariciase a menudo. Y en cambio te ha tocado una mamá que es un poco oso, que le cuesta tanto ser tierna. Sé que probablemente soñabas con una mamá que no se enfadase por tus travesuras, y en cambio yo me enfado por las cosas pequeñas y grandes, soy rígida y a menudo antipática.

Querida Romy: tú dices que te da pena no parecerte a ninguno de tus padres. Y yo te digo que tú y yo nos parecemos mucho más que Irati y yo. Yo también soñaba una hija que me quisiera, que no me hiciera enfadar, de quien poderme fiar y sentir orgullosa. Ambas somos testarudas y queremos salirnos con la nuestra.

¿Ves? El buen Dios nos ha puesto en el mismo camino, juntas, aunque no nos resulta fácil convivir. Y a ambas se nos ha dado la tarea de ayudar a la otra a ser feliz. Tú tienes que ayudarme a mí a aprender a amarte y a fiarme de ti. Yo tengo que ayudarte a no tener miedo y a sentirte amada.

Porque aunque a veces te cueste creerlo, nosotros te amamos muchísimo, y no permitiremos que nadie te haga daño. Pequeño pollito de chocolate, que ha llegado a nuestra vida para traernos el sol (y algunas tormentas). Gracias por existir y por ser nuestra hija. Rezo y espero tanto que un día seas feliz junto a nosotros. Yo lo intentaré con todas mis fuerzas. ¿Y tú?

Tu mami Mer

LAS LUCES (que no todo son sombras): CUENTO DE UNA FLORECITA LLAMADA ROMY

Érase una vez un país especial, donde en invierno no hacía demasiado frío y en verano no hacía demasiado calor. Era un bonito día de primavera cuando, al calor del sol, nació una preciosa florecita. Por desgracia el cielo se cubrió de nubarrones y empezó a llover muchísimo. Tanto llovió, que el río se salió de su cauce, y con furia se llevó a la flor que había ayudado a nacer a la pequeña florecita.

Era pequeña y muy linda, y después del temporal se sintió muy sola. A pesar de que el sol se esforzase de calentarla y el viento intentase acunarla, la florecita temblaba de frío y de miedo. El viento, volando por doquier, en seguida se dio cuenta de lo que ocurría, y decidió informar al topo jardinero, que es el que se encarga de preparar un lugar adecuado a las florecitas solar, que normalmente tienen miedo o están tristes. La pequeña flor fue acompañada con todo cuidado al gran jardín y le fue regalado un bonito nombre: ROMY. En el gran jardín Romy conoció a muchos amigos que estaban cerca de ella. Ya no se sentía tan sola. Aprendió a jugar, a reír, a bailar... y sobre todo empezó a esperar la llegada de mamá y papá.

El topo jardinero, de hecho, había avisado a la golondrina Domitila, una golondrina muy especial, que viajaba por muchos jardines buscando papás y mamás para las flores solas.

Mientras tanto, en un país lejano, donde en invierno hace mucho frío y en verano mucho calor, vivían Merche y Guido, una pareja de flores que se querían mucho, junto a una florecita llamada Irati, y eran felices. Su jardín era pequeño pero bonito. El perfume de su amor llenaba el aire. Guido y Merche habían preparado también en sus corazones un sitio especial esperando que pronto pudiera nacer otra preciosa florecita. Espera que te espera, el tiempo pasaba pero la florecita no nacía. Merche y Guido decidieron entonces hablar con la gran Encina, que es muy sabia. Después de haberles escuchado les dijo que no se preocuparan; si habían preparado bien el lugar en sus corazones, antes o después, la flor nacería.

Una fría tarde de invierno la golondrina Domitila recibió la comunicación de la gran Encina y en picado se precipitó al jardín de Guido y Merche a llevar la buena noticia: la florecita Romy había nacido ya, pero vivía en un jardín lejano y llevaba tiempo esperándoles.

Y así fue como en lo que canta un gallo mamá Merche, papá Guido y la hermanita Irati se echaron a volar, ansiosos de encontrar y conocer finalmente a su pequeña flor.

Llegaron al gran jardín muy nerviosos. Romy les estaba esperando de la mano del topo jardinero, y echó a correr hacia ellos. Sus corazones les saltaban en el pecho y todos se abrazaron emocionados. La pequeña nueva familia volvió al pequeño jardín, donde muchos amigos habían preparado una gran fiesta que continua todavía hoy. Porque mamá Merche, papá Guido, Irati y la pequeña Romy han aprendido que cuando están juntos y se quieren es siempre ¡¡¡FIESTA!!!

Capítulo 4

Adopción y Aprendizaje

Mitos y Realidades

Durante la infancia, los niños pasan una buena parte de las horas del día en el colegio o realizando tareas escolares en casa, por lo que cualquier familia desea que ésta sea una experiencia positiva. Sin embargo, en algunas familias, el tema escolar no sólo centra, sino que agota todas sus energías.

Podemos decir que, en general, la problemática escolar tiene dos aspectos:
- El aspecto cognitivo, que hace referencia a la capacidad de aprender habilidades específicas y conocimientos.
- El aspecto social, que hace referencia a la capacidad de participar e interactuar socialmente con sus iguales.

Estos dos aspectos no siempre se desarrollan armónicamente. Un niño puede tener una maduración cognitiva adecuada para su edad, pero puede ser inmaduro socialmente, o a la inversa.

En el caso de las familias adoptivas, lo primero que se preguntan es si el problema tiene que ver con el hecho de ser adoptado, o si se trata simplemente de un problema madurativo común a muchos otros niños.

Hay que decir que estas dificultades afectan por igual a niños biológicos y niños adoptados. Lo que sí tenemos que tener presente es que las causas que están en el origen de estos problemas, es decir, los factores de riesgo, están presentes con más frecuencia en niños adoptados, aunque estos problemas no sean intrínsecos al hecho mismo de la adopción.

En este sentido hay muchos mitos que no siempre se corresponden con la realidad.

MITOS Y REALIDADES

MITO	REALIDAD
Todos los niños adoptados tienen problemas de aprendizaje	Dentro de la población adoptada, existe todo tipo de niños, incluidos los niños superdotados
Todo lo que necesitan es amor y buena alimentación	Aunque son imprescindibles, a veces, no son suficientes para enfrentar las necesidades educativas
Mientras más pequeños sean en el momento de la adopción, menos problemas tendrán en el futuro	Esto no es una garantía para evitar problemas escolares: es el caso del Síndrome de Alcoholismo Fetal
Aprendieron tan rápido la nueva lengua, que no tendrán problemas escolares	El dominio del lenguaje coloquial no impide tener problemas con el lenguaje cognitivo/ académico
Cuanto más tiempo pase en el orfanato, mayor es el riesgo y más graves son las consecuencias	No todo depende de la duración, sino también de la calidad del cuidado y estimulación que haya recibido
Es mejor escolarizarlos cuanto antes para «normalizar» su nueva vida	El establecimiento de un vínculo familiar seguro es prioritario para cualquier aprendizaje futuro
Deben ser escolarizados según la edad. Es cuestión de esperar y se adaptarán sin problemas	La ubicación debe hacerse, tras una valoración psicopedagógica, en el grupo de edad más adecuado

En realidad, el rendimiento escolar puede tener un buen pronóstico dependiendo de una serie de factores, entre los que se encuentran las condiciones en el país de origen, la calidad de los cuidados preadoptivos y la ausencia de un exceso de factores de riesgo ambientales y/o genéticos, que tienen repercusión en el rendimiento escolar, como un desarrollo neurológico apropiado, la nutrición pre y postnatal, el desarrollo psicoafectivo y la estimulación recibida en los primeros años de vida.

La importancia de un desarrollo neurológico apropiado

Gracias a los avances de la neurociencia, hoy sabemos que todo el proceso de desarrollo cerebral, incluso antes de nacer, está influenciado por condiciones ambientales, tales como la nutrición, el afecto y la estimulación. Hasta hace sólo 15 años, los expertos sostenían que el niño en el momento de nacer ya tenía estructurado su desarrollo cerebral, y que, básicamente, estaba condicionado por la genética. En la actualidad, los expertos consideran que el cerebro trae una estructura determinada por la herencia genética, aproximadamente en un 60%. El 40% restante depende de la influencia ambiental.

Gracias a los avances en la química cerebral, la histología y el uso de nuevas tecnologías, hoy sabemos que la masa encefálica de un recién nacido guarda las neuronas de toda su vida, pero la conexión entre las neuronas no está totalmente terminada. Esto significa que las células nerviosas capaces de activar el cerebro humano necesitan ser construidas en los primeros años de vida, fase en la cual se produce la interconexión entre neuronas que se conoce como sinapsis.

El cerebro contiene un número inmenso de sinapsis, que en los niños alcanza los 1.000 billones. Este número disminuye con el paso de los años, estabilizándose en la edad adulta. Se estima que un adulto puede tener entre 100 y 500 billones de sinapsis. La construcción del intrincado proceso de interconexión neuronal es lo que los científicos llaman el cableado del cerebro.

Durante esta fase, las neuronas con que nacemos, unos 100 billones, comienzan el proceso de conectarse con otras neuronas. Lo hacen produciendo fibras llamadas axones, que transmiten señales, y dendritas, que reciben señales. Este proceso de cableado se da mejor cuando la experiencia y el estímulo se repiten. Las sinapsis aumentan de 50 trillones al momento de nacer hasta 1.000 trillones en los primeros meses de vida. Es como un sistema de carreteras. Los caminos con más circulación se ensanchan. Los que se usan rara vez se deterioran.

La mayoría de las sinapsis se establecen durante los tres primeros años de vida. Se considera que en esos años cada neurona puede producir 15.000 sinapsis o conexiones y luego se mantienen más o menos estables durante los primeros diez años de vida, para posteriormente decrecer. Durante los primeros años el cerebro produce dos veces más sinapsis de las que podría necesitar más adelante. Durante la segunda década de la vida, una buena parte de este exceso de sinapsis desaparece.

Esta es la razón por la cual las primeras experiencias de la vida son tan cruciales. Aquellas sinapsis que se han activado frecuentemente en base a las experiencias vividas, tienden a mantenerse, llegando así a ser permanentes, mientras que las que no se han usado lo suficiente tienden a desaparecer. En la medida que el niño va ganando experiencia, ya sea positiva o negativa, el cableado del cerebro pasa a ser más definitivo.

Los neurocientíficos han podido demostrar que, de alguna forma, a través de mecanismos hormonales, los factores emocionales captados por el cerebro llegan a influir directamente en el crecimiento físico y en el desarrollo adecuado de los procesos inmunológicos. Si estos estímulos emocionales son negativos, se traducen en un retardo en el crecimiento, en una mayor susceptibilidad a las infecciones y en un retraso de las funciones cerebrales, cognitivas, motoras y sociales.

Los genes y la experiencia actúan en conjunto. Los genes determinan el cableado básico del cerebro y la experiencia lo ajusta. Así, las características que heredamos de nuestros padres serán moldeadas por lo que nos ocurra cada día. Los talentos y los potenciales se pueden reforzar por medio de interacciones con las personas y el ambiente, o se pueden debilitar, e incluso desaparecer. Se calcula que el coeficiente intelectual de un niño/a puede variar hasta 20 puntos dependiendo del estímulo y experiencia que reciba en los tres primeros años de vida. El poder de las primeras interacciones entre adultos y niños es tan importante que hay investigaciones que muestran que a la edad de dos años los bebés cuyas madres les hablaban frecuentemente habían aprendido casi 300 palabras más que aquellos cuyas madres casi nunca les hablaban. Estos años son la época fundamental del desarrollo del cerebro, ya que durante esta etapa se forman las bases del pensamiento y del lenguaje que permanecerán con nosotros, sin grandes cambios, a lo largo de nuestra vida.

En este sentido, la plasticidad cerebral también implica que las experiencias negativas tienen más posibilidades de dejar daños permanentes y graves. Así, la exposición a factores ambientales adversos o las experiencia traumáticas tempranas puede interferir en el desarrollo de las áreas subcorticales y límbicas del cerebro, lo que se puede traducir posteriormente en síntomas de ansiedad extrema, depresión e incapacidad para relacionarse de manera adaptativa.

LAS VENTANAS DE APRENDIZAJE

Como hemos visto, los bebés nacen con millones y millones de conexiones entre las neuronas, pero el sistema nervioso es todavía bastante inmaduro.

Los científicos creen actualmente que hay dos grandes etapas de formación de sinapsis entre las células del cerebro. El primer período ocurre antes del nacimiento, cuando aún no se requiere experiencia. Durante este período prenatal, centenares de millones de neuronas se dividen a partir de las células madre. Estas neuronas luego establecen conexiones para formar circuitos cerebrales que controlan muchos comportamientos no aprendidos, como la respiración, la frecuencia cardiaca, la temperatura corporal, la presión arterial y los reflejos.

Después del nacimiento, las sinapsis empiezan a reorganizarse para fortalecer algunas conexiones y eliminar otras. Esta etapa del desarrollo depende fundamentalmente del entorno en que se desarrolle la vida de ese bebé. La nutrición y las diversas estimulaciones ambientales (cognitivas, sensitivas, verbales, afectivas y motoras) van modelando el cableado cerebral.

Durante esta etapa del desarrollo del cerebro hay unos momentos óptimos, que se conocen como «ventanas de aprendizaje», en los que el cerebro se beneficia más de la experiencia y el estímulo. Durante estos lapsos de tiempo, el cerebro está muy activo estableciendo conexiones para habilidades específicas, luego se cierran o por lo menos disminuyen a medida que el niño va creciendo. En el período en que las «ventanas de aprendizaje» están abiertas, la falta de estimulación adecuada o las experiencias negativas pueden tener un fuerte impacto a largo plazo. Si la estimulación es caótica, lleva a un mal cableado, con secuelas a posteriori.

Así, nacer en un medido ambiente gris y limitado, que no estimula la imaginación ni la curiosidad, junto con una carencia de estimulación verbal, inseguridad afectiva, etc., va creando unas condiciones inadecuadas para el correcto desarrollo de las interconexiones cerebrales, de forma que sus consecuencias persistirán mucho después de haberse eliminado las privaciones.

La familia de Samuel tenía problemas con las drogas. Los primeros cinco años de su vida los pasó prácticamente sin estímulos de ningún tipo. Sólo recuerda las palizas que le daba su padre cuando no estaba en la cárcel. Los servicios sociales le enviaron a él y a su hermano pequeño a una institución y posteriormente a una familia en régimen de acogimiento preadoptivo. Samuel tenía entonces seis años y su hermano dos. Aunque las condiciones cambiaron drásticamente, la falta de estimulación en los períodos críticos de aprendizaje, la falta de vinculación afectiva, y la ausencia de escolarización previa, hicieron que Samuel tuviera problemas para aprender a leer y escribir, presentara problemas de conducta serios y que, en general, no se pudiera beneficiar al máximo de las ventajas de su nueva situación. El hermano pequeño, en cambio, al no haber estado expuesto tanto tiempo a esas condiciones adversas, es un niño totalmente normalizado, tanto en sus relaciones afectivas como sociales y escolares.

El momento óptimo en el que se abren estas ventanas de aprendizaje es diferente para cada habilidad, pero la mayoría empieza durante los primeros tres años de vida. Cuando pasa ese momento óptimo, el cierre de la ventana representa sólo una dificultad mayor para aprender, pero no el impedimento del aprendizaje. Si la ventana está totalmente abierta tenemos un gran momento para el estímulo, y si está parcialmente cerrada el estímulo es válido pero el aprendizaje será un poco más difícil.

Es lo que ocurre, por ejemplo, con el lenguaje, cuyo período óptimo de aprendizaje va desde el nacimiento hasta los diez años. Así, cuando los niños se exponen a experiencias y actividades apropiadas desde pequeños, la mayoría aprende dos o tres idiomas casi sin esfuerzo y se convierten en bilingües o trilingües perfectos. En cambio, para la mayoría de los adultos aprender un segundo idioma es todo un desafío, y casi siempre se termina hablando con un marcado acento extranjero.

Así, el aprendizaje se lleva a cabo con mayor facilidad durante esos momentos ideales, pero el cerebro continuará usando el mismo proceso de formar conexiones para aprender y refinar gran parte de las habilidades más adelante en la vida. Puede ser más difícil y requerir más esfuerzo, pero generalmente se pueden establecer conexiones nuevas.

Ésta es una de las razones por las cuales niños que hayan pasado los primeros años de su vida en una institución o en un ambiente poco estimulante pueden tener problemas escolares. Puesto que en los períodos óptimos de crecimiento cerebral, cuando las ventanas de aprendizaje están abiertas, no recibieron la estimulación adecuada. Pasado ese momento óptimo, sabemos que el esfuerzo necesario para ese aprendizaje se hace más difícil. A esto se une que, generalmente, la rigidez del sistema educativo no favorece el disponer del tiempo y los recursos necesarios para alcanzar a sus compañeros que sí recibieron la estimulación necesaria en el momento adecuado.

Los teratógenos y el desarrollo cerebral

Un teratógeno es un agente capaz de causar un desarrollo anormal del embrión o el feto, provocando un defecto congénito. La exposición a un teratógeno ocasiona aproximadamente del 4 al 5 por ciento de los defectos congénitos.

Generalmente se trata de algo que forma parte del ambiente al que está expuesta la madre durante la gestación. Puede ser un medicamento recetado, el tabaquismo, una drogodependencia, una enfermedad de la madre, exposición prenatal a contaminantes ambientales o el consumo de alcohol.

MEDICAMENTOS

En el caso de los fármacos, fue lo que ocurrió a finales de la década de los cincuenta y principios de los años sesenta, con la talidomina, que se recetaba para tratar la ansiedad, el insomnio y los vómitos matutinos. Más de 10.000 niños de diversas partes del mundo nacieron con malformaciones en sus extremidades. El patrón más conocido es la ausencia de la mayor parte del brazo y la presencia de manitas en forma de aleta que se extienden directamente desde el hombro. También causaba deformaciones en los ojos, orejas, genitales, riñones y el sistema nervioso.

Es, por esto, muy importante controlar durante el embarazo los medicamentos que se pueden usar.

TABAQUISMO

El consumo de tabaco provoca una reducción del peso, talla y perímetro craneal del recién nacido, ya que la nicotina atraviesa la placenta y actúa directamente sobre el embrión y el feto durante su desarrollo, condenando al feto a una peor nutrición, al reducir el aporte sanguíneo a la placenta. Los niños que han sido expuestos al efecto de la nicotina durante el embarazo tienen mayor riesgo de padecer afecciones respiratorias, como el asma, y alteraciones neurológicas y de comportamiento, entre las que se incluyen, dificultades de atención, impulsividad e hiperactividad.

Estudios recientes también han puesto de manifiesto que el consumo de tabaco durante la gestación produce un efecto directo en la predisposición a fumar al llegar a la adolescencia. Investigadores de la Universidad de Queesland (Australia) han llegado a esta conclusión tras estudiar a más de 3.000 madres y a sus hijos en un trabajo a largo plazo que comenzó en 1981 y concluyó cuando los niños nacidos cumplieron 21 años.

Durante ese tiempo pudieron ver los diferentes hábitos de los hijos de madres fumadoras que no dejaron el tabaco en la gestación, de aquéllas que lo abandonaron durante los nueve meses y de las que nunca fumaron. Los resultados son esclarecedores: la proporción de jóvenes que empezó a fumar antes de los 14 años se triplicaba en los hijos de madres fumadoras y se duplicaba después de esa edad.

Lo más sorprendente es lo que ocurrió con los adolescentes cuyas madres dejaron de fumar en la gestación y continuaron con su hábito tras dar a luz. El comportamiento de estos chicos fue similar al de los jóvenes de madres que nunca fumaron. Es como si la exposición prenatal al tabaco pudiera «programar» a los futuros fumadores.

DROGODEPENDENCIAS

Igualmente peligrosa es la exposición fetal a las drogas. En el caso de la cocaína, por ejemplo, esta droga altera la migración de neuronas en los inicios de la gestación, de forma que, a menudo, las neuronas que migran a destiempo, mueren precozmente. Además, si las células se colocan en un lugar equivocado y en un tiempo equivocado, forman sinapsis inapropiadas, lo cual puede resultar en desórdenes neurológicos, como las epilepsias infantiles graves, el autismo y la esquizofrenia. Ya más cerca del período prenatal, la exposición a la cocaína puede dificultar la producción de sinapsis. En dosis altas, la cocaína puede afectar la bioquímica cerebral. También se ha visto que muchos niños expuestos a la cocaína durante el embarazo, presentan más tarde excitaciones, dificultades de atención y reactividad al estrés.

ENFERMEDADES DE LA MADRE

El hijo de madre diabética, con un inadecuado control de la enfermedad, al margen de sufrir un problema de crecimiento fetal (macrosomía), puede padecer malformaciones del Sistema Nervioso Central. Las mujeres gestantes con hiperfenilalaninemia que no sigan una dieta pobre en fenilalanina presentan mayor riesgo de abortos espontáneos que la población normal. Sus hijos con frecuencia padecen retraso mental y pueden presentar microcefalia y malformaciones congénitas, especialmente cardíacas.

Es conocido también el efecto que puede provocar en el feto, el que la mujer embarazada padezca varicela o rubéola.

ALCOHOLISMO

En cuanto a la ingesta de alcohol, éste puede afectar al feto a lo largo de todo el embarazo, produciendo defectos congénitos irreversibles. Las áreas del cerebro que se ven más afectadas por el consumo de alcohol son: el cuerpo calloso, el hipocampo, el hipotálamo, el cerebelo, los ganglios basales y los lóbulos frontales.

El cuerpo calloso es el encargado de pasar información del hemisferio izquierdo (lógica, reglas, etc.) al hemisferio derecho (impulsos, sentimientos, etc.). El cuerpo calloso de un niño cuya madre haya consumido alcohol durante embarazo puede ser más pequeño de lo normal y en algunos casos es casi inexistente. El hipocampo juega un papel fundamental en la memoria, el aprendizaje y las emociones. El hipotálamo controla el apetito, las emociones, la temperatura y la sensación de dolor. El cerebelo controla la coordinación, el movimiento, la conducta y la memoria. Los ganglios basales afectan a la memoria espacial y a conductas como la perseverancia, el trabajar para conseguir una meta, predecir los resultados de una conducta y la percepción del tiempo. Los lóbulos frontales controlan los impulsos y el juicio. El daño más notable probablemente ocurre en el cortex prefrontal, que controla lo que se conoce como funciones ejecutivas. Las funciones ejecutivas son las aquellas que nos permiten dirigir nuestra conducta hacia un fin y comprenden la atención, planificación, secuenciación y reorientación sobre nuestros actos. Los lóbulos frontales son, asimismo, los encargados de tomar la información de todas las demás estructuras y coordinarlas para actuar de forma conjunta. Se le ha comparado con un director de orquesta. Los lóbulos frontales también están muy implicados en los componentes motivacionales y conductuales del sujeto, por lo que si se produce un daño en esta estructura puede suceder que el niño/a mantenga una apariencia de normalidad al no existir déficits motrices, de habla, de memoria o incluso de razonamiento, existiendo, sin embargo un importante déficit en las capacidades sociales y conductuales. Este tipo de niños puede ser por un lado, apáticos, inhibidos, etc., o por el contrario impulsivos, poco considerados, socialmente incompetentes, egocéntricos, etc. Este tipo de déficit, puede no ser tan evidente como otros, pero puede ser muy disruptivo y afectar de manera importante al rendimiento escolar.

TÓXICOS AMBIENTALES

En cuanto a las agresiones del medio ambiente, ciertas sustancias tóxicas pueden afectar al desarrollo fetal desde el momento mismo de la gestación, influyendo tanto en la etapa pre como postnatal en aquellos sistemas no completamente estructurados en el momento del nacimiento, como son el Sistema Nervioso Central o el Sistema Inmunitario.

En el caso del SNC, el prolongado espacio de tiempo necesario para su maduración provoca un amplio período de vulnerabilidad que comienza en el primer mes después de la concepción y continúa a través de la gestación, la infancia y la adolescencia.

De esta forma, determinadas sustancias tóxicas ambientales pueden actuar como teratógeneos neuroconductuales, es decir, como sustancias químicas capaces de alterar el desarrollo cerebral y su función subsiguiente, sin ningún rasgo externo evidente en el momento del nacimiento o incluso a lo largo de la primera infancia, sino que se manifiestan más tardíamente a medida que el niño/a va madurando

La Organización Mundial de la Salud, en la declaración de Bangkok, ya en Marzo de 2002 establecía como prioridad investigar los efectos en el neurodesarrollo de la exposición en dosis bajas de contaminantes ambientales desde la etapa de la gestación hasta la adolescencia. La Unión Europea también ha puesto en marcha una estrategia para reducir las enfermedades relacionadas con factores ambientales, siendo uno de los focos de atención la prevención de los trastornos del desarrollo neurológico.

También son conocidos los efectos que ciertas sustancias tóxicas de exposición involuntaria, como el plomo, el metilmercurio, los bifenilos policlorados, el arsénico, los plaguicidas, etc., causan en el neurodesarrollo infantil, ya que en la vida fetal las dosis que pueden causar daño son más bajas que las permisibles para adultos. No existe información sobre la toxicidad para el neurodesarrollo en el 80% de las sustancias químicas industriales que se vierten cada año en grandes cantidades al medio ambiente, pero lo cierto es que el aumento de trastornos neuroconductuales, como dificultades de aprendizaje, trastornos de déficits de atención e hiperactividad, problemas de conducta, etc. es creciente, tanto en la Unión Europea como en Estados Unidos.

Se ha estimado que en este último país, entre un 3 y un 8% de niños presentan problemas de neurodesarrollo. Extrapolando esta proporción a Europa, significaría que entre 3 y 8 millones de niños estarían afectados. Aunque sólo se trata de una estimación, habla de la proporción del problema. Este incremento puede deberse también a que hoy día hay mejores métodos de diagnóstico, a que la edad de escolarización obligatoria ha aumentado, con lo cual muchos de los sujetos que antes pasaban pronto al sistema laboral, hoy están a la misma edad todavía escolarizados. Pero no hay duda también de que el aumento de los tóxicos ambientales no se debe desdeñar como factor desencadenante de este aumento.

El plomo en suspensión, por ejemplo, es uno de los contaminantes en partículas más peligrosos. Los niños pequeños y las mujeres embarazadas son especialmente vulnerables al saturnismo (el nombre de la enfermedad viene del «color de Saturno»), ya que les provoca lesiones cerebrales permanentes, que causan problemas de aprendizaje, pérdida de audición y trastornos de conducta. Las principales fuentes de plomo en suspensión son los vehículos que utilizan gasolina con plomo; los procesos industriales, como la metalurgia ferrosa y no ferrosa, y la combustión del carbón. La pintura con plomo para casas, la soldadura de plomo en las comidas enlatadas y el mal estado de las conducciones del agua son otros agentes contaminantes.

A partir de los años setenta, cuando surgió la evidencia médica de los daños que el plomo causaba en la salud, muchos países han reducido o eliminado los aditivos que contienen este metal. En algunos países se ha logrado eliminar la gasolina con plomo. Pero no en gran parte del mundo en desarrollo. Los especialistas sospechan que, en algunos de estos países, todos los niños de menos de 2 años y más del 80% de los que tienen entre 3 y 5 años muestran niveles de plomo en la sangre que superan los que la Organización Mundial de la Salud considera inocuos (más de diez microgramos de plomo por decilitro de sangre).

La población infantil es la de mayor riesgo, debido a que sus tejidos blandos (cerebro, riñón, hígado y huesos) aún en proceso de desarrollo, absorben un 50% del plomo, mientras que la tasa de absorción en los adultos es de un 20%. El metal se acumula en los huesos impidiendo el crecimiento y deteriorando el cerebro. Los daños causados por el plomo en los niños son permanentes. La mayoría de los niños con exceso de plomo en sangre, carecen de cualquier síntoma físico. Los pocos que sí muestran síntomas pueden tenerlos muy sutiles y comunes, como dolor de cabeza, dolor de estómago, problemas del sueño y una tendencia a irritarse fácilmente.

Los efectos a largo plazo de la contaminación por plomo pueden incluir disminución del cociente de inteligencia, problemas con la lectura y las matemáticas, pérdida de memoria de corto plazo, problemas con el oído, hiperactividad, y muchos otros problemas cognoscitivos y de comportamiento. Los niños con deficiencia de hierro o que ingieren poco calcio diariamente absorben el plomo más rápidamente.

En el caso de China, entre un 13-14% de los niñas adoptadas presentan niveles elevados de plomo en sangre, con elevación moderada. China no tiene leyes de protección ambiental. Sigue usando gasolina con plomo, hay plomo en quemadores de gas, pinturas de pared, juguetes y objetos de cerámica, soldadura de tuberías o selladores de alimentos enlatados; y esto, junto con la contaminación ambiental derivada de una rápida e incontrolada industrialización tras la revolución cultural de los años 70, son responsables de la contaminación por plomo de aire, agua, tierra y alimentos, y que la intoxicación plúmbica afecte a millones de niños y adultos en este país. En niños adoptados en los países del Este de Europa, el porcentaje está entre el 3 y el 7%, en su mayoría de elevación leve. En Rusia está en torno al 2%, con una elevación también leve. En los niños procedentes de Latinoamérica es inferior al 1%.

En Estados Unidos, la exposición al plomo es una cuestión de salud pública. A través del Childhood Lead Poisoning Prevention Program se pretende eliminar los niveles de plomo en sangre en los niños para el 2010, de ahí que además del calendario de vacunas se pida un test de plomo en sangre al entrar en las escuelas. Este problema afecta especialmente a las comunidades más desfavorecidas, por la existencia de tuberías antiguas, pinturas con niveles de plomo no aceptables, etc. El Departamento de Salud Pública y la Agencia de Protección Ambiental requieren a todas las escuelas no sólo realizar tests para comprobar el nivel de plomo en el agua potable de sus instalaciones, sino que se pide también a las familias con niños que presentan altos índices de plomo que realicen controles en sus casas para detectar el origen del problema.

En España, recientemente, se ha creado una red de investigación, «Infancia y Medio Ambiente» (INMA), con objeto de estudiar el papel de los contaminantes ambientales durante el embarazo e inicio de la vida y sus efectos en el crecimiento y desarrollo infantil. El proyecto investigará a 3.300 mujeres embarazadas y recién nacidos en ocho regiones de España y se extenderá hasta el año 2010.

En conclusión, si tenemos en cuenta que muchos de los niños adoptados proceden de países donde hay altas tasas de alcoholismo, donde no tienen recursos para hacer un seguimiento del embarazo y donde hay muy poco control en los contaminantes ambientales, no es de extrañar que la exposición voluntaria en unos casos e involuntaria en otros, por parte de las madres gestantes y de la población infantil en general, haya podido afectar el desarrollo neurológico de algunos de estos niños, con las consiguientes repercusiones en su rendimiento escolar.

Nutrición y desarrollo cognitivo

La genética, un ambiente estimulante y una nutrición adecuada son factores fundamentales para el desarrollo cognitivo. El efecto de una buena nutrición en el desarrollo del cerebro comienza antes de nacer, con la nutrición de la madre. La desnutrición y los efectos negativos en el cerebro durante el embarazo y los primeros años de vida pueden ser permanentes e irreversibles. Las deficiencias nutricionales más ampliamente reconocidas como aquellas que tienen el potencial para causar efectos adversos permanentes sobre el aprendizaje y la conducta son: un inadecuado aporte de proteínas y de energía, una deficiente aportación de hierro y una deficiencia en el aporte de yodo.

DESNUTRICIÓN DURANTE EL EMBARAZO

La desnutrición protéica y energética constituye uno de los factores no genéticos más importantes que provocan trastornos en el desarrollo del Sistema Nervioso Central (SNC).

El hierro también es una parte necesaria para la formación del tejido cerebral. Los impulsos de los nervios se mueven más lentos cuando hay una deficiencia de hierro, lo cual puede causar más tarde una pérdida permanente de coeficiente intelectual.

La deficiencia intrautrerina de hierro repercute incluso a los 5 años de edad sobre algunas funciones cognitivas y del neurodesarrollo (peor capacidad para el desarrollo del lenguaje, de la motricidad fina, trastornos conductuales, etc.).

La deficiencia de yodo en etapas precoces del embarazo (previas a las 20 semanas de gestación) determina alteraciones irreversibles, ya que se altera el proceso de migración neuronal, con lo cual las neuronas no alcanzan su estrato definitivo, permaneciendo de manera irreversible en localizaciones aberrantes.

En los estudios de seguimiento de hijos de madres detectadas en el primer trimestre de gestación con déficits de yodo, se ha encontrado una disminución del desarrollo psicomotor, especialmente en pruebas que valoran la coordinación visomotora, la manipulación y comprensión en la relación de objetos, así como la imitación y desarrollo del lenguaje precoz.

En estos casos no se produce la afectación motora directa, pero sí la alteración de las funciones de coordinación motriz. Estas lesiones, habitualmente, no pueden detectarse mediante las técnicas actuales de diagnóstico prenatal y no tienen traducción clínica perinatal, pero se manifiestan tardíamente durante los primeros años de vida y en la edad escolar.

En general, el déficit de yodo durante los primeros años está asociado con la reducción de la cognición y una disminución de logros en la edad escolar (pobreza de vocabulario, problemas de lectura, etc.).

Por otra parte, una alimentación inadecuada en el embarazo aumenta el riesgo de bebés con poco peso al nacer, que tienen más probabilidades de tener problemas auditivos, visuales y de aprendizaje, que requerirán educación especial en la edad escolar. Estudios recientes llevados a cabo en Estado Unidos con población de bajos recursos indican que el 15% de niños de muy bajo peso al nacer (menos de 1,6 kg) requieren educación especial, frente al 4,3% de niños con un peso normal al nacer.

DESNUTRICIÓN POSTNATAL

La malnutrición precoz parece tener un mayor efecto que la malnutrición a edades más adelantadas. De hecho, cuando se presenta malnutrición severa en un adulto, el cerebro permanece intacto en cuanto a su peso y composición. En el caso de los niños, la desnutrición ocurrida en los dos primeros años de vida es capaz de ocasionar alteraciones que provoquen disminuciones del número de células y de sinapsis, que pueden ser permanentes y ocasionar lesiones irreversibles.

Entre estas alteraciones se encuentran valores bajos en las pruebas de lenguaje, en las perceptuales y de razonamiento abstracto, así como falta de atención, una gran capacidad de distracción, pobreza de memoria, pobreza de motivaciones, labilidad emocional y habilidades sociales reducidas. También hay una disminución de las habilidades motoras, como coordinación, fuerza, agilidad y equilibrio.

De hecho, el retraso del impulso cerebral no se puede recuperar, inclusive después de una mejoría del estado nutricional, a diferencia de otros parámetros, como la talla, que a través de una buena alimentación puede adecuarse, ya que el niño sigue creciendo hasta los 18 años. El cerebro, y en general, todo el sistema nervioso, son una notable excepción en este sentido.

Hay que indicar, no obstante, que estas interrelaciones no son directamente de causa-efecto, ya que hay que tener en cuenta que en el proceso enseñanza-aprendizaje intervienen muchas otras variables, como el propio sistema educativo y los recursos que ofrezca a la diversidad, el coeficiente intelectual del alumno, el de la madre y el padre, el ambiente sociocultural, etc. Sin embargo, se debe asumir que si un niño llega a la edad escolar después de haber padecido desnutrición crónica en sus primeros años, así como retardo en el crecimiento y atraso en su desarrollo cognoscitivo, es bien probable que su rendimiento educativo se vea afectado negativamente en alguna forma e intensidad.

Las alteraciones estructurales en el cerebro dependen de la duración y de la intensidad de la deprivación nutricional, así como también del estadio en que se encuentre el cerebro en ese momento. El periodo de máximo crecimiento cerebral es el que ofrece mayor vulnerabilidad. Los dos primeros años de vida, no sólo corresponden al período de máximo crecimiento del cerebro, sino que al final del primer año de vida, se alcanza el 70% del peso del cerebro adulto, constituyendo también casi el periodo total de crecimiento de este órgano.

En la fase aguda de la malnutrición postnatal, los niños presentan una reacción pobre a cualquier estímulo, un llanto monótono y una resistencia a seguir objetos en movimiento. La apatía del niño malnutrido incluye una reducción en sus capacidades para responder a los estímulos, así como reducción del tono muscular, y una disfunción motora caracterizada por cierto grado de torpeza motriz. Frecuentemente presentan movimientos estereotipados de la cabeza y movimientos de las manos.

La deficiencia de hierro durante los primeros dos años de la vida de un niño está asociada con alteraciones en el comportamiento (umbral de atención bajo, irritabilidad, fatiga, dificultad para concentrarse) y retrasos en el desarrollo psicomotor, alteraciones que en ocasiones no se logran revertir por completo con el oportuno tratamiento con aporte de hierro.

MALNUTRICIÓN Y RENDIMIENTO ESCOLAR

La desnutrición tiene como resultado niveles de actividad reducidos, interacciones sociales menores, disminución de la curiosidad y disminución del funcionamiento cognitivo.

Esto se ha puesto de manifiesto en distintos estudios. En uno de ellos, efectuado en escolares chilenos procedentes de familias de bajos recursos, se trató de cuantificar el impacto en el cerebro y en el rendimiento escolar de la desnutrición severa durante el primer año de vida. El propósito fue determinar el efecto a largo plazo de la desnutrición acaecida en edad temprana, en escolares cuyo promedio de edad eran los 18 años, en los cuales los procesos de crecimiento y desarrollo físico y mental estaban ya consolidados.

Se efectuó un estudio comparativo entre dos grupos de escolares con y sin desnutrición en el primer año de vida. Los resultados mostraron que los escolares que sufrieron desnutrición presentaron un volumen encefálico de aproximadamente 200cc y 100cc menor en comparación con el de escolares no desnutridos. Por otra parte, la circunferencia craneana, que es un indicador de la historia nutricional y del desarrollo cerebral, presentó diferencias significativas entre ambos grupos. Además, se observó que el coeficiente intelectual de los escolares desnutridos era 25 puntos más bajo y su rendimiento escolar equivalente a la tercera parte del que presentaron los escolares no desnutridos.

Estos resultados ponen de manifiesto el impacto negativo que ejerce la malnutrición ocurrida a edad temprana, en el desarrollo del cerebro, en el coeficiente intelectual y en el rendimiento escolar, todo lo cual se traduce en problemas de aprendizaje, altos índices de fracaso escolar y bajo ingreso en la enseñanza superior.

Las investigaciones de los últimos 20 años han confirmado que los escolares con menor rendimiento escolar son aquellos con mayor prevalencia de desnutrición en el primer año de vida, mayor retraso estatural, mayor incidencia de perímetro craneal por debajo de la media, ingesta dietaria insuficiente en los primeros años, asociados a condiciones socioeconómicas y psicológicas muy deprivadas.

Estas circunstancias deberían considerarse factores de riesgo y predictores de bajo rendimiento, por lo que las políticas educativas deberían tenerlo en cuenta y llevar a cabo acciones de detección y prevención temprana para evitar o paliar los efectos negativos de estas circunstancias en el rendimiento escolar.

Los niños/as procedentes de adopción internacional que hayan sufrido malnutrición en los primeros años de vida, puede que con el tiempo alcancen un rendimiento similar al de los bien nutridos, pero mucho más tardíamente. Esto supone para ellos una dificultad muy importante dado que ahora viven en una sociedad con altas demandas específicas en relación con la edad cronológica, por lo que se les condiciona a un alto riesgo de fracaso escolar.

Las posibilidades de recuperación dependen en gran medida de las interacciones mutuas de varios factores; entre los cuales son fundamentales un diagnóstico precoz, una rehabilitación apropiada y de calidad y un soporte psicosocial y afectivo adecuado.

Tres problemas que influyen en el rendimiento escolar

SÍNDROME DE ALCOHOLISMO FETAL

Las consecuencias del consumo de alcohol durante la gestación se conocen como Síndrome de Alcoholismo Fetal (SAF) y es importante conocer las consecuencias de su consumo en el feto en formación y su posterior repercusión en el aprendizaje escolar, ya que en algunos de los países de origen de muchos niños/as adoptados, los índices de alcoholismo son muy altos. El alcohol pasa de la sangre de la madre al torrente sanguíneo del bebé a través de la placenta. No se sabe cuanta cantidad de alcohol hace falta consumir para causar daño al feto. El alcohol es soluble en el agua y la grasa corporal, por lo que la concentración de alcohol en el bebé es casi igual al de la madre, que no necesita ser alcohólica para dar a luz a un bebé con este síndrome. El riesgo se incrementa con un consumo elevado, pero incluso el llamado «consumo social» puede producir daño en el bebé, ya que el alcohol no afecta igual a todas las personas.

El diagnóstico está basado en el historial de consumo de alcohol durante la gestación, los problemas de crecimiento retardado y del sistema nervioso, así como las características faciales, aunque éstas últimas no siempre son visibles.

No existe un tratamiento específico para el SAF. Es importante hacer un diagnóstico precoz y una intervención temprana para que los niños reciban ayuda en el aprendizaje escolar y el área social. La estabilidad familiar también es fundamental.

Los bebés con SAF pueden experimentar las siguientes características, de leves a severas, dependiendo del tiempo de exposición y de la cantidad de alcohol ingerida por la madre gestante:

- Retardo en el crecimiento intrauterino: deficiencias en el crecimiento del feto y del recién nacido en todos los parámetros (perímetro cefálico, peso, talla).

- Anomalías faciales como: cabeza más pequeña de lo normal (microcefalia), maxilar superior pequeño, nariz pequeña y curvada hacia arriba, surco labial (ranura en el labio superior) liso, labio superior liso y delgado y ojos pequeños, rasgados y de aspecto extraño con pliegues del epicanto prominentes.
- Defectos cardiacos como la comunicación interventricular o la comunicación interauricular.
- Anormalidades en algunas partes de las extremidades como: en las articulaciones, las manos, los pies, los dedos de las manos y los dedos de los pies. Son defectos menores, pero que pueden restringir los movimientos y dar lugar a cierta torpeza motriz.
- Dientes proclives a tener caries.
- Problemas de visión.
- Infecciones frecuente de oído.

A media que el niño crece puede desarrollar síntomas tales como:

- Dificultad para comer y dormir
- Retraso para aprender a hablar
- Problemas de aprendizaje
- Hiperactividad
- Bajo cociente intelectual
- Poca coordinación
- Rango corto de atención
- Problemas de comportamiento
- Poca capacidad para controlar los impulsos
- Problemas para socializar con otros niños

Si un niño tiene algunos, pero no todos los síntomas del SAF se dice que tiene Efectos Alcohólicos Fetales. Otros términos que se usan son:

Defectos de Nacimiento Relacionados con el Alcohol (DNRA). Este término usa cuando un niño no tiene SAF, pero tiene uno o más problemas físicos de nacimiento producidos por el alcohol.

Trastorno del Neurodesarrollo Relacionado con el Alcohol (TNRA). Este término se usa cuando el niño no tiene SAF, pero tiene cierta lesión cerebral causada por el alcohol. Los niños con TNRA son más difíciles de identificar que los niños con DNRA o SAF. Estos niños a menudo tienen problemas en la escuela y problemas de comportamiento.

El niño con SAF en la escuela

- Debido a su falta de concentración aparecen como poco motivados para el aprendizaje.
- Algunos síntomas neurológicos leves son interpretados como pereza y falta de esfuerzo. Tienen poca autoestima.
- Se muestran desafiantes ante las figuras de autoridad.
- Hacen comentarios que nos se asocian con la situación.
- Necesitan una constante repetición de lo que se supone que ya han aprendido. Cada vez que se le repite pueden reaccionar como si fuera la primera vez que reciben esa información.
- Tienen problemas para el establecimiento de metas, la formación de planes, el inicio de las actividades y operaciones mentales, la autorregulación de las tareas y la habilidad para llevarlas a cabo eficientemente.
- No relacionan experiencias de causa-efecto. Lo obvio y evidente para los demás, puede no serlo para ellos.
- Bajo presión se muestran testarudos, irritables, con lenguaje y conductas repetitivas.
- En las pruebas de inteligencia el factor verbal es más alto que el manipulativo de manera desproporcionada.
- Pueden parecer mentirosos patológicos, cuando lo que ocurre es que la parte más lógica del cerebro (lóbulo frontal y hemisferio no dominante) falla en «control de calidad» de la producción verbal. En casos extremos se puede llegar a la fabulación.

EL DÉFICIT COGNITIVO ACUMULATIVO

Una de las situaciones más difíciles de entender, tanto por parte de las familias como de los profesionales de la enseñanza, es la de aquellos niños adoptados que, tras aprender el nuevo idioma con relativa facilidad e iniciar la escolaridad sin ningún problema aparente, a medida que avanzan los cursos se van quedando rezagados.

Mariana aprendió a hablar el nuevo idioma con tanta facilidad y rapidez que la familia estaba sorprendida. Al ser la pequeña de la familia, era el foco de atención de todos. Destacaba por su ingenio y todos auguraban una escolaridad brillante. La familia no daba crédito a los primeros informes escolares, donde se hablaba de sus dificultades para aprender a leer. Lo cierto es que le costaba aprender a contar, a recordar el orden de las letras, no distinguía bien lo que venía antes y después. Al principio lo achacaban a que, según la profesora, estaba muy mimada. Para la familia, se trataba de que la profesora era muy estricta y no empatizaba con ella. Pero lo cierto era que la niña tenía serias dificultades para entender el lenguaje cuando no contaba con el apoyo del contexto, lo cual se fue agravando con el paso de los cursos. Es decir, Mariana dominaba el lenguaje coloquial, pero no el lenguaje cognitivo, que es el necesario para el aprendizaje escolar.

A pesar de sus propios esfuerzos y de los de su familia y profesores, el rendimiento de Mariana no mejoró con el sistema tradicional de clases de apoyo, profesores particulares, largas tardes de trabajo en casa, etc., así que su autoestima empezó a resentirse, aumentando su frustración y surgiendo problemas de conducta.

Según los expertos, por cada 3-5 meses de vida en un orfanato hay un retraso de un mes de crecimiento lineal en términos de peso, altura y otros indicadores físicos de desarrollo. Es imposible, desde luego, hacer el mismo cálculo en términos de crecimiento emocional, cognitivo y otros indicadores académicos, pero la analogía es bastante clara: la estancia en una institución puede producir no sólo retrasos físicos, que son los primeros en superarse tras el cambio de las condiciones adversas, sino también retrasos en las habilidades cognitivas, en el desarrollo emocional y en la maduración de las conductas de autorregulación.

Podemos concluir que, cuando se dan estas circunstancias, las consecuencias académicas que nos encontramos son las siguientes:

- Falta de habilidades y estrategias cognitivas adecuadas a su edad.
- Pobre organización de la base de conocimiento, que le impide transferir o generalizar lo aprendido.

- Insuficiente motivación intrínseca, que se presenta como falta de memoria y atención.
- Regulación inmadura de la conducta que provoca problemas de comportamiento.

Éstas son las primeras señas de identidad de lo que se conoce como Déficit Cognitivo Acumulativo. Este término, en principio, fue acuñado por el psicólogo M. Dutsh en 1960 y casi exclusivamente se relacionaba con la cultura de la pobreza, es decir, con poblaciones de escasos recursos socioeconómicos y con deprivación cultural.

Actualmente, este término es usado por el psicólogo americano de origen ruso Boris Gindis, experto en adopción internacional, para hacer referencia a ciertos déficits que presentan algunos menores adoptados internacionalmente, que se caracteriza por un progreso lento de los aprendizajes escolares después de una fase inicial de aparentemente rápida adquisición del lenguaje y ajuste a sus nuevos hogares y colegios.

La mayoría de estos niños viven ahora en familias de clase media y media-alta con buenos niveles educativos, por lo que la familia y el ambiente no pueden considerarse en estos casos como factor contribuyente. Muy al contrario, la familia tiene en estos casos un alto valor reparador del déficit, ya que la mayoría de las familias adoptivas están muy sensibilizadas ante la aparición de posibles problemas, y recurren relativamente pronto a la ayuda profesional.

De acuerdo con las investigaciones recientes, el origen del problema está en la falta de estimulación en los períodos sensibles de aprendizaje, cuando mayor actividad cerebral se produce y las sinapsis o interconexiones neuronales se multiplican. Durante estos períodos, conocidos como «Ventanas de Aprendizaje», la estimulación de cualquiera de sus funciones también desarrolla las demás, de manera que a mayor conocimiento adquirido en forma ordenada y predecible, mayor capacidad del cerebro para procesar toda esa información, ordenarla, jerarquizarla y descubrir las reglas que la rigen. En suma, mayor desarrollo de la inteligencia.

Según estas investigaciones, los dos primeros años de vida son los más sensibles para el aprendizaje del lenguaje y este aprendizaje va a determinar el nivel de funcionamiento intelectual en los años venideros.

Es sintomático que los problemas de lenguaje sean, precisamente, las deficiencias más comunes en los menores adoptados, debido a la falta de calidad o cantidad de interacción entre el menor y los adultos en estos llamados períodos críticos de desarrollo, ya que las actividades cognitivas de aprendizaje son muy limitadas en los orfanatos y esto tiene un impacto negativo en la maduración del lenguaje. Cuanto más tiempo permanezca en la institución, se incrementa la probabilidad de problemas relacionados con el lenguaje.

Los niños pequeños normalmente aprenden o bien directamente, a través de la observación, experimentación e imitación, o bien indirectamente, por medio de los adultos, a través de la selección y modificación de los estímulos del mundo exterior y de la corrección de las respuestas del menor. Mediante estos aprendizajes se forman las habilidades cognitivas que son la base para los aprendizajes posteriores.

La privación de estas experiencias en los orfanatos, hace que los menores que han pasado tiempo institucionalizados estén en desventaja, ya que el potencial de inteligencia se desarrolla hasta los seis años y si la mayor parte de este tiempo lo han pasado en una institución, o en ambientes deprivados culturalmente, difícilmente habrán podido recibir la estimulación necesaria de las funciones cognitivas. La falta de estimulación en estos períodos críticos resultará en retrasos en muchas de esas funciones, de forma que cuando avancen a niveles superiores de aprendizaje después de la adopción, no podrán beneficiarse de la nueva situación ambiental.

Muchas veces, la relativa debilidad que muestran estos niños en las habilidades cognitivas se les atribuye a su historial de abandono e institucionalización, pero pensando que con su «normalización» escolar desaparecerán los desniveles que hay en relación a sus compañeros.

Sin embargo, frecuentemente, lo que se observa es que a medida que pasan los cursos, no parece que se estén beneficiando de su nuevo entorno educativo, sino todo lo contrario. Sus funciones cognitivas progresan más lentamente de lo que demanda la ubicación escolar donde le encuadraron al incorporarse al sistema escolar. Y, por otra parte, la atención, motivación y habilidad para tolerar la frustración en actividades cognitivas va empeorando con el paso del tiempo, apareciendo señales de ensoñación y aburrimiento en las clases, cuando no conductas disruptivas, que terminan provocando problemas conductuales serios en algunos casos.

La teoría que sustenta el DCA es que los niños que no recibieron una estimulación adecuada de las funciones cognitivas durante sus primeros años, especialmente los dos primeros, son menos capaces de aprovechar los beneficios de una nueva situación ambiental debido una desarmonía entre su madurez cognoscitiva estructural y las nuevas exigencias escolares.

TRASTORNO POR DÉFICIT DE ATENCIÓN CON HIPERACTIVIDAD

Mucho y muy variado se ha escrito sobre este trastorno porque es un síndrome que se observa en un alto porcentaje de niños con dificultades en el aprendizaje escolar. Es uno de los trastornos infantiles más estudiado en los últimos quince o veinte años. Se calcula que este trastorno afecta al 50% de la población psiquiátrica infantil y parece darse predominantemente en varones. La explicación puede deberse a la forma distinta de expresión clínica de ambos sexos, con un predominio de falta de atención en las niñas y una sintomatología más disruptiva en los niños, que lleva a una mayor demanda de atención profesional.

Para explicar sus causas se han propuesto hipótesis genéticas, neurobiológicas, neuropsicológicas, medioambientales, sociales, alimenticias etc., que han conducido a la aparición de diferentes propuestas para el tratamiento de estos niños, entre ellas el empleo de fármacos, de técnicas conductistas, de dietas especiales, etc.

Toda esta variedad de métodos comparten un aspecto fundamental, y es que todos se dirigen a los síntomas externos y no a la superación de los mecanismos que se encuentran en la base y que determinan la estructura de este síndrome. Todos atacan los síntomas pero no la causa.

La mayoría de los niños diagnosticados con este trastorno, lo han sido a través de un cuestionario cumplimentado por la familia y los profesores. Esto dificulta la elaboración de los métodos adecuados para su corrección, ya que se aplican a todos los niños que presentan cualquier tipo de dificultad motora o hiperactividad y no descubre los mecanismos de los defectos. Generalmente, no se hace ninguna evaluación neuropsicológica para ver, de manera detallada, el tipo de dificultades que presentan estos niños, identificando no sólo qué funciones tienen deficitarias, sino también las que tienen un desarrollo adecuado.

En términos generales este trastorno se ha convertido en un cajón de sastre donde se incluye a cualquier niño que presente dificultad para concentrarse o sea impulsivo, sin tener en cuenta que detrás puede haber situaciones tales como violencia doméstica, divorcio, emigración, período de adaptación tras una adopción, etc.

En este último caso, que es el que nos interesa, hay que tener en cuenta una serie de circunstancias antes de diagnosticar un trastorno como el que estamos analizando.

En primer lugar, hay que tomar en consideración que la institucionalización produce, dependiendo de la duración y la calidad del tiempo de permanencia en el orfanato, dificultades en la autorregulación de la conducta, que se puede traducir en precipitación, impulsividad, dificultades para esperar turnos, conductas agresivas, falta de hábitos sociales, etc.

En segundo lugar, la adaptación tras la adopción es un proceso complejo, en el que, a veces, se puede sentir desorientado, inquieto, excitado, pudiéndose mostrar incluso provocativo.

En tercer lugar, puede haber situaciones de duelo no resueltas en relación a su familia biológica, su lengua o su cultura de origen, problemas de vinculación con su nueva familia, miedo a un nuevo abandono, etc. que pueden manifestarse a través de conductas disruptivas, problemas de atención, conflictividad con las figuras de autoridad, etc.

Por estas y otras muchas razones, antes de patologizar al menor, conviene orientar a la familia y darle recursos para enfrentar estas situaciones que pueden estar desbordando al niño.

En todo caso, y una vez comprobado que no se dan ninguna de estas circunstancias, se debería derivar la familia a un profesional que hiciera una valoración neuropsicológica, en vez de recurrir a cuestionarios cuya respuestas pueden ser bastante subjetivas, ya que tanto los padres/madres como los profesores no siempre pueden ser objetivos, al estar ellos mismos inmersos en la situación de conflictividad que está viviendo el niño.

Una valoración adecuada debería analizar, entre otras, las siguientes funciones: organización secuencial motora, análisis y síntesis cinestésicas, retención audio-verbal, análisis y síntesis espaciales, regulación y control, análisis y síntesis fonemáticas, retención viso-verbal, etc. Esta información es esencial para la elaboración de un programa de corrección y una posterior valoración de la evolución conseguida con el tratamiento.

Cuando se hace este tipo de valoración se observa con frecuencia que estos niños presentan dificultades en la ejecución de pruebas que valoran las funciones ejecutivas, trabajo que realizan los lóbulos frontales y que son responsables de las funciones de programación, regulación y control de la actividad consciente de la persona, es decir, las funciones ejecutivas hacen el trabajo de un «ejecutivo»: dirigir, valorar y controlar la conducta para que sea eficaz y adecuada al momento y al contexto.

Las funciones ejecutivas se han comparado con un director de orquesta. Podemos imaginar que el cerebro es como una banda de música. Cada parte del cerebro está especializada en realizar una tarea muy específica, como los músicos de una orquesta, y para realizar cualquier actividad de la vida diaria necesitamos que muchas partes de nuestro cerebro trabajen conjuntamente. Para trabajar coordinadamente, nuestro cerebro, como una orquesta, necesita un director. Este director se llama lóbulo frontal y realiza funciones ejecutivas, es decir, dirige, coordina y controla.

Si el director de orquesta no trabaja correctamente puede ocasionar problemas en la vida diaria, aunque todos los músicos (las diferentes zonas del cerebro) toquen correctamente su instrumento: no calcular bien el tiempo, no prever las consecuencias de las acciones, dificultades en la planificación, problemas para mantener un orden o limitación para considerar más opciones. Todas estas dificultades pueden aparecer al alterarse las funciones ejecutivas.

Una de estas funciones es la memoria de trabajo, que posibilita la retención de la información para su utilización una vez desaparecido el estímulo que la originó. Esta habilidad es necesaria para recordar el hacer las cosas en un futuro cercano, por ejemplo, las tareas escolares. En los niños de Déficit de Atención con Hiperactividad, la dificultad para inhibir impulsos entorpece esta función ejecutiva. Como consecuencia, pueden ser distraídos y desorganizados. Además pueden tener tendencia a no terminar lo que empiezan, a no darse tiempo para pensar en las consecuencias de una acción, a no beneficiarse del recuerdo de experiencias pasadas y a no manejar el tiempo de forma adecuada.

Otra función importante es la del habla autodirigida o memoria de trabajo verbal. Es la voz interna que se usa para conversar con uno mismo para dirigir el comportamiento, seguir reglas e instrucciones, o cuestionarse la resolución de un problema.

Otra función a tener presente es la habilidad para regular las emociones y la motivación. La persona con déficit en esa habilidad es propensa a frustrarse con facilidad, a no mantener la motivación para hacer diversas tareas si no hay una recompensa inmediata y dificultades para buscar alternativas para solucionar los obstáculos que se presenten.

También tienen problemas con el proceso de reconstitución, que consta de dos procesos distintos, que son la fragmentación de las conductas observadas y la combinación de sus partes en otras acciones nuevas no aprendidas de la experiencia. La capacidad de reconstituir proporciona flexibilidad y creatividad y permite alcanzar una meta sin tener que aprenderse de memoria los pasos intermedios necesarios. Permite generar nuevos comportamientos y resolver problemas.

A pesar de la causa neurológica innegable del Trastorno por Déficit de atención con Hiperactividad, se observa también que la sintomatología puede presentarse de formas muy variadas en función de las pautas educativas seguidas por la familia y la escuela, por la presencia de otros trastornos asociados, como el Trastorno negativista desafiante, la prontitud del diagnóstico y la adecuación del programa de entrenamiento que se esté llevando a cabo tanto en la familia como en la escuela.

La tendencia actual a la sobreprotección de los niños, los modelos familiares donde es difícil conciliar la vida laboral y la vida familiar, con lo cual los niños pasan muchas horas con cuidadores que no siempre tienen una formación adecuada ni los mismos criterios educativos que la familia, etc. están fomentando un marco de convivencia con poca tolerancia a la frustración, poco respeto por las figuras de autoridad y cada vez menos autocontrol general. Por lo tanto, la ausencia de medidas educativas adecuadas puede favorecer el agravamiento de los síntomas.

Tratamiento

El tratamiento farmacológico constituye, en la mayoría de los casos, la primera elección, junto con técnicas de modificación de conducta. El fármaco más utilizado es el metilfenidato, comercializado en España bajo los nombres de «Rubifén» y «Ritalín».

Sin embargo, recientemente, un grupo de profesionales argentinos de reconocida trayectoria en el campo de la psicología, la psiquiatría, la neurología, la pediatría, la medicina familiar, la psicopedagogía y la psicomotricidad, han hecho público un escrito en el que se pronuncian críticamente sobre el hecho de que los niños sean medicados desde edades muy tempranas con una medicación que tiene efectos secundarios importantes, que no cura y que en muchos casos disimula una sintomatología grave, que hace eclosión a posterior o encubre deterioros que se profundizan a lo largo de la vida.

En otros casos, ejerce una pseudorregulación de la conducta, ya que no ejercen modificaciones de fondo sobre las motivaciones que podrían regularlas, dado que tanto la medicación como la «modificación conductual» tienden a acallar los síntomas, sin preguntarse qué es lo que los determina ni en qué contexto se dan. Y así, pueden intentar frenar las manifestaciones del niño sin cambiar nada del entorno y sin bucear en el psiquismo del niño, en sus angustias y temores.

Los firmantes del escrito se han encontrado con niños en los que se diagnostica este trastorno cuando presentan cuadros psicóticos, otros están en proceso de duelo o han sufrido cambios sucesivos (adopciones, migraciones, etc.). Es habitual también este diagnóstico en niños que han sido víctimas de episodios de violencia, abuso sexual incluido.

Por otra parte, los medios de comunicación hablan del tema como si se tratara de una epidemia, divulgando sus características y los modos de detección y tratamiento. Se banaliza, así, tanto el modo de diagnóstico como el recurso de la medicación, en una especie de «Hágalo usted mismo», sin tener en cuenta que el niño no es el único actor en el proceso de aprender.

Padres desbordados, docentes que quedan superados por las exigencias, un medio en el que la palabra ha ido perdiendo valor y normas que suelen ser confusas ¿incidirán en la dificultad para atender en clase?

Tampoco se ha tomado en cuenta la gran contradicción que se genera entre los estímulos de tiempos breves y rápidos a los que los niños se van habituando desde temprano con la televisión y los ordenadores, donde los mensajes suelen durar unos pocos segundos, con predominio de lo visual y los tiempos más largos de la enseñanza escolar centrada en la lectura y escritura a los que el niño no está tan habituado.

Por todo esto es totalmente inadecuado unificar en un diagnóstico a todos los niños desatentos y/o inquietos sin una investigación clínica pormenorizada.

Desde la perspectiva de los firmantes nos encontramos con un niño/a que sufre, que presenta dificultades que obstaculizan el aprendizaje y que muchas veces lo que se considera no es tanto este sufrimiento, sino la perturbación que la conducta del niño causa, por lo cual la medicación funciona como un intento de aplacar a un niño que «se porta mal».

Lo que estos profesionales proponen es que la evaluación de cada niño sea realizada por profesionales expertos en el tema, que se le otorgue la posibilidad de ser tratado de acuerdo con las dificultades específicas que presenta, que la medicación sea el último recurso y no el primero, que sea consensuada por diferentes profesionales y que se tome en cuenta en la evaluación, el contexto en el que el niño se encuentra inmerso, ya que éste puede favorecer o facilitar funcionamientos disruptivos o un despliegue motriz sin metas.

Como hemos visto, pues, tanto la medicación como las técnicas conductistas no van a la causa del problema, sino sólo a atajar sus efectos.

Si queremos ir a las causas proponemos, en primer lugar, un entrenamiento en aquellas estrategias cognitivas que aparecieran deficitarias en la exploración inicial y que facilitaran los procesos de «aprender a aprender». Un entrenamiento hecho desde los planteamientos de Vygostky sobre el aprendizaje mediado y la zona de desarrollo próximo. Se trata de la posibilidad de aprender en la interacción con los demás, algo fundamental en los primeros años. Desde esta perspectiva, no se pretende proporcionar al niño la adquisición de nuevos contenidos, sino que se trata de mejorar las formas de proceder intelectualmente, en suma, la mejora de habilidades como el razonamiento, la observación, la comprensión, la resolución de problemas, los procesos de toma de decisiones, etc. con la finalidad de posibilitar una transferencia y una mejora posterior de los aprendizajes académicos.

En segundo lugar, proponemos un abordaje de los problemas conductuales desde un enfoque cognitivo, y no a través de un programa basado en el principio de castigos y recompensas para incentivar a los niños a mejorar su conducta, ya que a estos niños no les falta motivación para controlar sus impulsos, sino la habilidad para hacerlo.

Hay cinco áreas de habilidades cognitivas, cuya ausencia frecuentemente desemboca en conductas conflictivas: funciones ejecutivas, habilidades del lenguaje, regulación emocional, habilidades sociales y flexibilidad. Los problemas de conducta de estos niños son consecuencia de déficits en estas áreas, por lo que el objetivo del tratamiento será enseñarles las habilidades cognitivas y emocionales de las que carecen, y no tanto actuar sobre las consecuencias de esa falta de habilidad.

Podemos concluir, por tanto, que la prevalencia de este síndrome entre los niños/as adoptados se debe al hecho de que el lóbulo frontal constituye la formación cerebral más sensible a las influencias negativas ambientales o biológicas, como exposición prenatal al alcohol o las drogas, tabaquismo, bajo peso al nacer, malnutrición, altas tasas de plomo en sangre, etc., que son factores de riesgo frecuentes en los niños adoptados. La clave está en un diagnóstico precoz y en un tratamiento adecuado, que incida en las causas del problema y no en sus efectos.

Estrategias para enfrentar los problemas escolares

Dado que el fenómeno de la adopción internacional es relativamente reciente en nuestro país, ni el sistema educativo ni los profesionales de la enseñanza han tenido prácticamente tiempo de asumir los hechos diferenciales que caracterizan a algunos miembros de este colectivo en el ámbito escolar.

Algunos de los errores más frecuentemente asumidos tienen que ver con la adquisición del nuevo idioma. La mayoría de estos niños aprenden el nuevo idioma con sorprendente rapidez, por lo que en principio no parece hacer razón aparente para preocuparse. Sin embargo, ni el sistema escolar ni las familias, generalmente, asumen que el desarrollo del lenguaje coloquial no es suficiente para conseguir el adecuado desarrollo escolar, ya que la rapidez en la adquisición del nuevo idioma no es un indicador directo de las habilidades cognitivas generales.

La razón estriba en que las habilidades lingüísticas necesarias para la comunicación social son diferentes a las habilidades necesarias para adquirir el lenguaje cognitivo, que hace referencia al idioma como herramienta de razonamiento y aprendizaje académico. La adquisición del lenguaje coloquial es previa a la adquisición del lenguaje cognitivo y es el soporte que se usa para, a través de las experiencias tempranas, adquirir las bases del lenguaje cognitivo/académico.

Muchos de los niños que proceden de adopción internacional, especialmente los que han sido adoptados a partir de los 3 años, dependiendo de la duración y calidad del tiempo de institucionalización, se han perdido parte de estos primeros estadios de desarrollo, que son períodos especialmente sensibles para el crecimiento de las bases neurológicas de las distintas funciones psicológicas; entre ellas la comunicación, la autorregulación y las operaciones cognitivas, todas las cuales se apoyan en el lenguaje. Y precisamente, los problemas de lenguaje son las deficiencias que con más frecuencia aparecen en los informes médicos de estos niños.

Por otra parte, en muchos casos, tienen que volver a iniciar la adquisición de un nuevo idioma cuando sus coetáneos nacidos en el país están desarrollando las bases para el desarrollo del lenguaje cognitivo.

El grupo de mayor riesgo es el los niños adoptados entre 4 y 8 años. Por debajo de esta edad tiene un margen para recuperar las funciones no desarrolladas, antes de entrar en la enseñanza primaria. Los mayores de 8 años, seguramente saben leer y escribir en su lengua de origen, por lo cual pueden transferir algunas de las habilidades lingüísticas al nuevo idioma.

El remedio tradicional (trabajo más intenso en grupo pequeño o individual, siguiendo la misma metodología que en clase) suele ser ineficaz, cuando no contraproducente. Es ineficaz porque esta solución asume la presencia de una base cognitiva adecuada, que es precisamente lo que está ausente. Puede ser contraproducente porque supone aumentar el nivel de frustración cuando los resultados no acompañan a los esfuerzos realizados.

La investigación y la práctica apuntan a una estrategia que incluya:

- Una adecuada valoración inicial.
- Una apropiada ubicación escolar de acuerdo a sus competencias actuales y no a su edad cronológica.
- La enseñanza de habilidades cognitivas específicas, por parte de especialista, que les permita aumentar su competencia cognitiva.
- Abordaje adecuado del componente emocional del problema.
- Apoyo cognitivo, lingüístico y emocional en casa.

LA VALORACIÓN PSICOPEDAGÓGICA INICIAL

Con la exploración psicopedagógica se trata de hacer una valoración tanto cuantitativa, al comparar el rendimiento obtenido por el niño en relación con el grupo normativo de su edad, como, más importante, cualitativa, al analizar el modo de enfrentarse a las tareas, estrategias cognitivas que utiliza, etc. Se trata de observar sus puntos débiles y sus puntos fuertes. De esta forma nos acercamos a la realidad funcional del niño, a sus formas de procesamiento, más que evaluar el resultado final, que no será el punto básico de referencia, pero sí algo a tenerse en cuenta, porque serán los niveles que se les exigirá por edad cronológica. Los tests miden el nivel de desarrollo real de las funciones mentales de un niño, que resulta de haber sido expuesto a la enseñanza correspondiente. Sin embargo, no hay que dejar de lado que el niño adoptado, seguramente no habrá recibido esa enseñanza previa, pero va a estar sometido a la presión de alcanzar el mismo nivel que sus compañeros.

Debido a la probable falta de estimulación y escolarización apropiada, una valoración cualitativa nos va permitir emitir hipótesis realistas acerca de su «zona de desarrollo potencial», que es aquella que se pone de manifiesto cuando un niño se enfrenta ante un problema que no sabe resolver por sí sólo, pero que es capaz de resolver con ayuda de un adulto. Este tipo de valoración nos dará pistas sobre su capacidad de adaptación al curso donde se le pretenda ubicar.

Casi todas las pruebas miden únicamente lo que los estudiantes hacen solos, lo cual en el caso de niños recién adoptados no es muy significativo, puesto que generalmente su nivel de instrucción es menor. Además, estas pruebas no indican cómo apoyar su aprendizaje. Sin embargo, la evaluación del potencial de aprendizaje es una alternativa interesante. Para identificar la zona de desarrollo potencial, se pide al niño que resuelva un problema y luego se le ofrecen apoyos e indicaciones para ver como aprende, se adapta y utiliza la orientación. Esta información servirá para ubicarlo en el curso más apropiado, planear tareas de aprendizaje que lo nivele, si es necesario, con el resto de la clase, trabajos para casa, etc.

La valoración psicopedagógica debería contemplar, entre otros factores:

- Desarrollo Psicomotor (área postural-motora, manipulativa, verbal y socio-adaptativa).
- Nivel intelectual (comprensión verbal, razonamiento perceptivo, memoria de trabajo y velocidad de procesamiento).
- Funciones Ejecutivas y Atención (atención selectiva, atención sostenida y control de impulsividad, planificación, flexibilidad cognitiva, etc.).
- Memoria (memoria declarativa y semántica, estrategias de almacenamiento, evocación y reconocimiento).
- Lenguaje (instrumental, formal cognitivo e interactivo).
- Gnosias (visual, auditiva, táctil, etc.).
- Lectoescritura: coordinación visomanual, orientación espacial, discriminación auditiva, análisis secuencial auditivo y visual, exactitud lectora, sustituciones, inversiones, fragmentaciones, etc. (en caso de que su lengua de origen sea el español y sepa leer y escribir).
- Cálculo: clasificación, seriación y orden, conservación, mecánica de las operaciones básicas, etc.

El idioma de la evaluación es algo importante a tener en cuenta. Debería hacerse, a ser posible, en la lengua de origen antes de que se debilite y se extinga, algo que ocurre con relativa prontitud. Para los menores de 7 años debería hacerse en las primeras semanas. Para aquellos que sepan leer y escribir, entre 7 y 10 años, podría hacerse dentro de los tres primeros meses.

Si no se hace esta valoración por personal bilingüe al tiempo de la llegada, una valoración completa en español sólo se podrá hacer cuando el idioma esté bien establecido, y no sólo a nivel de comunicación, sino de razonamiento, con lo cual se ha podido perder un tiempo precioso para ubicarlo adecuadamente y para detectar y empezar a remediar posibles problemas, porque la pérdida del idioma de origen es más rápida que la adquisición del nuevo.

En caso de que no fuese posible la valoración en su lengua materna, como mal menor, se deberían usar, al menos, pruebas con poco contenido verbal, pero que pueden dar una indicación de los recursos cognitivos con que cuenta, para hacer una ubicación lo más acertada posible, en función de sus capacidades reales y no de criterios cronológicos o ideales.

LA UBICACIÓN ESCOLAR

La práctica habitual en las escuelas es la de ubicar al menor adoptado según su edad cronológica, usando la política de «esperar y ver» mientras se adapta y aprende el idioma, si es que su lengua de origen no es el español, para «reubicarlo» en todo caso más adelante, al final del ciclo correspondiente, mediante la repetición de curso.

Esta política no valora la repercusión que tal medida puede provocar a nivel de autoestima, desmotivación, problemas de conducta, fobia ante el aprendizaje escolar, etc., que pueden sumir al niño y a su familia en una dinámica de frustración y estrés; situación que se podría haber evitado si el criterio de edad cronológica no hubiera sido el único contemplado.

Por otra parte, si la ubicación no es la adecuada a su nivel de desarrollo madurativo, difícilmente se va a poder beneficiar del nuevo entorno educativo en el que se encuentra.

En los menores adoptados no se puede hablar de una recomendación general, puesto que las casuísticas son muy variadas en función de la propia genética, de la edad de adopción, del país de procedencia, tiempo y calidad del período de institucionalización, nivel de escolaridad previa, etc., por lo que lo apropiado sería tomar en cada caso una decisión individualizada. No es lo mismo un niño adoptado con meses, sin factores de riesgo conocidos, que se incorpora al sistema educativo con sus iguales, que un niño adoptado en edad escolar, que no habla español, que sufrió exposición fetal al alcohol y que ha pasado la mayor parte de su vida en una institución.

En el caso de niños adoptados en edad escolar, habría que tener en cuenta factores como el dominio de la lengua, el desarrollo de las funciones cognitivas, las habilidades sociales, su capacidad de autorregulación, el nivel de vulnerabilidad ante el estrés y la presión, etc.

Lo propio sería que, al igual que a la llegada se hace una valoración médica de su estado de salud, también se hiciera una valoración psicopedagógica para conocer el estado de las funciones y habilidades necesarias para hacer frente al reto escolar. Los menores adoptados presentan unos factores de riesgo que deben tenerse en cuenta, ya que son los que con más frecuencia están presentes en los trastornos de aprendizaje. Entre estos factores están los condicionamientos genéticos, que generalmente se desconocen, y los problemas durante el embarazo, el parto o la infancia temprana, de los que a veces se tiene información.

En este sentido, aunque la mayoría de los informes de asignación no se pueden considerar muy fiables, porque contienen inexactitudes y diagnósticos imprecisos, hay ciertas cuestiones a las que se debe prestar especial atención, por tratarse de factores de riesgo para el aprendizaje escolar:

- Nacimiento prematuro
- Bajo peso al nacer
- Exposición fetal al alcohol
- Microcefalia
- Encefalopatía perinatal
- Retraso madurativo
- Retraso del lenguaje
- Retraso psicomotriz
- Oligofrenia
- Ferropenia
- Hipotiroidismo

En algunos casos, gracias a la resiliencia y capacidad de recuperación que tienen los niños/as, pueden superar por sí mismos las consecuencias escolares de estos problemas, pero deben entenderse como luces de alarma a las que prestar atención, en vez de seguir la política de esperar y ver cómo evolucionan, porque esto puede significar una pérdida de tiempo necesaria para ayudarles a superar los problemas de aprendizaje derivados de estos diagnósticos.

LA ENSEÑANZA DE HABILIDADES COGNITIVAS ESPECÍFICAS

Ya hemos analizado la necesidad de una adecuada valoración inicial y una ubicación escolar apropiada. Pero esto no es suficiente, también es fundamental que cuenten con profesionales que les enseñen habilidades cognitivas que les ayuden a inhibir las respuestas impulsivas y estereotipadas y les permitan experimentar mentalmente y analizar las posibles soluciones a los problemas. En otras palabras, profesionales que les enseñen cómo aprender y cómo usar las habilidades cognitivas aprendidas. El objetivo es que puedan generalizar o transferir los procesos cognitivos a otros aprendizajes y que puedan desarrollar una motivación intrínseca, aprendiendo por el gusto de hacerlo y no por los regalos y recompensas.

¿Cómo puede generarse ese tipo de motivación? Esa motivación surge cuando el niño encuentra placer en el aprendizaje, en cuyo caso el organismo libera unas proteínas, las endorfinas, que son las responsables de las sensaciones de bienestar, placidez, alegría, etc., que sirven de retroalimentación para querer aprender más y, además, disfrutar haciéndolo.

La secreción de endorfinas en nuestro organismo es continua, pero está sujeta a influencias. Se favorece con un estado mental relajado y receptivo, lo que se conoce como estado alfa, pero disminuye cuando se está tenso y mentalmente activo, lo que se conoce como estado beta. Esto explica por qué un estrés excesivo no permite disfrutar del aprendizaje. En realidad, el estrés impide disfrutar de la vida en general, e incluso promueve la enfermedad (las endorfinas aumentan la producción y eficacia de las células T killer, que mantienen a raya virus, bacterias y células cancerosas).

¿Y cómo podemos hacer que los niños encuentren placer en el aprendizaje? Quizás la clave está en entender que lo importante no es lo que el niño es en estos momentos, sino en lo que puede llegar a ser a través del aprendizaje mediado, es decir, un aprendizaje que tenga en cuenta la situación de la que parte el niño y le proponga un salto cualitativo de ese aprendizaje gracias a la mediación de un adulto o de otro niño más experto.

No es un aprendizaje mecánico ni memorístico, sino un aprendizaje en el que se experimenta, se cometen errores, se buscan soluciones. Un aprendizaje donde la información es importante, pero lo es más la forma en que se busca y se presenta esa información.

Se trata de un aprendizaje que tiene en cuenta lo que Vygotsky llama «zona de desarrollo próximo», que hace referencia a todas las funciones y actividades que un niño puede realizar solamente con la ayuda de otra persona adulta (madre, padre, profesor) o de otro compañero que ya domina esa función y que interactúa con él.

Se trata de una situación que está lo suficientemente lejos del «nivel de desarrollo real» para que dé el salto y lo suficientemente cerca para que salte. Este aprendizaje, que es motivador y gratificante, es aquel que permite que el niño recorra y transforme por sí mismo, pero con la mediación de otra persona, su «nivel de desarrollo potencial» en «nivel de desarrollo real».

Entre otras funciones se deberían trabajar, la atención, las funciones ejecutivas y la memoria. Los déficits de atención se expresan normalmente en forma de problemas de concentración ante actividades que duran un cierto tiempo. Si no se ejercita esta función puede degenerar en problemas conductuales.

El conjunto de funciones ejecutivas hace referencia a un conjunto de capacidades implicadas en la formulación de metas, la planificación para lograrlas y la ejecución de las mismas de un modo eficaz. Cuando las funciones ejecutivas están alteradas hay problemas para calcular bien el tiempo, para prever las consecuencias de nuestras acciones, hay dificultades para planificar y problemas para mantener un orden para considerar más opciones.

Los déficits de memoria se caracterizan por la falta de habilidad para generar estrategias para recordar los datos necesarios y para la posterior recuperación de la información.

EL ABORDAJE ADECUADO DE LOS PROBLEMAS DE CONDUCTA

Tradicionalmente se ha tratado a los niños/as con problemas de conducta como tozudos, manipuladores, desafiantes, caprichosos, producto de familias con pautas educativas inconsistentes, que no se portaban bien porque no querían y que usaban esa conducta para conseguir la atención o como forma de coaccionar para que los demás cedan a sus deseos.

Desde este planteamiento, la intervención va encaminada a mostrarle al niño cuál es la conducta correcta y quien manda, así que a través de un programa de premios y castigos, se pretende que obedezca. El problema es que el niño ya sabe quien manda y cual es la conducta correcta, por eso ese modelo de intervención no suele funcionar.

Actualmente, se empieza a hacer énfasis en que el niño no se porta bien porque no puede, porque carece de las habilidades cognitivas que son necesarias para manejar la frustración y las demandas de flexibilidad y adaptabilidad.

Desde este planteamiento, los adultos son parte de la solución de los problemas de estos niños, reestableciendo relaciones positivas con ellos y entrenándolos en la habilidades necesarias para resolver los conflictos de una manera adaptativa.

En el primer caso, se trata de un enfoque reactivo para manejar las conductas problemáticas, después de que hayan ocurrido. En el segundo caso, el enfoque se centra en prevenir y resolver los problemas antes de que ocurran, enseñándoles las habilidades cognitivas y emocionales de las que carecen.

APOYO COGNITIVO Y LINGÜÍSTICO EN CASA

Este tipo de apoyo no es un sustituto de las actividades escolares y los padres/madres no tienen que convertirse en profesores de apoyo. La idea es que las actividades tradicionales de la familia sean usadas como mediadoras para el desarrollo de las habilidades cognitivas del menor.

La mediación del adulto, perdida en las etapas tempranas del aprendizaje es, en estos casos, fundamental. Veamos algunas funciones que se pueden desarrollar con actividades de la vida diaria.

Planificación. La planificación es fundamental para aprender. Si no se posee esta habilidad cognitiva, las actividades de aprendizaje son impulsivas, reactivas e inútiles. Podemos ayudar a desarrollar esta habilidad haciendo planes (una salida al campo, invitando a un amigo a casa, etc.) y posteriormente analizando cómo ha ido, qué ha fallado, que podríamos cambiar para que fuera mejor, etc.

Secuencias y patrones. La habilidad cognitiva de entender secuencias y patrones, que se forma a los 3-4 años puede no estar presente en un niño de 7-8 años que haya estado institucionalizado a esa edad. Sin reconstruir esta base, ciertos razonamientos matemáticos le resultarán imposibles de alcanzar.

Para desarrollar esta habilidad se puede jugar a reproducir modelos y patrones con dibujos en papel, con plastilina, con piezas de construcciones, de mecano, etc.

Pensamiento abstracto. Desarrollar la imaginación o un pensamiento hipotético, o pensar en alternativas, es una base importante para el desarrollo del pensamiento abstracto, que es fundamental cuando los contenidos escolares se hacen más complejos. Esta habilidad se puede desarrollar a través de los juegos simbólicos, imaginando que son mecánicos, panaderos, astronautas, etc., transformando los juguetes en los objetos necesarios para el juego. También se puede trabajar tratando de encontrar alternativas que satisfagan a las dos partes en situaciones de conflicto, resolviendo acertijos y adivinanzas, etc.

Relación pasado-presente. Enfatizar la relación entre pasado y presente ayuda a promover el pensamiento causa-efecto. Por ejemplo, en una salida al campo se les puede enfatizar cómo debido a que durante el invierno ha llovido poco, los ríos y los pantanos tienen poco agua.

Atención-concentración. La atención mejora la percepción, la memoria y el aprendizaje, ya que sin atención, estas funciones no pueden tener lugar o se empobrecen. Podemos desarrollar esta habilidad por medio de los juegos de mesa (parchís, damas, ajedrez, cartas, etc.). Cuando jugamos no sólo trabajamos la atención-concentración, sino también el cálculo y las habilidades sociales.

Memoria. La memoria es una función cognitiva compleja que nos permite recordar, conservar y reproducir la información. Una estrategia para memorizar es la de organizar y estructurar la información. Se puede practicar organizando por categorías la lista de la compra: verduras, lácteos, etc.

Autorregulación. La autorregulación inmadura de la conducta es uno de los problemas más frecuentes en niños que han estado institucionalizados. Los niños necesitan aprender a esperar su turno, compartir, posponer un interés, etc. Este tipo de actividades les ayuda a regular movimientos, atención y sentimientos.

Podemos ayudar a desarrollar esta habilidad a través de juegos con reglas inventadas. Por ejemplo, en un juego de pelota decidir quien lo lanza a quien, o diferentes maneras de mover la pelota, etc. También se pueden cambiar las reglas de algunos juegos de mesa.

Otro juego que ayuda a desarrollar esta habilidad consiste en esconder un objeto que suene (por ejemplo, una cadena metálica) mientras la persona adulta o un hermano/a permanece con los ojos cerrados. No podrá encontrarlo si consigue esconderlo sin hacer ruido. En la búsqueda se puede usar la expresión frío o caliente según se acerque o se aleje del lugar donde está escondido.

PAUTAS GENERALES PARA REALIZAR LAS TAREAS ESCOLARES

A la hora de hacer las tareas escolares, tanto la familia como el profesorado deberían tener en cuenta una serie de pautas, que ayudan a los niños/as que presentan alguna dificultad de aprendizaje, con objeto de optimizar los esfuerzos que unos y otros realizan.

- Mantener rutinas
  Establecer rutinas en las tareas diarias les ayuda a disminuir la ansiedad y a saber que se espera de él/ella.

- Dar instrucciones consistentes.
  Debido a la dificultad que tienen para transferir y generalizar los aprendizajes, profesores y familia deben tratar de coordinarse y usar

la misma terminología cuando den instrucciones para realizar las tareas escolares.

- Ser concretos.
Los maestros y la familia deben usar un lenguaje concreto. Hay que evitar palabras que tengan doble sentido, frases idiomáticas, refranes, etc., debido a que su nivel de comprensión socioemocional está por debajo de su edad cronológica.

- Repetición.
Puesto que tienen problemas de memoria a corto plazo, los mensajes deben ser explicados pacientemente una y otra vez. Las tareas se pueden dividir, además, en pequeños pasos para conseguir resultados en la memoria a largo plazo.

- Mantener los espacios sin sobrestimulación.
Ambientes sencillos, con colores suaves y luces tenues ayudan a concentrarse.

- Supervisión.
Debido a sus dificultades con las habilidades cognitivas, necesitan una supervisión superior a la que sería la apropiada para su edad cronológica.

- Proveer instrucciones y estructuras consistentes, ya que no puede manejar bien las interrupciones.

- Fijar reglas simples, con sus límites y sus consecuencias.
- Cuando se le dé información importante, hacer que la repita con sus propias palabras.

- Alabar las conductas deseables, ya que necesitan reforzar su autoestima.

- No amenazar.
La violencia y el abuso incrementan el riesgo de que el niño/a aprenda a reaccionar de manera similar. Sería recomendable un entrenamiento especial para aprender a controlar el enojo.

Muchos niños/as que padecen los déficits mencionados, debido a sus problemas de aprendizaje, o a los problemas emocionales y de comportamiento que presentan (hiperactividad, enojo, impulsividad, distracción, pocas habilidades sociales, escasa memoria de trabajo, desarrollo pobre del ego, poca tolerancia a la frustración, disfunción de integración sensorial, altos niveles de ansiedad, etc.) necesitan una adaptación curricular, así como servicios educativos especiales: logopedia, terapia emocional, integración sensorial, etc...

Es importante que los profesores conozcan las implicaciones educativas que tienen estos déficits en el alumnado y que muestren empatía hacia ellos. Sin tomar conciencia de su realidad se puede ser muy punitivos con estos niños de una manera injusta.

Relatos en Primera Persona

Entre los niños/as adoptados se dan todo tipo de situaciones, como en la población escolar en general. Presentamos un caso de sobredotación y otros dos en los que los resultados académicos son brillantes. En uno de estos casos, además, se trata de una adopción tardía (5 años). Los otros dos, son casos de niños que tienen problemas escolares derivados de una situación previa de exposición fetal al alcohol y deprivación como consecuencia de la institucionalización. Finalmente, contamos con dos casos, con pronósticos diferentes, relatados desde la experiencia profesional. Mi gratitud a todas estas por compartir sus experiencias con nosotros.

Ana y Angela

«El famoso hilo rojo nos unió cuando ella tenía nueve meses. Parecía una gatita, vamos a decir, ligeramente salvaje: gritaba, gritaba y gritaba. Sus habilidades motrices no le permitían mantenerse sentada ni llevarse nada a la boca, pero su mirada era como un radar, barriendo todo lo que estaba a su alcance, escrutándolo todo minuciosamente.

Llegamos a casa en verano, con mucho calor, aunque para calor la que pasamos en Nanchang. El calor húmedo hacía casi irrespirable el ambiente. Recuerdo, cuando volvimos, su primer baño en la piscina. Le dije que cerrara la boca, y, suponiendo yo que no me entendería, cerré también la mía. El segundo día, cuando fui a repetir el gesto ¡ya tenía la boca cerrada! ¡Jo, que pronto aprende!, me dije sorprendida.

Antes de cumplir los dos años hablaba perfectamente. De hecho, sorprendía por la facilidad con que incorporaba al lenguaje las palabras nuevas que aprendía y por la cantidad de palabras que conocía para señalar un solo objeto. Nada de un "genérico" zapato. Ella conocía, y además usaba, zapatilla, sandalia, chancla, botines, botas y, al poco tiempo, hasta manoletinas.

Un día, antes de cumplir los tres años nos dimos cuenta de que sabía de memoria, palabra por palabra, su cuento favorito, *Cordelio*, la historia de un león criado por una oveja. Después amplió su repertorio de cuentos favoritos con otro de felinos, *El Rey León*. Podía repetir, igualmente palabra por palabra, un cuento de un número suficiente de páginas como para sorprender a cualquiera. Además, preocupada con la muerte del padre de Simba, que fue arrollado por una estampida, llegó a la conclusión de que si hubiera corrido a la misma velocidad, no habría muerto.

Aprendió a leer mirando los letreros que veía por la calle, especialmente los que estaban en las aceras, dado que levantaba pocos palmos del suelo, como las tapas de Telefónica, y las marcas de las cajas de leche, de cereales o de cualquier otro producto. Un día me sorprendió diciendo, mientras desayunábamos, que su nombre estaba en la caja de zumos. La verdad es que yo no lo descubrí hasta que ella me lo dijo.

Como no fue al colegio hasta los cuatro años, hacíamos fichas en casa. Me sorprendía que no hacía falta explicarle el concepto, sólo darle las instrucciones: colorea el mediano, ordena las viñetas, continúa la serie etc. Nos hacíamos en un trimestre las fichas de un curso entero, y además, nos daba tiempo de hacer mil y una actividades, entre las cuales sus favoritas eran "los experimentos", como ella los llamaba y la creatividad en formas variadas. Un día me dijo que le cortara una bolsa de plástico con la que estaba jugando, haciendo un semicírculo en cada extremo. El resultado final fue un perfecto bañador, con sus tirantes y todo.

Cuando fue al colegio tuvo la suerte de tener una profesora muy creativa, que les enseñaba a disfrutar de la poesía de Lorca o Machado y de la pintura de Van Gogh, además de enseñar los conceptos propios del nivel, que ella ya tenía adquiridos. Además, tuvo con ella mucha paciencia y empatía las primeras semanas del curso, porque le costó lo suyo adaptarse. En tercero de infantil, tuvo una profesora, madre adoptiva también, que la supo entender y valorar, así como reforzar su autoestima.

En el primer ciclo de primaria ha tenido un buen profesional, creativo y con sentido del humor, que se la supo ganar, con lo que a pesar de lo, según ella, reiterativo de los aprendizajes, se le hacía llevadero, aunque de vez en cuando decía que no quería ir al cole porque se aburría, que ella prefería aprender en casa (recordaba "los viejos tiempos" antes de ir al colegio). El profesor era muy consciente de que la niña necesitaba otra cosa, pero el sistema educativo no contempla a este tipo de alumnos/as. Tanto la flexibilización como el enriquecimiento son medidas que no siempre solucionan el problema. La primera, porque, aunque intelectualmente estén por encima de los niños de su edad, emocionalmente no lo están y pasarlos de curso resulta, a veces, complicado. La segunda, porque los centros, normalmente no cuentan con recursos ni humanos ni económicos para ponerlos en marcha.

No sé que nos deparará el futuro, pero, desde mi punto de vista, uno de los problemas es que, en estas condiciones es difícil disfrutar con el aprendizaje, ya que el ritmo es muy lento para ella y se aburre. Además, el no tener que esforzarse para aprender puede llegar a ser un problema cuando alcance niveles donde no se pueda "vivir de la renta", si en el camino no ha aprendido el valor del esfuerzo y el trabajo. En este sentido, creo que las clases de chino a las que asiste y, especialmente, las de violín, donde el ritmo no es el de su edad sino el de su capacidad, pueden ayudarle.

¡Ah, se me olvidaba! Aunque su psicomotricidad ha mejorado mucho, la clase de Educación Física sigue siendo "su caballo de batalla".

Su hermana pequeña es una atleta consumada, aunque su motricidad también dejaba mucho que desear cuando, dos años después, un frío mes de noviembre el famoso hilo rojo nos llevó de nuevo a la misma ciudad. Tenía diez meses y los ojos más tristes del mundo, aunque en cuestión de poco tiempo se convirtieron en unos ojos picarones, con una risa contagiosa.

A los pocos meses nos dimos cuenta de que, aunque su comprensión era perfecta, le resultaba difícil articular los fonemas. Gracias a que teníamos la logopeda en casa y, especialmente, gracias a su carácter luchador, a su fuerza de voluntad y a su tenacidad, a los tres años ya hablaba perfectamente. También ponía mucho empeño en los trabajos escolares que hacíamos en casa, pero dentro de una normalidad, por eso nos sorprendió mucho cuando, de pronto, observamos que tocaba en un piano de juguete algunas de las piezas que su hermana practicaba en el violín.

Un día la escuchó un profesor de piano, que se sorprendió de la capacidad que tenía con sólo tres años y dijo que era una pena que tocara en un instrumento de juguete, así que compramos un teclado auténtico, que era más grande que ella. Pero, como siempre ha tenido las ideas muy claras, dijo que bueno, que tocaría el teclado, pero que ella, en realidad, lo que quería aprender a tocar era el violín. Y en esas está ahora.

Tiene una inteligencia práctica, muy eficaz. Un día, decidió que quería aprender el abecedario, que tenía en plan decorativo en su habitación, y todas las noches nos hacía repetírselo, hasta que se lo aprendió. A partir de ahí y de mucho jugar a los colegios con su hermana, a la que le encantaba ser su "maestra", con 4 años recién cumplidos nos sorprendió un día leyendo, de pronto, un cartel ¡Anda, si ya sabe leer! Como era el nombre de una librería conocida pensamos que quizás solamente lo reconocía, pero no, es que sabía leer de verdad, porque, para comprobarlo, le dijimos: a ver, ¿y aquí que dice?, y leyó sin problemas otra palabra.

Recuerdo que a la mayor, en su momento, le expliqué como funcionaban las sílabas inversas y las trabadas, por eso de que a la mayoría de los niños/as les cuesta más trabajo, pero a la pequeña ni eso. Supongo que se lo explicaría su "maestra" de juegos, porque yo no fui, o lo dedujo por su cuenta.

Empezó a ir al colegio a los tres años (ninguna de las dos fue a la guardería) y sorprendió a todas las profesoras del ciclo, cuando un día escribió debajo de una fotografía de la celebración de la fiesta del Día de Andalucía: "estamos moviendo la bandera". ¡Ni una sola falta de ortografía ni un error de unión o fragmentación!

Este año empieza tercero de infantil. Ya sabe leer y escribir. Le gusta hacer sumas y restas y está empeñada en aprender las tablas de multiplicar. Es una "experta" en Prehistoria (el año pasado hablaba del hombre primitivo y de los nombres de los dinosaurios como si fueran la última serie de moda de dibujos animados). Conoce el cuerpo humano a un nivel que ya quisieran algunos alumnos de tercero de primaria y, además, lo tiene incorporado a su lenguaje habitual, "me he dado un golpe en el glúteo", dijo un día, muy sesuda ella. También sabe lo suyo de Velázquez. Este invierno fuimos al Museo de Prado ¡y vaya si sabe!, que si ésta es la infanta Margarita de pequeña y aquella de mayor, que si éste es un bufón y aquél el Príncipe Baltasar Carlos. Que si aquellas son *Las Hilanderas* y éstas *Las Meninas*. Por cierto, recuerdo que un día al anochecer, le dije: mira esa estrella se llama Venus, y va y me dice: "pues yo la única Venus que conozco es *La Venus del espejo*"…

Todo esto es gracias a un trabajo fantástico que ha hecho su profesora, en los dos primeros años de infantil. Espero que este curso siga la misma profesora, creativa y entusiasta, porque como le toque una de las que piensan que lo importante es enseñar a leer y escribir, se va a aburrir cantidad.

Supongo que el violín le servirá también para aprender a esforzarse, aunque pensándolo bien esto lo tiene de forma natural, porque le gusta ponerse sola a practicar hasta que le sale perfectamente. A las clases de chino se negó a ir durante un tiempo, porque decía que se aburría, hasta que un día decidió que quería volver a probar y salió de la clase diciendo ¡apúntame! Y hasta el día de hoy.

Es una pena que el sistema educativo no contemple las necesidades educativas de cada niño/a, las de aquellos que necesitan más tiempo para adquirir las destrezas necesarias para el aprendizaje, y las de aquellos y aquellas que necesitan menos. El sistema está pensado para un alumno/a medio que, me parece a mí, después de muchos años en el mundillo de la enseñanza, que ni siquiera existe».

Serguei

«Serguei vino de Rusia cuando tenía tres años y medio. Enseguida vimos que era un niño muy despierto y cuando llevaba apenas dos meses en casa ya hablaba muy bien en español. No tuvo ningún problema de pronunciación (alguna cosilla propia de su edad). Comenzó a ir al cole cuando llevaba un mes aquí y no hubo problemas para adaptarse, los primeros días hablaba poco con sus compañeros pero según iba dominando el idioma la relación con los demás era mayor y mejor.

Desde el principio ha tenido un comportamiento muy bueno, tanto en el cole como en casa y en el parque. Nunca se ha mostrado agresivo con otros niños, acepta compartir sus cosas con los demás y acata muy bien las normas de convivencia.

Durante los tres años de Educación Infantil no vimos nada relevante ni preocupante en su ritmo de aprendizaje. Su maestra nos decía que a veces se distraía mucho, que se mostraba impulsivo a la hora de resolver una tarea y que por eso no siempre le salía bien; también había días en los que se distraía tanto que apenas trabajaba, pero todo parecía que era cuestión de falta de madurez. El niño siempre ha mostrado buena disposición para trabajar aunque se cansa enseguida.

Cuando terminó Educación Infantil no sabía leer pero todo era "normal", muchos niños no aprenden a leer en esa etapa y además no es obligatorio. Cuando comenzó 1º de E. Primaria empezamos a ver que no avanzaba, incluso que retrocedía en su aprendizaje, le costaba leer, las sumas se le atragantaban... y en casa veíamos que había conceptos, sobre todo de matemáticas, que no entendía. Todo esto puede estar dentro del ritmo normal de madurez de un niño de su edad, pero en su caso lo que más sorprende es que es un niño inteligente, tiene buena memoria, lee mal pero comprende perfectamente lo que lee, tiene un vocabulario muy rico y que sabe utilizar correctamente e incluso que destaca en Conocimiento del Medio por las cosas que sabe y cómo las razona.

Entonces ¿Qué ocurría? ¿Cómo es capaz de explicar el funcionamiento del aparato digestivo (por poner un ejemplo) y no sabe sumar y restar bien? ¿Cómo puede ser que hoy sepa realizar una actividad de matemáticas correctamente y mañana no sepa hacerla, como si nunca lo hubiese hecho?

Bueno, estaba claro que no era cuestión de madurez, algo pasaba. En las primeras entrevistas con la maestra nos decía que era un niño muy lindo, que se portaba muy bien pero que le teníamos demasiado mimado y protegido y por esta razón no era capaz de trabajar solo, como corresponde a un niño de su edad. También nos decía que no trabajaba y entonces le "machacábamos" con el "hay que trabajar…te vamos a castigar".

Ante todo hay decir que su maestra siempre ha mostrado mucho interés por el niño, le han preocupado las "contradicciones" en su aprendizaje y ha intentado averiguar dónde estaba el problema, pero tanto ella como nosotras dábamos palos de ciego y de alguna manera nos atribuíamos mutuamente la responsabilidad del problema. Hasta que vimos que no era ese el problema.

Cuando nos dieron el diagnóstico "Síndrome de Alcoholismo Fetal", por un lado nos sentimos más tranquilas, al menos ya sabemos lo que pasa y lo que es mejor para él: sabemos lo que tenemos y no tenemos que hacer. Su maestra está dispuesta a colaborar y a seguir, al igual que nosotras, las pautas de aprendizaje que nos han aconsejado.

Sabemos que le tenemos que ayudar y tener paciencia con él y no pedirle nunca más de lo que puede dar. Además, él tiene algo muy a su favor y es que tiene motivación para trabajar y para aprender. Es un cielo que se está convirtiendo en un bichejo».

Dimitri

«En febrero de 2002 me convertí en madre de un niño a quien adopté en Rusia. Dimitri tenía cuatro años y medio en el momento de la adopción. Había vivido en un orfanato desde los 2 años, y antes de eso junto a su familia biológica, en un ambiente profundamente desestructurado.

Existen versiones dispares sobre las condiciones de vida en los orfanatos rusos. Algunas personas que han adoptado en ese país refieren que sus hijos estaban bien cuidados, que habían crecido en un ambiente no carente de estimulación ni afecto. No puedo afirmar que esa realidad sea inexistente, pero sí puedo asegurar que no tiene nada que ver con la que yo conocí.

El orfanato en el que vivió Dimitri estaba situado a las afueras de una ciudad, en un bosque aislado por la nieve gran parte del año. Los niños, unos ciento cincuenta de entre 0 y 5 años, vivían en una casa vieja y destartalada, en malas condiciones de higiene. De noche quedaban al cuidado de una única persona, incapaz, a todas luces, de atenderles como necesitaban. Durante el día varias personas externas al centro, sobre todo mujeres jóvenes, se ocupaban de los niños.

Es fácil suponer que en un lugar donde ni siquiera existía lo necesario para cubrir necesidades tan básicas como la alimentación o el vestido, no había juguetes, ni por supuesto ningún material para el aprendizaje. El día que conocí a mi hijo, en el mes de enero, vestía un pijama y calzaba unas sandalias, y jugaba con sus compañeros a retirar nieve con la única palita de plástico que había en aquel orfanato.

Si cuento todo esto es para ilustrar algo bien sabido, como es el hecho de que un niño que haya crecido en circunstancias de abandono y precariedad, con ausencia de estimulación, sin afecto, sin tanto tan necesario, puede sufrir secuelas en el futuro. Lo sabemos bien quienes hemos adoptado hijos de cualquier edad. Sin embargo, este hecho determinante en la vida de miles de niños, suele pasarse por alto en el momento de su incorporación al ámbito escolar.

A mediados de febrero Dimitri y yo llegamos a nuestra casa, en un pueblo costero de la provincia de Barcelona. Pasamos un tiempo solos, conociéndonos, acostumbrándonos el uno al otro, adoptándonos mutuamente. Esta etapa de nuestras vidas no siempre fue idílica, pero sí fue tremendamente importante para los dos.

Mi hijo no conoció al resto de su familia hasta meses más tarde. Antes necesitaba adaptarse a muchos cambios en su vida, porque todo —el clima, el idioma, los sabores, los olores, los sonidos, la gente...— le resultaba nuevo y desconocido. Había pasado de la estimulación cero a lo más parecido a la sobreestimulación y su cerebro no estaba en condiciones de asumir una transformación tan importante. Necesitaba tiempo.

Primer contacto con la escuela:
2º curso de Educación Infantil, mayo de 2002

Cuando apenas faltaba un mes para que acabara mi baja laboral por maternidad, solicité una plaza para Dimitri en una de las escuelas del pueblo, una escuela pública, de carácter inclusivo. Un par de razones aconsejaron que tomara entonces esa decisión. Por un lado, consideré preferible estar lo más cerca posible de mi hijo durante su adaptación al ámbito escolar, algo que no podría hacer una vez que me incorporara a mi trabajo. Por otro lado, Dimitri tendría que aprender necesariamente una segunda lengua distinta a la suya de origen, pues vivimos en una comunidad autónoma bilingüe, de manera que pensé que familiarizarse cuanto antes con ese nuevo idioma facilitaría su adaptación escolar.

Así las cosas, Dimitri fue por primera vez a la escuela en mayo de 2002, cuando estaba a punto de acabar el curso escolar. Le asignaron a un grupo correspondiente a su edad, en 2º curso de Educación Infantil. Por tratarse de una etapa educativa no obligatoria, no existía la posibilidad de que asistiera a un Aula de Acogida para aprender la lengua vehicular de la escuela, el catalán.

Durante ese tiempo Dimitri fue a la escuela únicamente por las mañanas. No fue evaluado a final de curso, pues no existían datos objetivos para medir su evolución en un tiempo tan breve, pero sí se me informó de su excelente adaptación al ambiente escolar y al grupo de clase, así como de la rapidez con que había conseguido aprender el catalán.

Al principio, observé en mi hijo un tremendo enfado por esa nueva dificultad para hacerse entender, al no poder expresarse en la lengua que acababa de aprender para poder comunicarse conmigo. Seguramente, esa nueva necesidad de comunicación en la escuela hizo que aprendiera el catalán en muy poco tiempo, exactamente igual a como había ocurrido con el castellano.

Meses después, cuando ya dominaba esas dos lenguas, un día me dijo que ya había aprendido a nombrar todas las cosas en castellano y en catalán, pero que le costaba recordar cómo se nombraban en ruso y que no quería olvidarlo. Le prometí buscar a alguien que le ayudara a recordar su lengua de origen, y lo encontré, aunque eso ocurrió casi un año más tarde.

3º de Educación Infantil

Acabado el curso escolar, pasamos juntos mis vacaciones de verano, a las que añadí un mes más de permiso. Y llegado septiembre, ya con 5 años, Dimitri se incorporó al último año de Educación Infantil, P5, ya en jornada completa.

La primera semana de curso me puse en contacto con la tutora de su grupo. Al decirle que consideraba importante hablar con ella, me respondió que ya sabía que mi hijo era una "incorporación tardía", pero que ella necesitaba tiempo para conocer al niño antes de entrevistarse conmigo. En principio, su planteamiento me pareció razonable, aunque tengo que admitir que me impresionó que esa persona se refiriera a Dimitri como una "incorporación tardía": pensé que esa expresión no era la forma más adecuada de referirse a una vida de 5 años marcada por circunstancias difíciles.

Por entonces Dimitri, que padecía enuresis nocturna, empezó a hacerse pis durante el día, varias veces, diariamente. Era el único modo en que el niño expresaba que algo no iba bien: por lo demás, se mostraba contento y comunicativo, y en ningún momento mostró rechazo hacia la escuela.

Intenté reiteradamente entrevistarme con la tutora durante el primer trimestre, siempre sin éxito. Finalmente, nos vimos a finales de enero. Le hablé del pasado de Dimitri, de mi preocupación por cómo esas circunstancias especiales de su vida podían afectar a su aprendizaje y quise saber su impresión sobre esa enuresis diurna que el niño había empezado a manifestar coincidiendo con el inicio del curso. Me respondió que la adaptación del niño era buena, que no había motivo de preocupación y que el niño estaba en un nivel parecido al de los demás. En cuanto a la enuresis, dijo que le parecía "normal".

Fue de esa clase de conversaciones en absoluto tranquilizadoras. Tuve la impresión de que esa persona no conocía a mi hijo y, lo que era peor, no tenía ningún interés en conocerle. Por desgracia, no me equivoqué demasiado. A partir de entonces, la tutora fue a la escuela un día sí y otro no, enlazó una baja laboral tras otra, mientras los niños pasaban por una sucesión de profesores sustitutos. Supe que esa persona atravesaba por circunstancias difíciles en su vida, pero lo que todavía hoy no he podido comprender es por qué nadie intervino en esa situación, por qué nadie impidió que esa persona se reincorporara a su trabajo una vez tras otra, cuando era claro que no estaba en condiciones de hacerse cargo de un grupo de niños.

La enuresis de Dimitri no remitía. Consulté con varios pediatras y psicólogos y, tras descartar un problema orgánico, empezó a acudir a sesiones semanales de psicoterapia.

Estaba a punto de acabar el curso escolar cuando descubrí por casualidad que la tutora había expuesto al niño a la mirada y la burla de todos, mandándole al patio con la ropa mojada después de que se hiciera pis en clase. No había justificación posible para algo así. Fui a la escuela y le hice ver la gravedad de lo sucedido, pero ella se limitó a quitar importancia al incidente. Esa respuesta suya me animó a informar de los hechos a la Dirección de la escuela. Tengo que decir que hubo una respuesta positiva por parte del equipo directivo y que esa profesora nunca más tuvo un grupo de niños a su cargo. Pedí que se informara al claustro de profesores sobre la enuresis de Dimitri, para que nunca volvieran a producirse hechos como los ocurridos durante ese curso.

También planteé entonces la necesidad de que el equipo orientador asignado al centro (Equip d'Assessorament Psicopedagògic, EAP) evaluara a Dimitri y determinara si estaba en condiciones de acceder a la educación obligatoria, teniendo en cuenta tanto que no había estado escolarizado en su país de origen, como las circunstancias especiales en que se había desarrollado su primer año de escolarización. Obtuve la promesa de que se llevaría a cabo esa valoración, aunque se me advirtió de que eran muchos los niños que esperaban a ser evaluados. Por último, y aunque nunca he considerado la repetición de curso en sí misma como una solución para los problemas de aprendizaje, planteé a la Dirección la posibilidad de que Dimitri repitiera el último curso de Educación Infantil en vez de pasar a la Educación Primaria, como le correspondía por edad, pues, en mi opinión, era imposible que durante ese curso se hubieran establecido las bases mínimas para afrontar con éxito el aprendizaje. La Dirección me informó de que la ley era clara en ese sentido y que el niño debía estar en el curso correspondiente a su edad, es decir, mi propuesta no fue tenida en cuenta.

Ojalá pudiera decir que aquel sólo fue un año perdido desde el punto de vista académico: la realidad fue que la actitud de esa profesora hacia mi hijo tendría consecuencias más duraderas.

El día en que Dimitri empezó las vacaciones escolares de verano, la enuresis diurna desapareció por completo. Disfrutó mucho aquellos meses y se inició en la que después ha sido una de sus principales aficiones y también una importante herramienta en su aprendizaje: la música.

1º de Educación Primaria

En septiembre se incorporó a 1º de Primaria. Aquel año le correspondió una maestra verdaderamente preocupada por la educación y la evolución de sus alumnos. Me citó para entrevistarnos la primera semana de curso. Como su predecesora, esa maestra se encontró con un aula masificada, con muchos niños muy distintos entre sí, pero su dedicación a ellos marcó la diferencia.

A finales del primer trimestre me transmitió su preocupación respecto a Dmitri. Como cabía esperar, las diferencias respecto a sus compañeros empezaron a ser notorias, y es que no era cierto, como había asegurado la anterior tutora, que el niño evolucionara al mismo ritmo que los demás. Él mismo puso palabras a su situación: "Tengo que trabajar más que mis compañeros porque cuando ellos estaban en P3 yo estaba en Rusia". Percibí cierta rabia en eso que dijo, una rabia dirigida a quienes le estaban considerando "tonto" por tener que esforzarse más en llegar adonde otros llegaban sin tanto esfuerzo. No sé lo que mi hijo hubiera dado ya entonces por ser como los demás. Ese deseo suyo, ese imposible, dañaba su autoestima, que yo intentaba recomponer diariamente.

Empezamos a trabajar juntos en casa, en un intento de facilitar su aprendizaje, pero esto se convirtió en un arma de doble filo. Dedicaba al estudio la mayor parte de su tiempo libre y si, por un lado, se sentía bien cuando llegaba a clase con todo el trabajo hecho, por otra parte, era mucho a lo que debía renunciar para conseguir acabarlo. Alguna vez llegó a decirme "Mamá, necesito jugar". Y yo pensé que tenía mucha razón.

Un día, durante el segundo trimestre del curso, su profesora me llamó para contarme que el niño había leído por primera vez. Aquel avance, aparte de una gran alegría, nos dio esperanzas nuevas.

Sin embargo, en la recta final del curso, hubo varios contratiempos, algunos retrocesos, bloqueos, siempre debidos a problemas emocionales. Reapareció la enuresis y hubo también diarreas persistentes. La tutora me recomendó que Dimitri no se quedara a comer en la escuela, porque durante ese tiempo el niño estaba poco menos que a su suerte y no era eso lo que estaba necesitando. Tuve que dejar mi trabajo temporalmente para poder recogerle a mediodía y llevarle a comer a casa.

Poco después, inesperadamente, la psicoterapeuta que trataba a Dimitri puso fin al tratamiento. No entendí esa decisión: sentía que mi hijo necesitaría trabajar mucho tiempo más en el sentido en que lo estaba haciendo, que aún había mucho dolor en su vida. Se creó una situación compleja, pues había establecido un vínculo muy fuerte con su psicoterapeuta y se negaba a visitar a otros psicólogos. Opté por acudir yo a una psicoterapeuta distinta, que me fue orientando sobre el modo de afrontar los problemas ya existentes y otros nuevos que iban apareciendo.

Su tutora y yo trabajamos juntas y en el mismo sentido, y gracias a eso y al tremendo esfuerzo que el niño hizo, Dimitri acabó aceptablemente el curso. Pero no bastaba. En el informe de final de curso la profesora hizo constar la recomendación de que el niño recibiera apoyo escolar en 2º de Primaria. También era una forma de forzar que, de una vez por todas, el equipo orientador de la escuela evaluara a Dimitri. No sé si la tutora hubiera recomendado la repetición de curso de haber podido hacerlo, pero el caso es que esa opción no era viable, pues únicamente es posible repetir el último curso de cada ciclo.

Invertimos el verano en repasar lo aprendido durante el curso. Me llamaba la atención la rapidez con que mi hijo aprendía, y al mismo tiempo lo pronto que olvidaba lo aprendido. Observé que podía resolver operaciones aritméticas de cierta dificultad, pero era incapaz de ordenar números en serie. Podía saber que estábamos en el mes de julio, pero no tenía la menor idea de que después vendría el otoño. Podía reproducir de memoria y en cuestión de minutos muchos cuentos, pero tardaba días en leer uno solo de ellos. Podía aprender, pero muchas veces no tenía dónde "colocar" eso que estaba aprendiendo, o no sabía qué hacer con ello.

Disfrutaba trabajando conmigo, tenía muchas ganas de aprender y era feliz al darse cuenta de que podía hacerlo. "Ojalá no tuviera que ir a la escuela y pudieras explicarme siempre todo, porque contigo lo entiendo", decía. Busqué material educativo especial para seguir ayudándole en casa.

2º de Educación Primaria

La profesora que Dimitri había tenido en 1º de Primaria dejó el centro, de manera que los niños cambiaron de tutor en el siguiente curso del

Ciclo Inicial. Era un profesor con mucha experiencia y extraordinariamente sensible hacia sus alumnos, en particular hacia los que tenían algún tipo de dificultad. Hubo más novedades. Aunque la mayor parte de las asignaturas las impartía el propio tutor, otras las dieron profesores especialistas en Lengua Castellana, Música y Educación Física.

Además, por primera vez, mi hijo empezó a asistir a un grupo de refuerzo fuera del aula. Esto se hizo siguiendo la recomendación de la tutora de 1º, pero se hizo sin más, sin saber cuáles eran exactamente las necesidades educativas especiales del niño, sin investigar qué clase de dificultades presentaba para el aprendizaje.

En esa aula de refuerzo, un recurso en teoría útil, no se hacía nada distinto a lo que hacían los niños que permanecían en el aula ordinaria. Se usaban los mismos libros, se resolvían las mismas actividades: la única diferencia era que, en vez de 30 alumnos, había la tercera parte.

El principio de curso no fue fácil. A Dimitri le costó adaptarse a la nueva situación. Constantemente olvidaba sus libros y libretas en el aula, con lo cual pronto empezó a acumularse el trabajo pendiente. Para intentar solucionar este problema, compré otro juego completo de libros para tener en casa. Pero tampoco anotaba los deberes en la agenda escolar, o los apuntaba en cualquier página de la agenda: para él un martes de "octubre" bien podía ser un martes de "diciembre". Diariamente había que repasar la agenda página a página hasta descubrir dónde había apuntado los deberes. Esto, que podría parecer anecdótico, no lo es, porque Dimitri empleaba horas en resolver un trabajo diario que podía haber hecho en apenas 30 minutos, y eso conllevaba renunciar a otras cosas, y comportaba enfados y malestar entre nosotros.

Yo hablaba casi a diario con su tutor. Él conocía bien al niño y le trataba con mucho cariño. Pero no coincidíamos a la hora de analizar su situación, o no del todo. Él afirmaba que Dimitri no tenía ningún problema para aprender, que era un niño especialmente inteligente, que en muchos aspectos estaba a años luz de sus compañeros, que podría hacer en la vida lo que se propusiera. Decía que si el niño refería sentirse solo era porque los demás no comprendían su forma de pensar ni su especial humor. Intentaba tranquilizarme, me decía que no debía preocuparme por los resultados académicos de mi hijo. Y yo seguía su consejo cuando era él quien evaluaba su evolución, pero me desesperaba, por ejemplo, cuando el profesor de música afirmaba que Dimitri no distinguía las diferentes notas musicales: esto era sencillamente imposible, porque hacía tiempo que Dimitri tocaba el piano. O me indignaban la falta de sensibilidad del profesor de castellano y sus comentarios marginales escritos en rojo en los trabajos de mi hijo, con notas del tipo "Está muy bien. ¿Lo has hecho tú solo?". Sí, claro que lo había hecho él solo, a base de mucho esfuerzo.

Yo le decía al tutor que, mientras esos profesores u otros como ellos evaluaran a Dimitri perdiendo de vista tantas cosas esa teoría suya de que el niño podría llegar adonde quisiera carecía de fundamento.

Lamentablemente, el tiempo me dio la razón.

En el segundo trimestre, una mañana el tutor me dijo que debía elaborar una lista con los nombres de los niños candidatos a repetir curso, antes de que se ofertaran las plazas escolares para el año siguiente. Añadió que la última palabra respecto a la repetición de curso la teníamos los padres, y que por eso debía preguntarme mi opinión sobre la conveniencia de que mi hijo repitiera segundo. Estaba demasiado sorprendida, también enfadada, como para decidir en ese momento sobre algo que yo consideraba tan importante, así que le pedí 24 horas para reflexionar mi respuesta.

En realidad, tardé muy poco en tomar una decisión, lo que no evitó que pasara la noche en blanco. La situación me pareció delirante. Dos años después de que en esa misma escuela se me negara la posibilidad de que Dimitri repitiera el último curso de Infantil, con el fin de establecer las bases de las que carecía, se me proponía que repitiera 2º de Primaria porque, al parecer, esas bases seguían sin establecerse. Dos años después el equipo orientador aún no había encontrado tiempo para evaluar sus capacidades. Dos años después estábamos en un punto parecido al del inicio de su escolarización, pero con algunas diferencias: Dimitri ya no tenía 5 años, sino 7, repetir curso supondría separarle de quienes habían sido sus compañeros hasta entonces y, sobre todo, podía tener importantes repercusiones para su autoestima. Además, la experiencia con respecto al aula de refuerzo no me ofrecía ninguna garantía de que ese año añadido a la formación de mi hijo sirviera realmente para solucionar sus problemas.

En definitiva, me acababan de pedir que diera el visto bueno a una medida tan injusta como injustificable, como era que Dimitri repitiera curso sólo porque el sistema educativo era incapaz de dar respuesta a sus necesidades especiales, sólo porque esa era la única "solución" que un sistema tan anacrónico como inflexible podía dar a las características singulares de un alumno. En otras palabras, ese mismo sistema educativo que, sobre el papel, reconocía la diferencia, a la hora de la verdad no sabía qué hacer con ella.

Todo esto fue lo que transmití al tutor la mañana siguiente. Él no sólo respetó mi decisión, sino que la apoyó, comprometiéndose a defenderla ante sus compañeros. Y fue más allá, porque a partir de ese día, después del horario escolar, trabajó individualmente con Dimitri, sobre todo en lectoescritura.

Por mi parte, me dediqué a seguir ayudando a mi hijo durante lo que quedaba de curso y durante el verano.

También decidí que un equipo psicopedagógico externo al centro evaluara a Dimitri. Sabía que si ese estudio revelaba la existencia de algún trastorno, el informe de esos profesionales no sería vinculante para la escuela, porque debía ser refrendado por el equipo orientador. Pero a pesar de eso decidí llevarlo adelante, porque necesitaba saber si mi hijo padecía algún trastorno y, de ser así, cómo poder ayudarle.

Mientras esperaba un diagnóstico, pasé semanas leyendo todo lo que caía en mis manos relativo a dificultades de aprendizaje. En cada nuevo trastorno que descubría veía reflejado de algún modo a Dimitri. Reconocía en él, por ejemplo, algunas de las características de niños afectados por algún trastorno del espectro autista, o de niños con problemas de atención, o de niños con dislexia... Y sin embargo intuía que no padecía nada de todo eso. Recuerdo ese tiempo como una época de angustia, de incertidumbre, de confusión, de impotencia.

Por fin, llegó el esperado informe. Un psicólogo y varios logopedas habían pasado a Dimitri pruebas de todo tipo, tanto para medir sus capacidades como su nivel de aprendizaje. Su inteligencia era media alta. Siempre con referencia a niños de su edad, en algunos aspectos estaba por debajo de los parámetros establecidos, y en otros por encima. No era disléxico, pero sí tenía problemas de lateralidad cruzada y de motricidad ocular, esto último probablemente debido a la falta de estimulación en la primera infancia. Ese equipo de evaluadores consideró que los llamémosles "altibajos" que se reflejaban en los resultados de las pruebas evidenciaban que Dimitri estaba aprendiendo "a saltos", sin los cimientos necesarios. En algunas áreas de aprendizaje existía una diferencia de aproximadamente 2 años con respecto a lo considerado "normal".

Valoraron como un error no haber establecido esas bases necesarias al inicio de la escolarización, y desaconsejaron expresamente la repetición de curso en ese momento, porque eso por sí solo no solucionaría sus carencias de tanto tiempo y, en cambio, sí comportaría problemas emocionales: en otras palabras, esa medida llegaba demasiado tarde.

Creo que no sabría expresar lo que sentí en ese momento. Por una parte, ese estudio confirmaba lo que había intuido durante años; por otra, resultaba desalentador. ¿Cuánto tiempo necesitaría Dimitri para alcanzar los niveles propios de los niños de su edad? ¿Podría alcanzarlos? ¿Podría hacerlo dentro de un sistema educativo únicamente capaz de atender la realidad "normal", lo estándar?

Por primera vez se me pasó por la cabeza una idea que ha sido recurrente durante estos años, la de educar a mi hijo al margen del sistema, desafiando la legalidad. También pensé en cambiarle de centro, algo que deseché inmediatamente, convencida de que en cualquier otro colegio sólo encontraría más de lo mismo, si no algo peor. Finalmente, decidí que Dimitri continuara en la misma escuela, aunque con el apoyo externo de los profesionales de ese centro donde le habían evaluado: desde entonces y hasta hoy en día trabaja con ellos dos días a la semana. Informé en la escuela de los resultados de ese estudio y pedí por enésima vez a la Dirección una evaluación por parte del equipo orientador del centro. Y por encima de todo decidí que la felicidad de mi hijo era un derecho irrenunciable, prioritario para mí, algo que me proponía preservar, costara lo que costara.

3º de Educación Primaria

Dimitri tenía 8 años cuando llegó a 3º de Primaria. De nuevo, la suerte estuvo de nuestra parte –qué tremendo pensar en la suerte como aliada hablando de educación–. Por primera vez desde el inicio de su escolarización tendría a la misma tutora durante los dos años del ciclo, una profesora que había trabajado con alumnos con necesidades especiales.

Y siguió habiendo más suerte: un nuevo psicólogo sustituyó a quien hasta entonces estaba al frente del EAP y una nueva profesora de Educación Especial, con muchas ganas de trabajar, se incorporó a la escuela.

En contrapartida, los traspasos de información entre tutores de diferentes niveles o ciclos no se hicieron como debían hacerse, de manera que cuando el curso empezó y la tutora se incorporó al aula no tenía ningún dato sobre sus alumnos. Pronto detectó algún problema en Dimitri y me llamó para entrevistarnos por primera vez. Otra vez partíamos de cero.

La tutora me manifestó su confianza respecto a los cambios que podía haber en el EAP y en Educación Especial a raíz de las nuevas incorporaciones. En la primera reunión que ella tuvo con ese equipo orientador, les facilitó el nombre de ocho de sus alumnos que consideraba debían ser evaluados y/o tratados por sus necesidades educativas especiales. Uno de esos nombres era el de Dimitri. El psicólogo del EAP le hizo reducir a la mitad el número de alumnos que vería durante ese curso. Entre los cuatro nombres que le facilitó siguió estando el de Dimitri. Por fin, 4 años después de su llegada a la escuela, el equipo orientador iba a evaluarle. En realidad, hubo que esperar cinco, porque como el anterior equipo orientador no había hecho mucho, aparte de acumular expedientes de alumnos sobre la mesa, el nuevo psicólogo estaba desbordado de trabajo, y no pudo ver a Dimitri hasta el mes de junio, poco antes de que finalizara el curso. También se entrevistó conmigo entonces. En aquella reunión el psicólogo me avanzó que el EAP únicamente atendía casos graves y que el de mi hijo no lo era, más aún teniendo en cuenta que ya estaba recibiendo ayuda psicopedagógica externa a la escuela.

Durante el verano intenté recuperarme de aquel jarro de agua fría. Y al comienzo del siguiente curso, 4º de Primaria, acordé con la tutora volver a solicitar la intervención del EAP.

El psicólogo se entrevistó con las dos a la vez, y volvió a repetir lo que ya había dicho en junio, esto es, que Dimitri no tenía ningún trastorno grave y que podía superar sus dificultades porque ya estaba siendo tratado fuera de la escuela. Asimismo, me recomendó que yo tomara cierta distancia respecto a la educación de mi hijo y ocupara el tiempo que dedicaba a trabajar con él en casa a actividades más lúdicas. A esto último respondí que lo haría encantada, pero siempre que me garantizara que mi hijo iba a recibir en la escuela la ayuda que necesitaba.

Por su parte, la tutora le dijo que si no se atendían las necesidades especiales de Dimitri ese alumno sería un fracaso escolar en 6º de Primaria. El psicólogo no compartía esa perspectiva, de manera que se entabló una discusión entre ellos. Finalmente, la tutora preguntó directamente al psicólogo si no pensaba ver a Dimitri. Él no respondió a esa pregunta y ella abandonó el despacho.

Así las cosas, decidí cambiar mi discurso. Le dije al psicólogo que iba a retirar a mi hijo la ayuda externa que estaba recibiendo, ya que, al parecer, se estaban tratando problemas inexistentes. Él se llevó las manos a la cabeza y me dijo que no se me ocurriera hacer eso. "Pero, entonces, ¿tiene problemas o no los tiene?, ¿necesita ayuda o no la necesita?", continué. Le mostré mi desacuerdo respecto al hecho de que Dimitri fuera encasillado como un niño despistado o vago, que trabajaba poco en clase, y que con un poco de "ayudita" externa podría ponerse rápidamente al día. Le dije que, en mi opinión, mi hijo no podía seguir el ritmo de sus compañeros porque algún problema dificultaba o impedía su aprendizaje. Le expuse mis sospechas, le hablé de lo que yo conocía y también de lo que había observado. Le pedí que continuara evaluando a mi hijo. Y le dije que, si la tutora estaba en lo cierto y Dimitri era un fracaso escolar en 6º, la responsabilidad de ese fracaso recaería exclusivamente sobre quienes llevaban años negándole la ayuda necesaria, lo cual le incluía.

Después de aquella reunión tan tensa, el psicólogo del EAP vio varias veces más a Dimitri y le pasó más pruebas. La tutora me informó de que iba a ser atendido por el equipo de Educación Especial, dentro y fuera del aula ordinaria. Ese equipo, de acuerdo con la tutora, elaboró una adaptación curricular para Dimitri en todas las áreas de aprendizaje. Aunque el nivel de referencia para esa adaptación fue el correspondiente a 4º de Primaria, se varió la estructuración y organización de los contenidos, y se simplificaron los más abstractos. Por primera vez en 5 años se reconocían las características y necesidades educativas específicas de Dimitri. En ese momento pensé en la importancia de ese pequeño-gran logro, no sólo para mi hijo, sino para muchos otros niños que pudieran estar en parecidas circunstancias.

A pesar de la obligatoriedad de adaptar el currículo en todas las materias, la profesora de inglés decidió no hacerlo. La evolución de Dimitri fue favorable en todas las materias excepto en esa. Como se comprenderá enseguida, mi hijo detesta el inglés, así que esa se ha convertido en algo parecido a su asignatura pendiente.

No contenta con no hacer su trabajo, esa misma profesora humilló públicamente a Dimitri por los resultados obtenidos en esa materia –algo que, además, tuvo otras consecuencias–, y dio lugar a que el niño se hiciera pis en clase delante de sus compañeros, después de que reiteradamente ella le negara salir del aula para ir al lavabo, contraviniendo así las órdenes que la Dirección había dado en ese sentido.

La profesora se disculpó con el niño –sólo después de que yo presentara una queja en Dirección–, alegando que desconocía que padeciera enuresis, algo sencillamente imposible. Pero llevó más lejos su maltrato hacia Dimitri, porque a partir de entonces únicamente le autorizó a ir al lavabo si conseguía pedir permiso correctamente en inglés. De nuevo, sólo puedo preguntarme hasta dónde puede llegar la impunidad para determinadas actitudes docentes: esa profesora no sólo maltrató psicológicamente a un alumno, sino que, desde su situación de poder, transmitió a sus otros alumnos que hacer eso es legítimo, les transmitió que si un niño obtiene malas notas es porque es "tonto", en cuyo caso está justificado atacarle y reírse de él. Y el hecho es que debió de transmitirlo muy claramente, porque eso fue exactamente lo que hicieron algunos compañeros de Dimitri.

La tutora y la profesora de Educación Especial no descubrieron lo que estaba pasando hasta bastante tiempo después de que comenzara el acoso hacia Dimitri: como suele ocurrir en estos casos, él no contó nada a nadie hasta que no pudo aguantar más. Al parecer los motivos para el rechazo eran sobre todo de carácter académico: para esos niños Dimitri era "tonto" porque trabajaba en el Aula de Educación Especial, porque no se sabía de memoria las tablas de multiplicar, porque suspendía inglés, porque lo único que hacía bien era dibujar... Pero también hubo un componente xenófobo, pues varias veces le insultaron debido a su origen y le animaron a que se marchara a su país.

Supongo que sobra describir el sufrimiento por el que pasa un niño en esas circunstancias. La escuela intervino de forma inmediata y eficaz, pero Dimitri no pudo evitar verse a sí mismo como un desecho, se sintió tan distinto a los demás que llegó a creer que era un extraterrestre, empezó a oír voces que le indicaban lo que debía y no debía hacer.

Mi preocupación hacia él fue extrema. Busqué ayuda. Rechazó la psicoterapia. Le pedí que aceptara acudir a una primera visita antes de decidir nada. Y aceptó. En aquella primera visita no apartó su mirada de la ventana, pero la psicoterapeuta consiguió arrancarle la promesa de que volvería a verla otro día. Y después otro más. Y así hasta hoy, después de varios meses. De momento, está consiguiendo vencer su enuresis, y se siente inmensamente feliz.

En los próximos meses habrá que afrontar los nuevos –y los no tan nuevos– problemas escolares: Dimitri se incorporará al Ciclo Superior de Primaria y tendrá un nuevo tutor o una nueva tutora, lo que inevitablemente vuelve a dejar su evolución en manos del azar. Y dentro de 2 años tendrá que pasar al instituto. Previsiblemente, continuará necesitando refuerzo en esa nueva etapa educativa. A veces suelo preguntarme si habrá que invertir cinco o más años antes de conseguir eso que necesita. Porque lo cierto es que no sólo parece innecesario, sino sobre todo evitable».

Beatriz y Pablo

«En nuestro Gabinete trabajamos hace años con niños adoptados; provenientes, tanto de adopción nacional como internacional. Nuestro trabajo se encamina a corregir o minimizar posibles deficiencias a nivel de desarrollo, en parámetros dentro de los aspectos intelectual, conductual y/o cognitivo, como en las posibles repercusiones emocionales y sociales de estas dificultades.

El resultado de la terapia suele ser favorable en muchos casos y es indiscutiblemente positivo en todos ellos, aunque nos hemos encontrado con casos más difíciles, donde la recuperación ha sido muy complicada o incluso imposible; aunque éstos son la minoría.

Vamos a analizar dos casos muy diferentes, tanto en dificultades presentadas, como origen del menor, edad y pronóstico. El primero es un caso de evolución muy favorable. El segundo es un caso con pronóstico y evolución más complicada.

Beatriz
Nos llega a consulta una niña proveniente de Colombia con tres años y 10 meses. De su historia previa sabemos que quedó huérfana poco después de nacer y que es entregada a una casa de acogida, donde vive con una familia que tiene más hijos biológicos y adoptados, además de otros niños que esperan también ser adoptados. Nos cuentan sus padres que al ser ella la menor y única niña estaba muy protegida y mimada por todos y, según decía, era muy feliz allí.

Es adoptada por una familia que tiene un hijo biológico y otros adoptados, hace ya algún tiempo. Llega pues a una familia numerosa y ya estructurada. La primera dificultad para ella, según nos indican, es que "no encuentra su hueco" y no se relaciona bien.

Tras hacer una valoración psicopedagógica encontramos un Retraso Madurativo o Inmadurez de Desarrollo de aproximadamente un año. Esta inmadurez afecta a las áreas del lenguaje y cognitiva principalmente. Además de existir dificultades emocionales derivadas de la nueva situación familiar que está viviendo.

Al principio trabajamos fundamentalmente logopedia, ya que al tener bastante dificultad para hablar, le resultaba difícil expresar sus sentimientos y esto hacía que se aislara aún más dentro de su familia y a nivel de relaciones sociales.

Trabajamos paralelamente aspectos cognitivos e intelectuales. Nos encontramos en su caso con una falta de estimulación intelectual y un desfase cognitivo importante ya que existían problemas de deprivación cultural. No había sido nunca escolarizada y tampoco había sido estimulada cognitivamente.

En ambos aspectos avanzó rápidamente, de forma que, en cuestión de seis meses aproximadamente, el desarrollo de estas aptitudes era el adecuado a su edad. Costó más adaptarla emocionalmente a su familia y a su nuevo ambiente social, que le exigía un ritmo de vida y aprendizaje al que no estaba acostumbrada.

Trabajamos paralelamente con los padres y establecimos contacto con el colegio, ya que consideramos indispensable el estar de acuerdo en la actuación y forma de trabajar con ella.

En la revisión anual observamos, a través de pruebas específicas, cómo las dificultades en el lenguaje y el desarrollo madurativo se habían corregido prácticamente y como su incorporación y adaptación a la familia y el colegio habían mejorado. Fue importante el hecho de que por primera vez se incluyera a sí misma en el dibujo de la familia, ya que nunca lo había hecho con anterioridad, aludiendo que no cabía en el dibujo, que ya no tenía ganas de dibujar más o que ese día no estaba en casa.

Hace varios años que fue dada de alta, pero de vez en cuando acude a consulta para hacer revisiones o para recibir apoyo en cuestiones relacionadas con la elaboración de su adopción y relaciones familiares.

Actualmente está en la preadolescencia y se encuentra en un periodo de continuo cambio, por lo que el apoyo externo es indispensable para ella; sin duda, una niña-mujer muy sensible, emocional y especial. Cada día se encuentra mejor con ella misma y con los que la rodean y para nosotros es todo un orgullo el haberla conocido y una experiencia, sin duda, enriquecedora.

Pablo

Nos llega a consulta un niño, proveniente de Bulgaria, de dos años y medio aproximadamente. Ya en el informe de asignación comentan retraso madurativo, rasgos de hiperactividad y desnutrición. No se sabe mucho de su familia biológica y tampoco hay datos de su periodo de institucionalización; a excepción de que a los pocos meses de nacer pasó a vivir en un orfanato hasta su adopción.

La familia refleja, además, preocupación por problemas conductuales y de alimentación, ya que se niega a comer sólidos y es muy selectivo con la comida. Es hijo único.

Una vez realizada la exploración encontramos un importante desfase entre su edad real y la madurativa; presentando un gran retraso. Aparecen rasgos y conductas de tipo hiperactivo muy desadaptativas, compatibles en muchos casos con rasgos psicóticos.

En este sentido es un niño que tiende mucho a aislarse, al que le molesta, especialmente, la presencia de otros niños, llegando a presentar agresividad como respuesta algunas estereotipias.

Comenzamos una terapia de tipo cognitivo-conductual, con especial interés en el control conductual y comportamental. Al principio el resultado de la terapia es positivo y encontramos avances. Trabajamos entonces además a nivel relacional, habilidades sociales y relajación.

Tras dos años de terapia, observamos retrocesos en la medida en que su edad supone más exigencias a nivel escolar; puesto que inicia la educación primaria y debe socializarse mucho más. Ante las situaciones que le suponen estrés (colegio, familia, relación con otros niños, etc.), observamos que se han agudizado sus rasgos psicóticos y que cada vez se aísla más. Actualmente parece haber creado un "mundo paralelo e imaginario" del que cuesta mucho sacarlo y al que acude cada vez que se siente exigido en cualquier aspecto.

Las estereotipias han aumentado, han aparecido autolesiones y cada vez existen más obsesiones y conductas de tipo compulsivo. Los periodos de desconexión en terapia y en el colegio casi superan a los periodos de conciencia y de trabajo; y lo más importante es que ante los esfuerzos de todos por "sacarlo" de este estado, aparecen episodios de violencia y autoagresiones.

Su familia evidentemente se encuentra en un estado importante de desesperación y ante una situación en la que se hace necesaria la colaboración psiquiátrica a nivel farmacológico, no encuentran apoyos suficientes. Actualmente, sólo está medicado para la hiperactividad y la falta de atención, sin que se esté dando solución al componente psicótico que encontramos: alucinaciones, autoagresión, etc...

Ante este panorama se establece como prioritario el trabajo de relajación y evitamos ante todo los episodios de aislamiento, intentando mantenerle en contacto con el mundo el mayor tiempo posible. Establecemos un continúo contacto ocular, hacemos referencia a sus principales temas de interés, y hacemos constantemente preguntas para interesarlo por la interrelación.

En el estado actual de la terapia, hemos tenido que retroceder y desestimar ambiciones intelectuales, cognitivas o pedagógicas; centrándonos en lo personal y social en su reeducación.

Estos no son, afortunadamente, todos los casos. Hay niños sin problemas tan graves. Los más comunes son problemas conductuales y TDAH. Y nos consta que existen niños de estas zonas sin dificultades mayores a la propia adaptación.

El trabajo con niños adoptados es, en general, muy estimulante. En la mayoría de los casos el pronóstico es favorable y la evolución más o menos rápida, en comparación con las mismas dificultades presentadas en casos en los que no se deben a secuelas o a cuestiones derivadas de la adopción».

Laura Silva Vargas.
Psicóloga Infantil y futura madre adoptiva.

Paula

Paula nació en la R.D. Congo. Su lengua de origen era el lingala, y tenía cinco años para seis cuando la adoptamos. El periodo de adaptación fue durísimo, con muchísimas rabietas y constante oposición a los roles paternos. Además, rehuía cualquier contacto físico.

Llegó en marzo y estuvimos hasta septiembre sin escolarizar, sin trabajar nada académicamente, solo trabajando la vinculación, con cariño, pero a la vez con mucha firmeza.

Ella había aprendido, a pesar de su corta edad, a vivir por su cuenta, a tomar sus decisiones y de repente otras personas las tomaban por ella. Tuvo que hacer duelo por personas que había perdido, yo creo que en el fondo estaba totalmente aterrada. Todo el mundo que había conocido se desmoronó, entró en una familia ya formada con unos padres y tres hermanos, y ella nunca había formado parte de una familia estructurada. Desconocía totalmente los roles de cada uno, no entendía las relaciones de padres-hijos de la forma que se vivían en nuestra casa, no conocía los códigos, no sabía como utilizarlos, no entendía la dinámica, no sabía cual era su papel.

En septiembre cuando empezó el colegio la cosa había mejorado mucho, empezaba a comprender lo que era una familia, que siempre sería parte de ella, etc. En los seis meses que había estado en casa no habíamos trabajado nada de tipo académico con ella de manera específica, pero ella se fijaba mucho cuando sus hermanos hacían los deberes, estudiaban, etc., pero como simple observadora.

Al principio le costó un poco coger el ritmo del colegio, por lo que le pusieron refuerzo los primeros meses. A mediados de curso se lo quitaron y acabó el curso la primera de su clase, trabajando con material de primero de primaria porque el de P5 se le había quedado corto.

Este curso ha empezado primero de primaria pero ya hemos acordado con la escuela que la pasarán a segundo, porque lo ven tanto ellos como nosotros, que se aburre en primero. Sólo falta el consentimiento del EAP.

Lo que destaca en ella son sus grandes ansias de aprender. Y no porque nadie la presione en este sentido, sino porque le nace a ella: le encanta sentarse y observar cuando sus hermanos mayores hacen los deberes, te pide que le pongas trabajos para hacer, se queda despierta, por la noche leyendo, le gusta aprender, tiene curiosidad por saber.

Pero tampoco es la típica niña «ratón de biblioteca». Le gusta mucho jugar, el ejercicio físico. Este año se ha apuntado al equipo de fútbol del pueblo (es la única niña de su equipo). En esto tienen mucho que ver los partidos de fútbol que juega con sus hermanos mayores.

Viendo lo bien que se ha adaptado a la escuela y cómo ha progresado tanto en tan poco tiempo nos planteamos algunas reflexiones, como si los seis meses que estuvimos trabajando el vínculo con la familia ha tenido algo que ver. A veces nos empeñamos en escolarizar enseguida a los niños, sobre todo si vienen más «mayores», para que no pierdan más tiempo. Quizás perder unos meses trabajando la vinculación con la familia, sin preocuparnos de letras o números, es la mejor forma de ayudarlos. Es complicado el tema y, como en todo, no se puede ser dogmático.

En concreto, nuestra familia rompe todas las estadísticas. Nuestra hija biológica nació con una lesión cerebral, por una infección vírica que contraje accidentalmente durante mi primer mes de embarazo. Nuestro hijo mayor, que fue adoptado con 12 meses, tiene problemas de aprendizaje bastante importantes. Nuestro tercer hijo, que fue adoptado con cuatro-cinco años, tiene problemas de aprendizaje leves. Nuestra cuarta hija, que fue adoptada con cinco años, no tiene ningún problema de aprendizaje, sino todo lo contrario, ya que está más adelantada que la mayoría de sus compañeros de clase. Por eso, no creo que se deba asociar necesariamente las adopciones de niños mayores con problemas de aprendizaje.

Capítulo 5

La Familia Monoparental

La adopción: una nueva ruta hacia la monoparentalidad

La monoparentalidad como realidad terminológica y social es un fenómeno reciente, como lo demuestra el hecho de que el término tenga apenas 20 años. Hace referencia a aquella estructura familiar que cuenta con un solo progenitor y su progenie. Naciones Unidas (1994) la define como «Variación de la familia nuclear de un solo adulto, compuesta de padre o madre y uno o varios hijos».

En la sociedad actual, la familia nuclear tradicional ha ido evolucionando a formas más variadas de constituir los lazos familiares, debido a cambios económicos, políticos y sociales. Así, por ejemplo los divorcios y las separaciones han dado lugar a gran cantidad de familias monoparentales. Por otra parte, la maternidad en solitario, antes estigmatizada, es hoy día una realidad socialmente aceptada.

Una prueba de esto lo tenemos con la reforma, en Junio de 2005, del artículo del Registro Civil que obligaba a las personas que ejercían la maternidad/paternidad en solitario a inscribir en el Registro Civil a sus hijos/as con el nombre ficticio de un supuesto padre o madre «a efectos de identificación».

Para evitar daños morales y sociales, y en virtud del «recato», el régimen franquista, allá por 1958, decidió incluir el artículo 191 del Reglamento de la Ley del Registro Civil, por el cual «el encargado consignará en la inscripción de nacimiento o en otra marginal, en lugar de los nombres del padre o de la madre, otros de uso corriente a efectos de identificación». Todavía en 1966, una resolución de la Dirección General de Registros y el Notariado justificaba esta forma de actuar en «una finalidad humanitaria que vela con una apariencia, sin daño para nadie, la situación del que carece de padres conocidos».

Hubo que esperar a 1993 para que se introdujera una pequeña modificación, un segundo párrafo al articulado, que permitía a los interesados cambiar el nombre del padre o madre ficticio cuando cumpliera la mayoría de edad. Pero eso no era suficiente para una sociedad donde emergían las familias monoparentales. Las familias, también monoparentales, empezaban a adoptar pequeños en el extranjero y ya no estaba mal visto que una persona desconociera la identidad de uno de sus padres.

Esta medida, claramente insuficiente, fue rechazada por los afectados que empezaron a enviar sus reclamaciones al Defensor del Pueblo, con el fin de que no fuera obligatorio inscribir un nombre al azar para un padre o madre desconocido. Éste se pronunció en 2000 y recomendó al Ministerio de Justicia modificar el artículo 191. Aunque se aceptó, hasta 2005 no se efectuó una reforma que reclamaban, entre otras, las asociaciones de adoptantes y las madres que concebían a sus hijos a través de técnicas de reproducción asistida, otro colectivo interesado en el cambio del artículo, ya que se trataba de una incongruencia jurídica del pasado.

Esta incongruencia hacía que la propia Administración obligara a mentir de manera oficial, lo cual no dejaba de ser chocante, y que, además, lo hiciera en pleno siglo XXI, supuestamente, en aras de evitar la «vergüenza» de no tener un padre o una madre, cuando la monoparentalidad era un hecho regulado por la ley y aceptado por la sociedad. Como siempre, la maquinaria legal va detrás de la realidad social.

Tradicionalmente han existido tres rutas posibles hacia la monoparentalidad: la maternidad solitaria o extra-conyugal, la viudedad y la separación o divorcio. En los últimos años ha surgido una nueva ruta, la de aquellas personas que deciden ejercer la maternidad/parternidad en solitario, como una opción, a través de la adopción.

Especialmente novedoso es el caso de los monoparentales masculinos, muchos de los cuales se quejan de que, generalmente, los tomen por homosexuales, no porque tengan nada en contra de este colectivo, sino por el hecho de que la sociedad todavía no contemple con normalidad el que un hombre desee ejercer la paternidad en solitario. En las entrevistas para la obtención de la idoneidad suelen sufrir un escrutinio mayor, teniendo que enfrentar muchas más preguntas sobre su intimidad sexual, amistades, motivación, estatus socioeconómico, red de apoyo social y familiar, etc. Por otra parte, hay menos países que aceptan la posibilidad de adopción por parte de hombres que de mujeres monoparentales.

En Andalucía, en 2004, del total de familias solicitantes de adopción internacional, el 14% correspondía a monoparentales, de las cuales, el 71% tenía estudios universitarios. Los datos, a nivel nacional, son muy similares.

En estos últimos datos se encuentra una parte del origen de esta nueva ruta. Muchas personas, especialmente mujeres, renunciaron en su día a la formación de una familia, principalmente por cuestiones profesionales, dado lo difícil que resulta conciliar la vida familiar y laboral para una mujer, y una vez conseguidos muchos de sus objetivos en este terreno, desean formar una familia. Suelen tener entre 35 y 45 años, un estatus económico desahogado, así como estabilidad laboral y social.

La monoparentalidad tiene algunas desventajas, como la imposibilidad de relevarse entre los dos miembros de la pareja, dificultades en acomodar el horario laboral con el horario del menor, lo cual puede implicar la necesidad de recurrir a cuidadores, con el desembolso económico que ello supone, tener que enfrentarse solo/a a decisiones y ocasiones difíciles, incertidumbre en cuanto a la desaparición del padre/madre y el futuro del menor, etc.

En ocasiones, las personas que adoptan en solitario, tienen sentimientos de culpabilidad por echar de menos momentos de independencia y solaz de su vida anterior, porque a diferencia de las parejas, esos tiempos necesitan ser programados con antelación y requieren, quizás, de recursos económicos para contratar una canguro o tienen que recurrir a la familia y a los amigos, que, en muchos casos, les habían avisado previamente de que se iban a complicar la vida innecesariamente.

Sin embargo, la mayoría normalmente expresa que no cambiaría para nada las alegrías y las vivencias que les proporciona la maternidad/paternidad, aunque, a veces, necesiten un tiempo personal, sin tener que estar pendiente de las rutinas de la vida diaria que también implica la crianza de un menor. Esta necesidad, por otra parte, es sentida, igualmente, por muchas mujeres de familias biparentales, ya que suelen ser ellas las que asuman la mayoría de las tareas relacionadas con la crianza y educación de los hijos/as.

La monoparentalidad tiene también algunas ventajas, como la inexistencia de conflictos entre padre-madre en relación a la crianza de los hijos/a, ausencia de riesgo de ruptura de la pareja, con una consecuente separación traumática para el menor, así como menos factores de riesgo en conflictos de integración familiar, al ser una interacción directa madre/padre- hijo/a. En realidad, las familias monoparentales pueden ser tan funcionales como cualquier otra.

Reacciones y actitudes del entorno

Cuando una pareja decide adoptar y se lo comunica a su familia y a sus amigos, generalmente recibe su felicitación. Sin embargo, cuando la decisión la toma una mujer o un hombre en solitario, no siempre reciben esas felicitaciones. Más bien tienen que enfrentar reacciones y actitudes contrarias.

La familia y los amigos suelen ser los primeros detractores. No comprenden la razón por la cual alguien, que es independiente y que tiene su vida establecida, pierda su libertad y se complique la vida, asumiendo la responsabilidad de criar un niño o una niña en solitario.

Algunos detractores los acusaran de egoísmo por tomar una decisión que le impedirá a un niño/a adoptado disfrutar de un padre o una madre. A pesar de su mayor aceptación, en muchas personas todavía prevalece el criterio de que los niños necesitan un padre y una madre para alcanzar un crecimiento y un desarrollo saludables. Otros, citarán, erróneamente, estadísticas que relacionan la maternidad en solitario con una variada gama de problemas sociales en los hijos.

Finalmente, ellos mismos tendrán que enfrentar sus propios pensamientos y sentimientos previos sobre la adopción, la maternidad/paternidad, la ausencia de pareja, etc.

La razón que hay detrás de la decisión de muchas de las personas que adoptan en solitario es sencilla. El deseo de criar hijos y compartir la vida en familia es una necesidad universal fuertemente sentida por un gran número de personas en algún momento de su vida, necesidad que no es sentida en exclusiva por personas casadas o que vivan en pareja.

Además, aún reconociendo los beneficios de la biparentalidad, hay personas que no temen ejercer la monoparentalidad, porque desean compartir lo que son y lo que tienen con menores que viven en instituciones donde no reciben los cuidados y los afectos que todo niño o niña se merece y sienten que pueden ofrecerles esos cuidados y esos afectos, independientemente de que tengan pareja o no.

En la mayoría de los casos, una vez superado el shock inicial, tanto la familia como los amigos, se vuelcan en el proyecto adoptivo, convirtiéndose en una galaxia de tíos, abuelos, etc., que ya no conciben la vida sin ese pequeñajo/a que se coló en sus corazones sin apenas darse cuenta.

La figura ausente: cómo manejar la pregunta sobre el padre/madre

Aunque no serán las únicas personas en preguntarnos sobre el tema, nuestras hijas e hijos son las únicas personas a las que debemos una explicación sobre el papá o la mamá ausentes.

Una parte importante de cómo se sientan ellos va a depender de cómo nos sintamos nosotros en relación a este tema. Si la persona, por ejemplo, no ha resuelto los sentimientos que le puede provocar el hecho de que no haya podido tener un hijo biológico o una familia biparental, le resultará difícil hablar de la figura ausente. No podrá escuchar y empatizar con los sentimientos que provoque en su hijo/a la falta del padre o de la madre, porque se reestimularán su dolor y frustración y no podrá transmitir a su hijo/a un sentimiento positivo.

Así, en el caso de que la persona haya llegado a la adopción en solitario porque sus expectativas de formar una familia biparental con hijos biológicos no se hayan cumplido, es muy importante que primero elabore el duelo por esa pérdida, para que se pueda producir el advenimiento del hijo/a adoptado y la monoparentalidad como forma de vida familiar, sin que suponga un riesgo para ambos.

La pregunta sobre la figura ausente va a llegar, porque, al fin y al cabo nosotros elegimos la monoparentalidad como forma de crear nuestra familia, pero ellos no eligieron el no tener padre o madre. La mejor respuesta es aquella que es honesta y que se da desde una perspectiva positiva.

Cuando son pequeños/as y preguntan por qué no tienen padre/madre, no significa que deseen o necesiten una explicación profunda sobre el nacimiento, la adopción, el matrimonio, etc. sólo necesitan una explicación sencilla: «Bueno, como yo no estoy casada/o, no tenemos un padre/madre en casa». Puede que, entonces, pregunte por qué no tenemos marido/esposa, en cuyo caso una respuesta sencilla también es suficiente: «por que no encontré la persona adecuada para casarme».

Otra fórmula es poniendo énfasis en lo positivo, acentuando lo que sí tenemos en vez de aquello que falta o no tenemos. No hay un padre, pero hay tíos, abuelos, amigos, etc. que los quieren, se divierten con ellos, o tías, abuelas, amigas, etc. en el caso de familias monoparentales masculinas. Todas estas figuras no sustituyen al padre o a la madre ausentes, pero sí pueden cubrir la necesidad de personas con roles masculinos o femeninos en sus vidas.

También es importante que sepan que existe una gran diversidad de combinaciones familiares y que su situación no es extraña. Hay familias que tienen un padre y una madre, otras sólo tienen un padre y otras sólo tienen una madre, otras tienen un padre que vive en otra casa y una madre que vive con ellos, etc. En unas familias, los niños nacen de las barrigas de sus mamás y en otras, nacen un poco más arriba, en el corazón, a través de la adopción.

Lo más importante es que comprendan que su familia es perfecta, tal como es. Si la persona adulta siente que es una pena que no tengan padre o madre, lo más probable es que el menor lo perciba, y sienta que no es bueno no tener padre o madre.

Como familias monoparentales, la figura ausente es el resultado de la decisión del padre o de la madre, no de los hijos/as y esto, por tanto, debe enfatizarse, enfocando el tema hacia los adultos y no hacia los menores, que no son responsables de la situación.

Aunque la madre o el padre adoptivo no existan es importante que les hagamos ver que sí tienen o han tenido una madre o un padre biológicos, porque pueden haber asumido tanto la ausencia de la figura materna o paterna, que cuando son pequeños, piensen que tampoco los han tenido. Fue lo que descubrió una sorprendida madre cuando comprobó que su hija de 4 años tenía tan asumida la ausencia de la figura paterna que pensaba que tampoco había tenido padre biológico y que había nacido de una forma diferente a los demás niños.

Retos y logros de la monoparentalidad adoptiva

En muchos países no está permitida la adopción a las personas que desean hacerlo en solitario. En otros países, las familias monoparentales son percibidas como último recurso para la adopción de aquellos menores de más difícil ubicación. Así, se les asignan los niños o niñas mayores, o discapacitados, o que han pasado largos períodos institucionalizados, cuyas necesidades físicas, emocionales y sociales a menudo sobrepasan a las de la mayoría de los menores. No deja de resultar paradójico que los niños y niñas que requieren mayores cuidados se les asignen, precisamente, a quienes se les considera como peor preparados para ejercer la parentalidad.

En el caso de China, después de un período inicial, donde el porcentaje de familias monoparentales podía estar en torno al 25-30%, en diciembre de 2001 estableció una cuota del 8% para las familias monoparentales y, finalmente, a partir de mayo de 2007, China ha quedado cerrada para las familias monoparentales.

En su decisión, la premisa de la que parten es que el bienestar emocional de los niños/as está más preservado cuando son criados por un padre y una madre conjuntamente. En este sentido, se considera un factor de riesgo la monoparentalidad.

La cuestión será saber si estos criterios están basados en estudios de la realidad actual de familias monoparentales que se han constituido voluntariamente, a partir de la adopción, o procede de criterios referentes a familias monoparentales de sectores socioeconómicos deprimidos, cuyos miembros proceden la mayoría de las veces de hogares desestructurados, y que han llegado a la monoparentalidad forzadas por un embarazo no planificado ni deseado, o por una ruptura matrimonial traumática, que las ha dejado emocional y económicamente en una situación muy comprometida.

La opinión de que la monoparentalidad es un factor de riesgo procede, principalmente, de los estudios realizados sobre estos colectivos, pero lo que hay que analizar es si la monoparentalidad adoptiva representa igualmente un factor de riesgo para el desarrollo de los niños o niñas adoptados.

En Estados Unidos se han realizado varios estudios en este sentido y ninguno confirma esa tesis. En uno de esos estudios, se volvió a contactar, pasados unos años, con familias monoparentales que habían participado en un estudio previo, y los hijos/as de estas familias seguían con niveles de ajuste similares a los niños/as criados en familias biparentales.

En otro estudio que se llevó a cabo con familias que habían adoptado niños/as con necesidades especiales, se comprobó que los que habían sido adoptados por familias monoparentales presentaban menos problemas. En el mismo estudio se señalaba también que las familias monoparentales consideraban que la adopción había tenido un impacto muy positivo en sus vidas con más frecuencia que las familias biparentales.

En el año 2002, un estudio de la Universidad del Sur de Florida, comparó el nivel de ajuste de niñas chinas adoptadas por familias mono y biparentales. Los participantes se reclutaron a través de dos conocidas asociaciones de familias adoptantes en China, «Families with Children from China» y «Raising China Children».

El estudio abarcó a 582 familias. Las 697 niñas adoptadas procedían de 165 orfanatos en 27 provincias chinas, prácticamente todos los orfanatos abiertos a la adopción internacional

De las 582 familias, 167 (28,7%) eran monoparentales (todas mujeres) y 415 (71,4%) eran biparentales. De las primeras, el 75,4% no se había casado nunca, el 21,6% eran divorciadas y el 3% estaban separadas. Estos dos últimos grupos no se incluyeron en el análisis, resultando finalmente 126 familias monoparentales. El número total de niñas en familias monoparentales era de 144 y el número era de 509 en familias biparentales, agrupándolas en dos niveles: nivel preescolar y nivel escolar.

Se estudiaron dos grandes áreas para determinar el nivel de ajuste emocional de las niñas chinas adoptadas. Un área hacía referencia a problemas de conducta interiorizados, que normalmente se expresan hacia uno mismo, como nerviosismo, diarrea, falta de afecto, tristeza, náuseas, etc. El otro área hacía referencia a problemas de conducta exteriorizados, que normalmente se expresan hacia los demás, como conductas agresivas, peleas, amenazas, problemas de atención, etc.

En primer lugar, aunque la proporción de niñas con retrasos en el desarrollo físico era significativamente más alta en el grupo preescolar de las familias monoparentales que en el de las biparentales, el estudio no encontró ninguna evidencia de que el ajuste de las niñas adoptadas por familias monoparentales fuera diferente de aquellas que habían sido adoptadas por familias biparentales.

En segundo lugar, tanto en las familias mono como biparentales, el grupo en edad preescolar puntuó de manera significativamente baja, en relación al grupo de menores nacidos en el país, con lo cual el nivel de ajuste era superior en las familias adoptivas, ya fueran mono o biparentales, que en las biológicas En el grupo de 6 a 11 años, tanto las niñas de familias monoparentales como biparentales también obtuvieron puntuaciones por debajo de la media en la escala de problemas exteriorizados, mientras que no se observó diferencia en la escala que mide los problemas interiorizados, en relación con la población americana de nacimiento.

Este estudio mostró también que, como grupo, las mujeres que optaban por la maternidad en solitario eran mayoritariamente de mediana edad, con niveles altos de educación, empleos a pleno tiempo, y nivel de ingresos medio-alto.

Estos factores, unidos al hecho de que eran personas muy comprometidas con su maternidad, con capacidad para manejar crisis, con independencia, con habilidad para desarrollar y usar redes de apoyo, etc. pueden haber servido como factores de protección a la hora de educar a sus hijas en solitario.

Estos resultados, pues, contradicen la política actual de muchos países de prohibir la adopción a familias monoparentales, basándose en la creencia que es perjudicial para el desarrollo integral de los menores.

Estos estudios no han encontrado ninguna evidencia de que la monoparentalidad suponga una amenaza para el futuro ajuste emocional de las niños/niñas adoptados. Por lo que basar las cualificaciones de los solicitantes de adopción en su estatus marital elimina a personas que potencialmente podrían proporcionar un ambiente familiar adecuado a muchos menores institucionalizados.

Lo que todo menor necesita es un entorno equilibrado emocionalmente, con estabilidad económica y donde se les quiera de manera incondicional. Los estudios realizados demuestran que muchas personas se lo pueden ofrecer, independientemente de que vivan solas o en pareja.

Relatos en Primera Persona

Mi agradecimiento a Juan Carlos, por compartir con nosotros las vicisitudes de un monoparental masculino hasta llegar a ver cumplido su sueño de paternidad, a Cristina por su sincera reflexión, con la perspectiva que da el tiempo, sobre la maternidad en solitario y a Steffi, por hacernos partícipes de una manera tan tierna y real de sus sentimientos recién estrenados de madre.

Anderson

«Inicié esta aventura el 28 de octubre de 2002, pensando siempre en mi necesidad de crear una familia sin tener que estar casado ni tener pareja, con la exacerbación de la idea romántica de la adopción, creo que propia de todo el que empieza.

Mi familia en un principio se mostró reacia. Todos me decían que cómo iba a cuidar yo solo a un niño, que vaya responsabilidad. Una cosa que desde el principio tuve clara era que yo necesitaba a mi familia para que esto saliera bien, porque cuando el niño estuviera aquí necesitaría su ayuda presencial. Este obstáculo lo superé sin mucho esfuerzo porque ya contaba con él.

Un obstáculo que sí me costó bastante vadear fue la falta de información por parte de la administración y de las ECAIs. Algunas ni me ofrecieron una cita informativa al saber que era soltero y varón. Otras me dieron una información incompleta (hasta mucho tiempo después no me enteré que en China, entonces, podíamos adoptar los varones, siendo menores de 41 años), y en otras me lo pusieron como para tirar la toalla, que primero elegían los matrimonios, luego las solteras y después veníamos los solteros.

Menos mal que mi ilusión pudo más que toda esa gente manipuladora de información. Después me he dado cuenta de que todos saben más de lo que cuentan pero aún no sé por qué no te dan la información, creo que no tienen fe en que salga adelante y que cuantos menos solteros adoptemos más fácil es el trabajo para ellos.

Con toda mi ilusión intacta llegué a las entrevistas del TIPAI (del 6 al 26 de mayo de 2003). Ahí sí me encontré con un obstáculo difícil de salvar. El psicólogo fue profesional y no me expuso para nada su opinión sobre el tema de monoparentales; ha sido el mismo que me ha hecho el seguimiento y sigue en su línea, actitud que agradezco.

La asistente social sí se encargó de hacerme ver que no estaba para nada de acuerdo (ella es madre soltera) con que los hombres solteros adoptáramos y que lo hacía porque era su trabajo. Me llegó a decir que mi caso la hacía ir en contra de sus principios morales y que nunca más volvería a aceptar un caso de monoparental masculino. Fue la primera vez que lloré de impotencia durante el proceso ¡qué injusta me pareció! En ese momento fui realmente consciente de que me iba a encontrar mucha gente reacia a mi intención de adoptar solo.

Cuando por fin obtuve mi Certificado de Idoneidad (3 de febrero de 2004) fue una nueva inyección de energía. Me sentía alegre por saber que se me consideraba IDÓNEO, aunque yo desde el primer momento me sentía idóneo para ser padre, ¡qué sensación más contradictoria! Esos meses de trámites fueron meses de mucha alegría e ilusión, conociendo a gente que estaba adoptando, viviendo con ellos las asignaciones, preparación del viaje, sus llegadas, reacciones de los demás y las mías propias

Por fin elegí país, BRASIL. Fue una sensación de estar firmando una sentencia sin saber cómo iba a salir, nadie me daba esperanzas, pero yo, por fin, le empezaba a ver los rasgos a mi hijo. Me lo imaginaba "morenito" y de unos 4 añitos, ufff, vaya adelantón, no?

El día que fui a firmar con la ECAI (16 de marzo de 2004) fue un día muy feliz para mí, me sentía pletórico, con la sensación de estar muy cerca de mi final (ni me imaginaba el tiempo de espera que me quedaba), lo recuerdo como un día luminoso. La ECAI está en Barcelona y desde entonces recuerdo esta ciudad como un lugar especial y mágico.

En este momento sentí que mi aventura pasaba página, estaba CONTENTÍSIMO. Me explicaron cómo sería mi viaje, alojamiento, fechas probables... por fin mi expediente dejaba de estar en manos de la administración y pasaba a estar en manos de personas que trabajaban para y por mí. En éstos días hice una de las cosas que recuerdo con más cariño de todo el proceso: un álbum de fotos para que mi hijo nos conociera.

A partir de aquí comienza una época larga y desesperanzadora, con momentos en los que no sabes si cambiar de país, si tirar la toalla, en la que empiezas a ver inconvenientes. Durante estos dos años y medio solo recuerdo la ESPERA y algunas llamadas por teléfono a la ECAI, a veces cada 6 meses, a veces cada menos... a veces cada más. Unas veces era capaz de contactar con alguien que no fuera una secretaria, otras veces me devolvía la llamada la abogada, pero pasados 3-4 días, se mostraban educadas pero muy escuetas en su información. Todo esto me dejaba un mal sabor de boca, con la sensación de que me ocultaban información, con la desconfianza que eso genera, hasta el punto de plantearme un cambio de ECAI y de país.

En ese período, por las noches antes de dormirme siempre dedicaba un ratito a pensar en mi hijo, en cómo sería y cómo sería mi vida con él, fantaseando con mi vida como padre; a veces creo que esos pensamientos eran los que me mantuvieron en pie, porque, la verdad es que me desanimé en bastantes ocasiones y veía como las personas de mi alrededor iba perdiendo la esperanza en que aquello saliera adelante, aunque nunca me lo dijeron.

A principios de octubre de 2006, me llamaron de la ECAI para preguntarme si yo podría estar en Brasil a finales de mes, que se ha cruzado mi expediente con el de un niño de 4 años y que todo va sobre ruedas, pero que no quieren darme mas detalles. No me lo puedo creer, mi vida se paralizó por un momento. ¿Después de 4 años esperando me tengo que preparar para recibir a mi hijo en un mes? Evidentemente contesté que SÍ. Estaba contentísimo y por fin cuento a todo el mundo lo que pasa, porque había mucha gente que no lo sabía aún.

Hasta mediados de diciembre no vuelvo a tener más noticias. Esta espera sí que fue agotadora, nada que ver con la de los 4 años anteriores. Nadie sabe qué ocurre, sólo que el proceso se ha parado en una fase que no conocen y que no saben qué significa ese parón. La abogada de la ECAI está desilusionada y me pide disculpas por haberme ilusionado a mí. Es probable que empiecen el caso desde el principio. Es el día más triste de todo el proceso, no soy capaz de tragarme el nudo que tengo en la garganta y no encuentro consuelo, además no quiero que me consuelen… Realmente tengo ganas de abandonar…

A los tres días me llaman de nuevo, todo está arreglado, ya hay asignación, ya hay fotos, pero que el niño tiene un problema de salud (me lo cuenta y no le doy importancia), me vuelve la alegría, pero con cautela, ya sé que se puede estropear en cualquier momento. A partir de este momento todo es correr, llamadas de teléfono, agencia de viajes. Después de tanta espera no tengo tiempo para saborear el momento, aunque la alegría me inunda.

El momento en que veo la foto y me dicen el nombre es para mí un momento de shock. Siempre imaginé que en este momento iba a saltar de alegría, que lloraría de felicidad, pero en realidad no fue así, me quedé paralizado, todo se materializó y el niño de mi imaginación desapareció, así que tuve que hacerle un hueco en mi cabeza a este nuevo niño. Imagino que como nos pasa a todos, intento buscar en la foto toda la información posible sobre su estado, lo cual solo hace aumentar mi ansiedad porque empiezo a ver cosas que no hay, pero no me canso de mirar la foto.

¡Qué nervioso y qué feliz estaba! Ya tenía los billetes para el 2 de enero de 2007. En esos días tuve que gestionar gran cantidad de cosas, pero una de las que más fácil me resultó fue solucionar mis turnos de trabajo. Todos mis compañeros se involucraron para que me pudiera ir sin necesidad de consumir días de vacaciones o baja "paternal". Me hicieron todos mis días de trabajo, aunque eso supusiera doblar turnos o renunciar a sus descansos. Además, después no han querido que les devuelva esos turnos, era mi regalo por ser papá.

El viaje a Sao Paulo fue una mezcla de nerviosismo, expectación, consciencia de la pérdida de mi identidad como hijo-hermano-amigo soltero que vive solo, mezcla de querer llegar rápido pero a la vez miedo de llegar sin saber qué me iba a encontrar allí. En esos momentos me ayudó muchísimo la compañía de mi madre, no solo por ser una "cuidadora experimentada", sino por ser la persona que mejor conoce mis sentimientos sin necesidad de hablar.

Una vez allí todo son sensaciones. A las de estar en un país distinto se le suman las de saber que mañana vas a conocer a tu hijo. Me sentía extraño, yo que soy un viajero consumado no tenía el más mínimo interés por conocer la zona, mi única ilusión era que llegara mañana y recorrer los 600 últimos kms que me separaban de Anderson. La ilusión revitaliza, no tenía hambre ni sueño ni cansancio.

Una vez que llegamos al pueblo donde estaba Anderson, nos encontramos con un inconveniente, el juez (muy joven y muy inexperto) nos pide un documento que no llevamos, que está en Sao Paulo y que a pesar de recibir por fax, no le sirve, porque quiere el original. Esto retrasa el encuentro con Anderson unos días.

¡Qué situación más espantosa! Cansado, sin entender el idioma, no me fiaba de nadie. Estaba furioso con todo el sistema (ya eran dos los países con cuyos sistemas me sentía furioso). No podía entender como un papel podía ser el motivo de no ver a mi hijo. Lo que más me molestaba era que Anderson ya sabía que yo estaba allí, y me dolía mucho saber que estaba llorando por verme (me lo dijeron en el juzgado), y que pasaría varios días pensando que yo lo había abandonado a las puertas del juzgado. ¡Qué decepción! Salimos del pueblo a las siete y media de la tarde, con 600 kms a la espalda, siete horas de espera en el juzgado y otros 600 Kms por delante.

En los días de espera hasta que volvimos al pueblo, me planteó la representante de Brasil, que Anderson tenía un problema de salud, que "casi" coincidía con el que me dijeron en la ECAI, pero que no era el mismo, pero que si yo tenía algún tipo de problemas para aceptarlo, que se podía buscar otro expediente.

Tomé plena consciencia de la realidad de la adopción. Se supone que todo el mundo va buscando lo mejor para el niño, pero ahora creo que no es así. El juez me demostró que no le importaba dejar al niño llorando 6 días por un papel original cuando el fax enviado por el tribunal superior de Sao Paulo le podía servir, y la representante brasileña me demostró que después de 2 años con mi expediente en Brasil, si no me gustaba se podía arreglar en una semana para buscar otro.

El día del encuentro con Anderson superó todas mis expectativas, lo recuerdo como uno de los días más felices de mi vida. Cuando lo vi no parecía el niño de la foto. Me pareció mucho más guapo, más bonito, más alto. Además él sabía quién era yo. Desde el primer momento me dijo "papá", se agarró a mí y así se llevó los 4 días siguientes, agarrado a mi cuello, y yo por supuesto encantado.

El momento del encuentro, en una sala del juzgado, estuvo poco cuidado, con la psicóloga, la asistente social, el juez, mi abogado-traductor y una cuidadora del orfanato. Mucha gente para un momento tan íntimo, así que hice acopio de todas mis fuerzas y me aislé con Anderson. Me tiré, literalmente, al suelo con él y nos pusimos a jugar a los coches, era nuestro momento y no quería que nadie nos interrumpiera. Yo firmaba donde me decían, rellenaba lo que me iba diciendo... pero mi mente estaba con él y los cochecitos.

Llegada la hora de la vuelta (600 kms en coche) fue cuando tuve por primera vez conciencia de que NOS íbamos juntos. Me entró un poco de miedo y me planteé que era un extraño para mí, que no sabía nada de él, ahora SÍ que empezaba la aventura, pero me sentía totalmente dispuesto a meterme de lleno en ella.

La primera noche que dormimos juntos fue deliciosa, cada uno en una cama. Fue la primera de una larga lista de noches con un sueño ligero, de mirarlo mil veces, de escuchar su respiración, de tocarlo, de taparlo. Lo miraba y ya se me habían olvidado los últimos 4 años. No sentía esa felicidad pura imaginada en tantos días de espera, era una felicidad mezclada con miedos, con la responsabilidad de estar en un país extraño con mi hijo, temiendo descubrir algo que me rompiera la ilusión… en definitiva tenía miedo de despertar de un sueño.

El día siguiente a nuestra llegada a Sao Paulo partíamos de nuevo. Teníamos planeado pasar el periodo obligatorio de 30 días de convivencia establecidos por la ley brasileña en un apartamento en la costa, con el objetivo de salir de esa ciudad tan grande y peligrosa y a la vez proporcionarle a Anderson la posibilidad de conocer y jugar en la playa.

Ese día de la partida di un gran paso adelante en mi toma de consciencia. Me quedó claro que una vez que el niño ya estaba conmigo, todo corría menos deprisa para los representantes del país, de manera que no dudaron en dejarnos 3 horas esperando en la puerta del hotel, con 35 ºC, sin posibilidad de ir al WC, y sin importarles que el niño estuviera cansado y llorando. Para ellos no es más que otro niño más llorando.

Evidentemente la llegada a la playa fue caótica, estábamos muertos de cansancio, teníamos que terminar los trámites del alquiler del apartamento, y todo eso con Anderson llorando y pataleando. En esos momentos me sentía con ganas de hacer lo mismo que hacía él, llorar y patalear y decirles a ellos que por qué eran tan poco considerados con nosotros, con tantos formalismos que se suponía que debían de haber estado solucionados a nuestra llegada.

Estaba claro que Anderson era un gran desconocido para mí y me inundó el miedo de si esa actitud suya sería la habitual o sería por las circunstancias. De nuevo mi madre me puso los pies sobre la tierra.

A partir de ahí comenzamos un periodo de varios días de verdadera luna de miel. Él se sentía de vacaciones y se comportaba de una forma muy complaciente conmigo, todo atenciones, risas y juegos, le encantaba la dinámica familiar; yo pensaba entonces que eso iba a ser así para siempre y me relajé, pero no fue así.

Pasados unos días Anderson comenzó a ponerme a prueba, a retarme y eso me desorientaba bastante, no sabía como actuar para que no se sintiera mal conmigo. Me daba miedo que se quisiera volver al orfanato, pero al mismo tiempo mi sentido común me decía que no debía consentirle todos los caprichos para tenerlo contento.

Respondía a todo con pataletas y llantos, tirado en el suelo y gritando. Me sentía fatal, triste y además no soportaba la idea de que él se sintiera tan mal. Cuando hacía todos esos numeritos en la calle me moría de vergüenza, porque todo el mundo estaba mirando y sobre todo porque yo no sabía cómo manejar la situación.

Fue la única época del proceso en la que lloré amargamente pensando que me había equivocado y que no tenía madera de padre, que no iba a ser capaz de sacarlo de esa situación. Sin embargo un día sin esperarlo noté un cambio, ya las pataletas se autolimitaban y, además, era capaz de interpretar los gestos de mi cara para saber si algo estaba bien o mal.

Además, me daba cuenta de que en esos momentos de pataletas es cuando más me necesitaba, cuando más precisaba de mi contacto físico, y que con un abrazo y muchos besos se le pasaba enseguida ¡qué felicidad! ¡qué logro!

Me sentía muy feliz porque percibía que habíamos dado nuestro gran primer paso. Eran días de establecimiento de límites mutuos, y sentía que eso era ir conociéndonos. Esto me reportaba mucha satisfacción, porque veía que avanzábamos, mucho más despacio de lo que yo pensaba, pero avanzábamos.

Además veía que aparecían en mí sentimientos y emociones que desconocía, como el miedo a que no hiciera ciertas cosas no por que le fuera a pasar nada, sino por mis propios miedos a no saber manejar la situación, a no saber afrontar los resultados (no quise comprarle una cometa por que yo no sabía volarla. Cuando me di cuenta la compré y dejé que él me enseñara a mí).

Me enfrenté a un reto para el que no me había preparado: me di cuenta de que yo no sabía jugar con un niño de 5 años, se me había olvidado, pero además me parecía aburrido, hasta que aprendí a disfrutar jugando...

En aquellos días fui sintiéndolo cada vez más como algo mío, lo fui queriendo cada vez más. Esto me supuso un conflicto ya que yo pensaba que lo iba a querer mucho desde el primer momento en que lo viera, pero me di cuenta de que eso era así, que el cariño iba apareciendo día a día con la convivencia. Me daba cuenta de que cada vez me dolía más verlo llorar, y darle disgustos, como cuando íbamos al juzgado, para hacer los seguimientos, situación que él vivía como un posible abandono por haberse portado mal. Me rompía el alma cada vez que me preguntaba si lo iba a llevar al orfanato. De hecho, aún me lo pregunta de vez en cuando, pero ya he aprendido a afrontar la pregunta y a contestarle para tranquilizarlo.

Cada vez me resultaba más fácil controlar sus reacciones en la casa y en los lugares donde él se sentía seguro, sin embargo en los lugares nuevos me seguía resultando muy difícil. Así que tomé la decisión de exponerlo a muy pocas situaciones que le resultaran estresantes, y me dediqué a hacer una vida rutinaria de veraneante. Así todo era más fácil y los dos íbamos tomando confianza el uno en el otro. Eso me hacía sentir muy feliz. Sentía que iba bien, aunque no como yo había imaginado.

Otro aspecto que no ocurrió como me imaginaba fue la forma de jugar de Anderson. Se comportaba de una manera violenta, con poca capacidad de concentración y de manera muy repetitiva, evitando toda actividad que supusiera estar sentado y centrándose en juegos de edad muy inferior a la suya. Fue, entonces, cuando empecé a plantearme que Anderson tenía algún trastorno del comportamiento. Esto me originó un gran desasosiego, me daba miedo que tuviera algún problema serio, no diagnosticado, pero a la vez me decía a mí mismo que si era así, que me lo traía y ya en España buscaríamos la solución. Ya era incapaz de pensar siquiera en dejarlo de nuevo en el orfanato. En muchas ocasiones tuve el miedo de no cubrir sus expectativas, de decepcionarlo y no ser el padre que él quería, pero él mismo me demostró que hay amores incondicionales.

Estando todavía en Brasil, me di cuenta de que éramos una familia que llamaba la atención. Un blanco solo, que habla español, con un niño morenito dado de la mano que habla portugués. A todas luces esto parecía una adopción y, además, la gente me lo preguntaba por la calle. Entonces me planteé qué ocurriría en España. Mi intención de pasar desapercibido la tuve que abandonar y afrontar la nueva situación con fuerza y determinación

Yo viví nuestro regreso a España de forma caótica. Las visitas y llamadas por teléfono me impedían conseguir esa normalidad que tanto necesitaba tras 43 días en Brasil. Yo entendía que todas eran porque esta aventura no sólo me ilusionaba a mí, sino que todo el mundo de mi entorno tenía ilusión por nuestra llegada. Esto produjo en mí una serie de sentimientos encontrados, ya que no quería atenderlos para que no nos robaran tiempo pero también me sentía mezquino y desagradecido por no dedicarles tiempo. La verdad es que la mayoría de la gente supo respetar esa ausencia tan necesitada por mí.

Los primeros días en España se volvió a repetir la luna de miel de los primeros días tras nuestro encuentro. Se sumaban mis ganas de volver con las de Anderson por comprobar que todo aquello era real y no transitorio. A partir de aquí fui descubriendo una serie de aspectos de la paternidad que no me había imaginado y que en muchas ocasiones me cogieron desprevenido, de manera que mi respuesta no fue ni mucho menos ejemplar.

Además, mucha gente desconocida se acercaba para hablar conmigo (vecinos, compañeros, gente de la calle) con el fin de enterarse de primera mano qué hacía con un niño, de otra raza y encima sabiendo que era soltero. Eso me molestaba y me sigue molestando, por tener que dar tantas explicaciones (por mínimas que sean) y además porque la gente no tiene reparos a la hora de preguntarlo todo sobre él: si es saharaui, si es adoptado, donde está su madre biológica, qué le pasó para que lo abandonaran... La pérdida del anonimato no ha sido bien acogida ni por mí ni por mi familia y ha supuesto que en más de una ocasión me haya frenado antes de entrar en algún sitio, para coger aire y fuerzas para afrontar la situación. A esto hay que sumarle que Anderson es un niño muy extrovertido y al que le encanta llamar la atención de todo el mundo y habla con cualquiera que le preste atención.

Una vez que he vuelto a la vida cotidiana, terminado el permiso por adopción, me he dado cuenta que esto no es fácil. Que por muy madurada que tenía la idea y por mucha ilusión que le haya puesto, hay días que se me hacen verdaderamente cuesta arriba.

La vuelta al trabajo ha sido muy dura y me ha generado un gran sentimiento de culpa por tener que dejarlo en manos de mi familia durante días o noches enteras, fuera de su entorno y la seguridad que ya empezaba a mostrar en casa. De nuevo hemos retrocedido en el tiempo a los principios y Anderson ha retomado manías y llantos. Yo no me lo esperaba y me cogió de sorpresa, llegando a pensar que todo lo avanzado no iba a servir de nada. Sin embargo no fue así. Fueron solo unos días de estrés para los dos, hasta que todo se normalizó de nuevo.

A partir de aquí surgió una nueva actitud en Anderson y fue la de saber que en muchas ocasiones tendría que ir a casa de la abuela, de manera que cuando él ve que en casa hay muchas normas y regañinas me pide que me vaya a trabajar y lo deje con la abuela. Esto me dolía enormemente al principio y lo vivía como un fracaso propio, como que él prefería estar con la abuela antes que conmigo, lo cual me hizo plantearme en más de una ocasión si se estaba aburriendo del entorno que yo le ofrecía.

En cuanto a la vida diaria en casa, yo partía de la base de ser una persona muy ordenada (todo lo ordenado que se puede ser con un turno rotatorio de hospital) en cuanto a horarios de comidas y de sueño, así que la llegada del niño no me ha supuesto un desorden. Lo que sí es cierto es que todo se la enlentecido, los tiempos ahora son mucho más largos, a la hora de prepararnos para salir, las comidas, los baños… y eso en un primer momento me ponía muy nervioso, por la sensación continua de ir tirando de él siempre, pero se pasó pronto.

Además está el orden físico de las cosas. Como soltero que vivía solo estaba acostumbrado a encontrarme las cosas donde las había dejado, sin embargo ahora con él aquí todo puede aparecer en cualquier sitio. No obstante esto lo estoy tolerando bien, no me molesta que mi hijo haga que la casa sea dinámica, al contrario me gusta sentir que mi casa está viva y en continuo cambio, además Anderson es muy ordenado y acepta bien las normas del orden.

Cuado van pasando los días me doy cuenta de que cada vez quiero un poco más a mi hijo, que cada vez necesito estar más tiempo juntos, que cada vez tengo más ganas de compartir cosas con él, y cada día lo veo menos como una amenaza. Cada día veo más lejana la época en que no tenía hijo y me voy acostumbrando más a mi nueva vida, así como voy tomando consciencia de que mi sueño se está haciendo realidad. Mi sueño no se hizo realidad el día de nuestro encuentro, mi sueño se hace realidad con el día a día y cada día me siento más feliz por haber tomado esta decisión».

Ana

«Tengo 50 años y mi hija Ana tiene siete y medio. Llevo seis años y medio viviendo con ella. Cuando fui a China y la vi tan bebé, tan pequeña y débil a pesar de tener un año, no me podía ni imaginar que creciera tan sana y tan rápidamente. El período de adaptación mío es constante, aunque el primer año fue realmente intenso, y no digamos, los primeros meses. Pasar de vivir sola más de 20 años a crear una familia monoparental (monomadre en este caso) y convivir con mi hija, ha sido y es un reto cada día.

Estoy contenta con mi vida y con ella, y a ella la veo contenta con su vida y conmigo. Esta apreciación sin embargo no significa que sea fácil asumir el compromiso de adoptar sola a una niña, tampoco es fácil mantener la vida cotidiana con un mínimo equilibrio entre sus necesidades y las mías. Se me vienen a la cabeza numerosos momentos de nervios, soledades, inseguridades, rabia, miedos, preocupaciones, falta de espacio en casa, de tiempo, etc. Tengo la experiencia que todo esto lo he podido y lo puedo integrar si me comprendo a mí misma, si mantengo la confianza en la vida, si me trabajo personalmente y si reconozco y renuevo el sentido que tuvo y que tiene en mi vida la opción de la maternidad.

Cuando me siento en paz, cuando comprendo qué pasa, cuando soy capaz de cuidarme, cuando dedico tiempo a mi hija y comparto actividades con ella, mi hija está mejor, más guapa, más cariñosa conmigo, yo me siento más feliz y el vínculo con ella crece y adquiere solidez y alegría. El vínculo, el apego va creciendo poco a poco, lo vamos construyendo con la convivencia, el abrazo, la charla, los límites, los enfados y con el conocimiento mutuo de los caracteres de cada una. Imagino que esto le pasa a cualquier madre, sea biológica o no.

A veces me cuesta mantener la autoridad frente a ella. Como si no supiera bien mantenerme en mi sitio de madre, con la fuerza y la seguridad que se requiere en muchos momentos. Esto tiene que ver con mi vida, no con ella, y me lo tengo que trabajar más.

Me importa mucho integrarla en mi familia, en su familia, sin obviar el espacio que su madre biológica siempre tendrá en nuestra relación. Desde que vino he dedicado y dedico tiempo a que pase días con sus primas, a que no pierda una reunión familiar, a que mantenga el contacto con todos los miembros de la familia extensa.

También me importa mucho que tenga sus amigos y amigas fuera del colegio, algunas de ellas de origen chino también, hijas de amigas mías. Al ser una hija que vive sólo conmigo me gusta que vengan a casa otros niños y niñas y que ella pueda jugar y estar con ellos. Esto nos ayuda a las dos. También me gusta pasar tiempo sola con ella en casa, pero a veces me pongo nerviosa si se emboba con la TV o no quiere recoger o me pide insistentemente que juegue con ella. Me gusta que venga mi madre a dormir a casa, que ella vea a su abuela. Me gusta también que conozca y esté con mis antiguos amigos, que tienen ya los hijos mayores o que no tienen hijos. Ellos son un importante apoyo para mí, y, por tanto, para ella.

Trabajo mucho en casa y fuera de casa, paso mucho tiempo con el ordenador, pero afortunadamente tengo un trabajo con una flexibilidad horaria que me permite poderla llevar al colegio cada día y quedarme en casa de vez en cuando por la mañana. Esos ratos de silencio en casa, cuando Ana está en el colegio o cuando está en casa de alguno de sus amigos-vecinos son un tesoro para mí. Necesito esos ratos de silencio en mi vida para renovarme, para vivir desde mí, para descansar.

En este sentido necesito ayuda externa que me releve unas horas al día. Desde que Ana está conmigo ella ha tenido una tata, después una canguro y ahora una amiga contratada que la cuida cuando yo no estoy en casa. Hasta ahora he tenido mucha suerte con todas las personas que me han ayudado y me ayudan y con la red de apoyo de padres y madres más jóvenes con hijos e hijas de la edad de Ana que he encontrado en la misma calle que llevo viviendo desde más de 20 años. La casa la he tenido que adaptar mucho y donde tenía un estudio he tenido que hacer mi habitación. Me siento una mujer y una madre afortunada.

En el colegio Ana va bien, consigue todos los objetivos pero hay dos cosas que me preocupan: los cambios de curso y de profesora le afectan mucho y a veces en el recreo está sola, tiene amigos pero no amigas de su clase. Lo otro que me preocupa es que la profesora dice que a veces está en su mundo, que se distrae mucho y tiene falta de atención. Tendré que tener en cuenta esto y verlo con el psicólogo que me ayuda.

Tiene amigas íntimas, cercanas. Es una niña muy querida y sin embargo ella se siente bastante tímida e insegura. También tendré que ver esto. El trabajo personal mío es absolutamente necesario en estos momentos de mi vida. Volví a terapia después de llevar con Ana un tiempo y me tomo la relación como un crecimiento personal y una inversión importante para las dos».

Madot

«Sí, parece mentira, pero ya hace un año y un día que estoy con mi hija. No sé si ha sido el más feliz de mi vida. Ha tenido momentos espléndidos, pero también otros durísimos. No sabría hacer un balance, la verdad. ¿Estoy contenta de haber adoptado? Sí. ¿Habría sido igualmente feliz si no lo hubiera hecho? Sinceramente, creo que sí. Mi vida habría sido distinta, sin duda, pero también muy satisfactoria.

Es curioso, pero yo, que estaba preparada para que mi futuro hij@ tuviera todo tipo de problemas me encontré con el bebé ideal. Tenía sólo 10 semanas cuando nos conocimos. Era un bebé precioso, sano, cariñoso. Y sigue siendo igual. Ríe constantemente, no ha tenido más enfermedad que un catarro que le duró dos días (que a mí me tumbó durante diez) y se ha convertido en la estrella del barrio. Come bien, duerme bien, tiene buen carácter (aunque empieza a sacar genio) y devora el mundo a bocados. Supongo que estaba preparada para todo menos para no tener problemas... Así que fui yo quien los tuvo.

Ella se adaptó a la perfección. Yo, no. Me costó abandonar mi libertad. No la libertad de salir o la de viajar, que ya tenía asumida, sino la de la cotidianeidad. Pasarme tirada la tarde del domingo... Salir de casa por la mañana sin saber cuándo volvería por la tarde... No saber cuántas horas voy a dormir cuando me acuesto... Básicamente, tener un ser humano pequeño que manda sobre ti, ¡por mucho que te empeñes en lo contrario!

Además, ser la madre blanca, blanquísima de un bebé negro conlleva algo que me habían contando pero que es duro experimentar: la pérdida absoluta del anonimato. Yo no es que sea precisamente alguien que pasa desapercibido, ni por mi carácter ni por mi físico, pero ir con un bebé negro es como caminar con un foco constantemente. Las miradas, los comentarios, las aproximaciones... Resulta agotador. Incluso cuando están hechas con buena intención o incluso con cariño, esas interpelaciones resultan una intromisión en nuestro mundo. Ser de distinta raza, tener un aspecto diferente a los demás y salirnos de la norma, parece darle permiso a mucha gente para preguntar cosas muy íntimas. El escrutinio público no siempre es fácil de llevar. Eso, ahora que mi hija no se da cuenta. No sé qué pasará cuando sea consciente de que llama la atención más que los demás, que es diferente.

Me ha costado tiempo convertir las renuncias y los cambios en mi vida en algo asumido y adaptarme a su ritmo de forma integral. No verbalmente (todos sabemos que la vida te cambia con un hijo, y así lo decimos), sino desde dentro, con naturalidad. Y, por supuesto, sigo echando muchas cosas de menos, y de vez en cuando, necesito que alguien se la lleve para reencontrarme conmigo misma en cosas tan trascendentes como ponerme una mascarilla, pintarme las uñas o mirar al techo mientras ponen la decimosexta reposición de *Friends*. Ya no imagino la vida sin mi hija, pero tampoco la imagino sin tener esos momentos de respiro en los que vuelvo a ser yo misma y no "la madre de Madot". Los necesito como la necesito a ella, y cuando vuelvo de esos descansos, la quiero más.

A menudo, mi vida me recuerda a la canción de Kiko Veneno: "y ahora, te echo de menos lo mismo que antes te echaba de más". Pero a la vez que hay momentos duros, hay momentos espléndidos, únicos, que yo no imaginaba. Nunca pensé que oír su risa pudiera partirme en dos, que fuera capaz de hacer ¡lo que fuera! (incluído el ridículo) por oír esas carcajadas burbujeantes. Nunca pensé que pudiera sumergirme en una mirada de terciopelo y seda como los suyos y sentir que se me ponía la piel del revés.

Tampoco imaginé que a partir de ahora iría con el corazón al descubierto, casi en carne viva. Que cuando la viera dormida en su cuna, en una de esas posturas imposibles que toman los bebés, querría levantarla y estrujarla con tanto ardor que hasta me duelen los brazos por no hacerlo, mientras, a la vez, doy gracias a todas las deidades conocidas por esos momentos de tranquilidad de su sueño, tan caros como adorados. Y jamás se me pasó por la cabeza que simples momentos como ver a los que quiero rodeando a lo que yo más quiero me hicieran estallar el corazón de pura felicidad.

A su vez, odio que el miedo se haya instalado en mi vida. Además de hacerme tres seguros de vida e incapacidad (como si eso me hubiera importado antes), ha aparecido en mí una sensación que antes desconocía. Yo, que iba por la vida metiéndome en todo tipo de movidas, sin pensármelo dos veces, ahora me pillo presa de la responsabilidad. ¿Y si me pasa algo a mí? ¿Y si le pasa a ella? ¿Y si no acierto al elegir colegio? ¿Y si soy demasiado estricta? ¿Y si soy demasiado blanda? ¿Y si no debería haber perdido los nervios? ¿Y si me he equivocado? ¿Y no debería darle hermanos? ¿Y no será mejor que tenga toda la atención y mis recursos? Y si, y si, y si... La maternidad me ha sumergido en un mar de dudas constante. Y, a menudo, en un sentido de culpabilidad difuso que aún no acabo de despejar.

A la vez, ser madre me ha descubierto muchas cosas sobre mí misma, sobre lo que de verdad me importa. Ha limpiado mucha maleza y me permite ir más directamente al cogollo del meollo. Me ha liberado de muchas cargas superfluas, ¡aunque sólo sea porque los días se me escapan, como el dinero, de entre las manos!

Yo no me enamoré de mi hija nada más verla. Ni me emocioné al ver su foto. De hecho, me pareció fea como un pie, como un cruce entre Mister T y un búho, pero en bebé. Me llevó tiempo decir "mi hija": durante meses, fue "la niña", "el bebé", o lo que fuera. Necesité un proceso para que se fuera colando en mi corazón, para que la ternura, la emoción y los nervios iniciales se convirtieran en algo más sólido. Y sé que al igual que hoy quiero a mi hija más que hace un año, dentro de otros 365 días la querré más que hoy. Seguro. Con lo bueno y lo malo, lo triste y lo alegre, porque ya somos, sin duda, un equipo. Madre e hija».

Capítulo 6

La Familia Interétnica

Orígenes de las adopciones interétnicas

El inicio de las adopciones interétnicas está relacionado con el final de la Segunda Guerra Mundial, cuando algunas familias americanas empezaron a adoptar niños nacidos en Alemania y Japón, muchos de ellos fruto de relaciones de los soldados americanos estacionados en esos países.

La tendencia continuó al término de la guerra de Corea (1950-1953), cuando el gobierno inició en 1954 un programa de adopción internacional, como solución al embarazoso problema que supuso para la sociedad coreana la existencia de miles de niños birraciales abandonados por sus padres occidentales y sus madres coreanas.

La adopción de estos niños creció en Estados Unidos, especialmente a partir de 1955, cuando una familia evangélica de Oregón adoptó ocho huérfanos de guerra y fundó la agencia que lleva su nombre «Holt´s Children Service», que se convirtió en la principal agencia de adopción en Corea y que aún hoy sigue operando en el campo de la adopción internacional. A lo largo de los años ha colaborado en la adopción de más de 100.000 niños coreanos.

La política de país emisor continuó a lo largo de los últimos 50 años, de forma que Corea se ha convertido en el país que más niños/as ha dado para adopción internacional, con 150.000 menores adoptados en más de 20 países del mundo desarrollado.

La escritora Pearl Back (1892-1973), Premio Pulitzer y Premio Nobel de Literatura, autora de varios libros ambientados en China, donde vivió la mitad de su vida, fue quizás la figura pública más popular en defensa de la adopción interétnica enfatizando que el amor era lo que hacía una familia y no la raza, la religión o el país de origen. Ella misma adoptó siete niños/as, de varios orígenes raciales. La sexta, era una niña de 5 años de padre negro americano y madre alemana y la última, una niña de 7 años de padre negro americano y madre japonesa.

Defensora de los derechos humanos, en 1949 creó su propia agencia de adopciones «Welcome House», ante la negativa de la mayoría de las agencias de aceptar niños de más de 15 meses y de origen birracial. En 1991 esta agencia se convirtió en la Fundación Pearl S. Back Internacional, que hoy sigue defendiendo sus valores a través de la ayuda humanitaria, la educación intercultural y la adopción.

La historia de aquellos niños medio-americanos, muchos de ellos racialmente mixtos y por ello, algunas veces, cruelmente estigmatizados en sus países de origen, atrajo la atención de personas e instituciones, que impulsadas por un espíritu religioso y humanitario, intentaron acabar con los prejuicios y las barreras raciales, pensando que el amor sería suficiente. Pearl Back lo expresaba así en uno de sus artículos en defensa de las familias interraciales: «Mis hijas negras sabían que el color no significaba nada para mí. Cualquier cosa que pudieran encontrar fuera, podían enfrentarlas porque en casa sólo había amor y aceptación».

La primera adopción documentada de un niño negro por una familia blanca tuvo lugar en 1948. Pero se empezaron a generalizar a principios de la década de los sesenta, auspiciadas, entre otros, por movimientos como *The Open Door Society*. Empezaron a decrecer a partir de 1972 cuando la Asociación Nacional de Trabajadores Sociales Negros se opuso de manera contundente a la adopción de niños negros por parte de familias blancas, tildándolo incluso de genocidio.

Quizás, el origen de tanta beligerancia, en el caso de adopciones de niños negros por familias blancas haya que buscarla en la experiencia de la esclavitud, una herida que ha atormentado las relaciones entre blancos y negros en Estados Unidos durante más de tres siglos. También puede deberse al hecho de que exista un estilo y un código de conducta asociados con ser negro, algo que no existe tan claramente con otras minorías del país, y que dificulta, en estos casos, la formación de una identidad étnica positiva.

La operación «Babylift» supuso en 1975, al final de la guerra de Vietnam, la evacuación de cientos de niños de Saigón, y un nuevo incremento de las adopciones interétnicas en Estados Unidos, de forma que la tradición de emparejar los niños adoptables con familias de la misma raza, empezó a ceder. Este mismo espíritu es el que impulsó muchas de las adopciones de niños/as coreanos y vietnamitas, tanto en Europa, especialmente en los países escandinavos, como en Australia.

En España, las adopciones interétnicas surgieron en la segunda mitad de la década de los noventa, con el auge de las adopciones internacionales. El principal país de origen de las adopciones internacionales y, por tanto de adopciones interétnicas, es China. La emisión de un programa de televisión en torno a la situación de los orfanatos chinos, titulado *Las habitaciones de la muerte*, supuso el inicio del interés por la adopción en este país, que, además, se vio favorecido por la transparencia y rapidez del proceso.

Las restricciones para adoptar en China se iniciaron en diciembre de 2001 cuando se estableció un cupo del 8% para las familias monoparentales, que era un grupo importante, lo cual, unido al aumento de la duración del proceso, supuso un freno en el número de adopciones en este país. A partir de mayo de 2007 se han incrementado los requisitos para las familias biparentales, de forma que probablemente el descenso seguirá aumentando en un futuro próximo.

Otro grupo importante de adoptados/as interétnicos procede de Etiopía. En 2002, primer año del que se tienen estadísticas, se formalizaron 12 adopciones, que en 2005 se habían convertido en 227, lo que supone un incremento del 1.891,6% en sólo tres años. El endurecimiento de los requisitos para adoptar en China ha derivado a muchas familias, especialmente monoparentales, hacia este país, por lo que se calcula que las cifras continuarán incrementándose.

¿Familias con un miembro de otra etnia o familias interétnicas?

Los estudios realizados sobre el desarrollo de la conciencia racial, indican que los niños de dos años y medio ya son conscientes de las diferencias raciales, y que el desarrollo de una identidad étnica positiva no ocurre de manera espontánea, sino que debe ser cultivada.

Por ello, uno de los principales retos con los que se enfrentan las familias interétnicas es el de contribuir, de una forma constructiva, a la formación de una identidad segura en sus hijos e hijas.

La identidad étnica, sólo es una parte de la identidad global de una persona, junto con la identidad sexual, religiosa, física, etc., pero en el caso de las adopciones interétnicas es una pieza fundamental.

Según se deduce de los relatos de adultos interétnicos adoptados en otros países, aquellos que crecieron en familias «ciegas al color», es decir, aquellas donde los hijos adoptados habían sido queridos y aceptados, pero no habían sido reconocidas ni nombradas sus diferencias étnicas, tenían más dificultades para alcanzar una identidad racial positiva, que aquellos que se criaron en familias que reconocían y celebraban esas diferencias. Una adolescente lo explicaba así: «me siento como una persona blanca atrapada en un cuerpo vietnamita».

La razón estriba en que si se ignora la identidad racial es difícil que se pueda desarrollar una autoimagen positiva, ya que ésta autoimagen está incompleta. Esto explica, que en los países con larga tradición en adopciones interétnicas no sea extraño encontrar adultos adoptados que, en su infancia, tuvieran una visión negativa de su propia raza y cultura: «de pequeña pensaba que había algo malo en ser asiática, que significaba ser una persona de menor valía, por lo que desarrollé un sentimiento de rechazo hacia mi propia raza».

En una investigación llevada a cabo en Australia se concluyó que los adoptados que habían experimentado poco o ningún tipo de racismo, eran aquellos que habían asistido a escuelas con alumnos de muy variados trasfondos culturales, que tenían otros hermanos de la misma raza y que habían recibido de sus familias adoptivas un fuerte sentimiento de identidad étnica.

Los adoptados que habían sufrido más racismo eran aquellos que vivían en zonas rurales o en suburbios de clase media blanca, cuyas familias no hablaban de sus diferencias raciales, que no tuvieron contacto con otros miembros de su raza y que no habían recibido una identidad étnica positiva de sus familias.

Lo importante es que la persona adoptada de un origen étnico diferente no esté a caballo entre valores culturales contradictorios, y pueda desarrollar una identidad étnica saludable, es decir, pueda interactuar e incluso identificarse con personas de un grupo étnico determinado; con el que comparte una historia y una cultura determinada, aunque sus creencias, preferencias y afinidades puedan ser distintas, es decir, más próximas a la cultura en la cual se ha criado.

El disponer de una identidad étnica positiva es la mejor herramienta con la que contará para saber cómo integrarse y sentirse parte de una sociedad diferente a la suya de origen, pero en la que se ha criado, sin sacrificar su propia identidad étnica.

El reto para los padres/madres es que sean capaces de integrar como parte de sí mismos la dualidad origen-crianza y esto es algo difícil de conseguir si las diferencias no son reconocidas ni celebradas o si las familias se perciben a sí mismas como una familia con un miembro étnicamente diferente, en vez de cómo una familia interétnica.

En términos generales, muchas de las familias pioneras en las adopciones interétnicas defendieron la idea de que el amor y la aceptación eran suficientes, de manera que no dieron importancia al componente étnico en la educación de estos niños/as, aunque lo cierto es que el amor puede ser ciego al color, pero la sociedad no. Por esta razón, las investigaciones más recientes apuntan a la necesidad de una mayor sensibilidad hacia las cuestiones de etnia y herencia cultural en la educación y crianza de las niñas y niños interétnicos adoptados.

Algunos sentimientos comunes en adultos interétnicos adoptados

Muchas personas adultas que de pequeños fueron adoptadas por familias de otra raza, están hoy día asociándose y creando webs donde expresan sus sentimientos y opiniones sobre lo que significó para ellos vivir en una familia que llamaba la atención y era diferente a la mayoría.

Entre estos sentimientos, son comunes los siguientes:

Racismo interno

Cuando se habla de adopciones interétnicas, hay dos tipos de racismo que se deben tener en cuenta. Uno es el racismo externo, que tiene que ver con los incidentes que los niños pueden sufrir por parte de otros niños en relación con sus diferencias físicas. Pero hay otro tipo de racismo, de tipo interno que es aquel que el o la adoptada siente hacia las personas de su propio país de nacimiento.

La mejor forma de evitar que esto ocurra es que las familias sepan hacerles sentirse orgullosos de su país de origen. Si tienen una fuerte identidad étnica y cultural es menos probable que desarrollen ese tipo de racismo interno.

Soledad y aislamiento

Muchos adoptados interétnicos hablan de la soledad y aislamiento que sintieron de niños al ser los únicos en su entorno, aunque esto no quiere decir que no tuvieran muchos amigos. Se trata de otro tipo de soledad, la soledad interna que siente una persona que no encuentra otros pares que les devuelvan su propia imagen física y corporal.

Poco sentimiento de valía personal

Muchas veces la confianza, la seguridad y las creencias se ven afectadas por el primer abandono, de manera que muchos adoptados/as piensan que no tienen suficiente valor para las personas con quienes se relacionan. Este sentimiento se puede ver reforzado, además, al percibir que las personas con las que comparten un mismo origen étnico son poco valoradas o incluso discriminadas.

Conflicto entre la percepción interna y la externa

Una chica australiana, de origen vietnamita, lo expresaba así: «Para mí, crecer en un país diferente al mío de origen, fue como conducir un coche con una matrícula extranjera. Siempre tenía que dar explicaciones».

Se trata de un conflicto entre cómo los perciben los demás, y cómo se perciben ellos a sí mismos. Para las personas que no los conocen pueden parecer asiáticos o africanos, y tener hacia ellos o esperar de ellos conductas de acuerdo a esta percepción, pero, sin embargo, ellos se perciben a sí mismos como naturales del país, aunque por su apariencia externa no lo parezcan.

Por ejemplo, puede que se extrañen que hablen el idioma tan bien como cualquier persona nacida allí, o al revés, que no conozcan ni el idioma ni la cultura del país del que se supone que son.

Cuando viajé a China para adoptar a mi segunda hija, las personas se dirigían a mi hija mayor en chino, y no comprendían que no los entendieran, aunque era evidente que éramos una familia adoptiva. Siempre tenía que dar explicaciones, lo cual no sólo podía ser cansado, sino, en algunas ocasiones, entorpecedor. Por ejemplo, resultaba bastante difícil comprar en el supermercado, por las constantes interrupciones. Finalmente, para agilizar la situación, decidí aprender a decir en chino que vivíamos en España y que por eso ella no los entendía.

Aquí en España, algunas veces, hay personas que expresan su extrañeza por lo bien que habla español, con lo cual también hay que dar explicaciones.

Deseos de pasar desapercibidos

Muchas veces los adoptados interétnicos expresan el conflicto que sienten entre el orgullo por su origen y el deseo de pasar desapercibidos porque, a veces, cansa ser una persona que llama la atención. Esto implica, además, la pérdida del anonimato porque todo el mundo se siente con derecho a hacer preguntas que, a veces, son intrusivas, que pertenecen a la propia intimidad de la persona.

El ejemplo anterior es una buena muestra. Por eso, viajar al país de origen de nuestros hijos/as, donde somos nosotros los que estamos en minoría y llamamos la atención, es una experiencia importante para entender lo que significa para ellos ser estar en minoría y llamar la atención.

Estrategias para desarrollar una identidad étnica y cultural positiva

El desarrollo de una identidad étnica positiva no ocurre de manera espontánea, sino que debe ser cultivada. Por eso, vamos a ver algunas estrategias que nos pueden ayudar a alcanzar este objetivo.

1. **Exponer a nuestros hijos/as a una variedad amplia de experiencias que refuercen su autoestima**

La autoestima se construye a partir de muchos pequeños éxitos y de muchos pequeños reconocimientos. Por eso, es importante que nos mantengamos alerta sobre los talentos y habilidades de nuestros hijos/as, de manera que su autoestima se vaya desarrollando adecuadamente. Una personalidad fuerte estará mejor capacitada para hacer frente a los elementos buenos y no tan buenos de la sociedad.

Aunque la sociedad hace esfuerzos, a niveles oficiales, por acabar con la discriminación y el racismo, lo cierto es que, de una forma sutil o no tan sutil, muchos de los mensajes que reciben nuestros hijos/as en relación a la raza pueden ser bastante dañinos para una personalidad en formación. Por eso, es importante que estemos alerta a esos mensajes negativos y enfaticemos que cada persona es única, con sus defectos y sus virtudes, que les felicitemos frecuentemente por sus habilidades para resolver problemas de matemáticas, jugar al fútbol, montar en bicicleta, tocar un instrumento o cualquier otra actividad que aumente su confianza.

2. **Reflexionar sobre nuestros propios prejuicios, actitudes y estereotipos.**

Es importante tomar conciencia de nuestros propios prejuicios raciales, a veces sutilmente transmitidos a través de expresiones del lenguaje (trabajar como un negro; tortura china), a través de nuestras actitudes (si agarramos con fuerza el bolso cuando nos cruzamos en la calle con un hombre árabe o negro), o a través de comentarios sobre estereotipos de determinadas culturas o etnias (es muy rápida corriendo porque es negra, muy buena en matemáticas porque es china, muy lento porque es caribeño). De esta forma estamos transmitiendo un mensaje muy fuerte, aunque sin palabras, a nuestros hijos/as.

Es necesario también reflexionar sobre la idea que tienen algunos padres que adoptan niños de otras etnias, del «bien que le han hecho al adoptarlo», porque le han salvado de una vida de penurias. Es casi inevitable pensar que se les ha salvado de cosas terribles como la miseria, la explotación e incluso la muerte. Pero también es cierto que esta idea, se sustenta a veces, en actitudes más o menos discriminatorias respecto de las diferentes culturales o modos de vida. Por ejemplo, pensar que es mejor vivir en Occidente en una familia de clase media, que en Oriente en una clase humilde.

El riesgo que tiene esta idea es que si los padres consideran al hijo adoptado como víctima al que «han rescatado», él seguramente se va a sentir víctima y sentirá, además, que está en deuda continua con sus padres por haberla salvado. Deuda que nunca podrá pagar, pero que sí puede hacerse muy pesada, pues no fue quien tomó la decisión de ser adoptado.

Es necesario tener en cuenta que todos, absolutamente todos, estamos sometidos a un bombardeo continuo de estereotipos raciales y culturales, y aunque creamos que adoptamos niños/as de otras razas porque estamos libres de todos estos estereotipos, puede que estemos influidos por la sociedad que nos rodea mucho más de lo que pensamos. Por eso es importante que las personas que van a adoptar o han adoptado un hijo/a de una raza diferente a la suya, hagan este trabajo de reflexión interna sobre sus propios prejuicios, estereotipos y temores.

3. Ayudar a nuestros/as hijos/as a abordar los prejuicios, actitudes y estereotipos de los demás

Hay una realidad que innegablemente está presente en la adopción de niños/as procedentes de etnias diferentes, y es que, casi irremediablemente, ese niño/a va a tener que hacer frente a los prejuicios de los demás, puesto que el racismo es una desafortunada realidad de nuestra sociedad. Una realidad que suele ser invisible para aquellas personas que no la experimentan y sentida profundamente por aquellas que lo sufren.

Según el Centro de Investigaciones Sociológicas, el 49% de los españoles manifiesta conductas racistas frente a los extranjeros. Quizás esta conducta se haya puesto de manifiesto mucho más debido al fenómeno inmigratorio, que, a veces, lleva aparejado otros problemas sociales como marginación, prostitución, delincuencia, etc., pero lo cierto es que los dos fenómenos, la llegada masiva de inmigrantes y el auge de las adopciones internacionales han coincidido en el tiempo, a partir de mediados de la década de los noventa.

Por tanto, los padres con niños/as de otras etnias tienen que prepararles para afrontar prejuicios raciales. Para ello es básico, en primer lugar, ayudar a los hijos a que desarrollen una identidad étnica fuerte y saludable, y en segundo lugar, ayudarles a que adquieran una serie de estrategias para afrontar los posibles prejuicios de que puedan ser objeto. Por ejemplo, estrategias de «confrontación selectiva» o de «evitación selectiva», es decir, saber cuando ceder y cuando no, y la forma en la que, en su caso, deben afrontar la situación. Igualmente deben conocer sus derechos legales y los recursos institucionales que la sociedad pone a su disposición cuando sufren una discriminación.

Veamos algunos planteamientos que nos pueden ayudar cuando surgen problemas:

Si observamos que nuestro hijo/a está preocupado/a,
- Trata de estar disponible cuando decida hablar, aunque elija un momento poco apropiado.
- Trata de no hacer suposiciones ni llegar a conclusiones. Ten una mente abierta.
- Ve despacio, sin presionarlo/a. No le hagas muchas sugerencias sobre lo que está bien y lo que está mal. No pongas palabras en su boca.
- Haz preguntas abiertas, que no se puedan responder con una sola palabra.

- Cuando son muy pequeños se puede descubrir lo que tienen en la cabeza mientras jugamos con ellos.
- Es bueno hacerles preguntas que demuestren nuestro interés, pero sin pedirles detalles que puedan ser dolorosos para ellos/as.
- Tratemos de estar lo más calmado/a posible. En caso contrario el niño/a tiene que manejarse no sólo con sus propios sentimientos, sino con los nuestros también. Si ve que nos afecta mucho puede que no nos lo cuente en otra ocasión para no hacernos sufrir.
- Debemos centrarnos en la necesidad del niño/a. Nosotros tenemos que encontrar el apoyo necesario más tarde y con otra persona, no con el niño/a. Al mismo tiempo usa un lenguaje que demuestre tu preocupación genuina. Por ej. «me pone triste que tengas que pasar por esto».
- Separa tus propias reacciones de las del niño. Pueden ser bastante diferentes.
- Céntrate en sus sentimientos. Ayúdale a identificarlos: enfado, resentimientos, etc. refuérzale que es correcto sentirse así.
- Asegúrate de que tu hijo/a tiene claro que las actitudes o las acciones injustas no son de ninguna forma merecidas.
- Enséñale una aceptación apropiada de la realidad.
- En ocasiones se puede reorientar el significado de una situación. Por ej. hay personas que discriminan a otras porque es la única forma de sentirse ellos mismos importantes.
- Evita frases que acaben con el diálogo, ya sea:
    - Empleando soluciones fáciles como «deberías de habérselo dicho a la profesora» o «no te preocupes por eso».
    - Culpándole: «te tomas las cosas demasiado a pecho» o «¿qué le hiciste tú primero?».
    - Sermoneándole: «cuando yo era niña...».
    - Rechazando sus sentimientos: «no deberías sentirse así».
    - Minimizando el asunto: «estoy segura de que no quiso decir eso».
    - Excusándole: «habrá tenido un mal día».
    - Reaccionando exageradamente: «ahora mismo voy al colegio y...».

- Haciendo promesas que no podrás cumplir: «no te preocupes que eso no volverá a ocurrir».
- Considera ocasiones en las que debas tomar alguna acción:
  - Informar a la profesora de lo que está ocurriendo. Dependiendo de la edad del niño/a, incluirlo lo más posible en la decisión, pero sin pedirle más de lo que está dentro de sus posibilidades hacer.
  - Si la situación incluye amenazas, mensajes telefónicos ofensivos, etc., se puede pensar en tomar medidas legales.

Cuando nuestros hijos/as se enfrenten a situaciones conflictivas sería bueno tener en mente una serie de preguntas que les ayuden a saber que, por una parte, estamos disponibles para ellos siempre que lo necesiten y, por otra, que los estamos dotando de herramientas para manejarse en estas circunstancias:

¿Qué pasó?
¿Cómo te sentiste?
¿Qué dijiste o hiciste cuando ocurrió?
¿Si algo parecido volviera a ocurrir, crees que reaccionarías de la misma forma?
¿Te gustaría que yo hiciera algo al respecto?

Es importante dejar que sea el niño/a quien lo decida. De esta forma, le mostramos que siempre estamos dispuestos a ayudarle, pero también que tenemos confianza en su capacidad para decidir cuando necesita nuestra ayuda.

4. Incluir la cultura de origen en su educación

Es importante ofrecerle información sobre su cultura de origen, la situación del país, etc., antes de que se forme una imagen negativa debido a los mensajes que transmiten los medios de comunicación, a veces bastante sesgada en algún aspecto concreto (pobreza, narcotráfico, delincuencia, etc.)

Esta información debe enfatizar aspectos positivos y valiosos, sobre hechos, costumbres, tradiciones, etc., sin ocultar aquello que, como cualquier sociedad, deba mejorar. Por ejemplo, en el caso de la cultura china, se les puede hablar de su historia milenaria, sus obras de arte, grandes inventos, etc. Todo esto hará que la niña/o de origen chino sepa qué significa tener un patrimonio étnico y cultural.

También se puede educar sobre su herencia cultural a través de la comida, los libros, las películas, la música, o las celebraciones. Por ejemplo, mi familia suele asistir a la celebración del año nuevo chino con la comunidad china de nuestra ciudad.

Es importante llevarles a eventos o lugares donde las personas presentes sean mayoritariamente de su mismo origen étnico porque son enriquecedores para toda la familia, ya que suelen ser de las pocas situaciones en la que sintamos lo que significa estar en minoría. Esto incrementará nuestra habilidad para entender la experiencia que viven nuestros hijos/as como minorías individuales.

Es cierto que una determinada cultura sólo puede ser transmitida de manera efectiva por personas que tengan las categorías mentales propias de esa cultura, así como el conocimiento del origen de costumbres y tradiciones, cosa que la mayoría de las familias adoptivas no tenemos. Sin embargo, lo que sí hacemos al incorporar la cultura de origen de nuestros hijos/as a la vida familiar, es transmitirles un sentido de orgullo y aceptación de esa cultura, que contribuye a crearles una identidad étnica positiva.

Si el niño/niña rechaza su cultura de origen de forma temporal o permanente, no se debe forzar más allá de aquello para lo que está preparado/a, pero debe tener la oportunidad de elegir.

5. Frecuentar ambientes étnicos y culturales variados.

Es importante estar abiertos a las diferencias culturales, proporcionando a los hijos/as elementos, perspectivas y conocimientos no sólo de su cultura de origen, sino también de otras culturas. Ello ayudará a comprender que ninguna cultura es mejor que otra, que no hay etnias o culturas superiores a otras, simplemente son diferentes, y que la diferencia no es sinónimo de inferioridad.

Es una forma, entre otras, de contrarrestar el mensaje que constantemente oirán, aunque sea de forma subliminal, de que hay personas de primera, que somos los caucásicos, con lo que esto puede suponer para la creación de una identidad positiva, en caso de que ellos no pertenezcan a este selecto club.

Esto se percibe claramente en los medios de comunicación. Por ejemplo, en las noticias de televisión no tiene, ni por asomo, la misma cobertura el secuestro de una sola niña europea, que el secuestro de cientos de niños/as en el Tercer Mundo, para reclutarlos como soldados, como esclavos para fabricar ladrillos, o para destinarlos a la prostitución o el tráfico de órganos.

6. Poner a su alcance juguetes, libros y materiales multiétnicos

Hoy día existen en el marcado, muñecas de distintas razas y libros de cuentos de diversas tradiciones culturales, que pueden ayudar a nuestros hijos/as a desarrollar una visión enriquecedora de la diversidad étnica y cultural.

Crayola fabrica crayones y lápices «multiculturales» con colores caoba, damasco, siena, oro y sepia, que pueden ayudar a terminar con la famosa expresión racista «color carne» para referirse al color que usan los niños/as caucásicos para colorear la piel, como si el único color posible de la piel fuera ese. Muchas escuelas y maestras/os no son ni siquiera conscientes del trasfondo racista de esa expresión, pero de una forma sutil va permeando en nuestros hijos/as el concepto de que lo «normal» es tener ese color de piel y que los demás tipos de piel no son de tanto valor.

7. Apoya sus deseos de saber más o de conocer a su familia biológica.

En el pasado, la adopción era un tema tabú. La mayoría de las familias que adoptaban lo hacían por motivos de infertilidad, y la mayoría de los niños/as que se daban en adopción procedían de relaciones «pecaminosas». Tanto la imposibilidad de procrear como la filiación extramatrimonial se consideraba una «anormalidad» que convenía ocultar, así que se evitaba nombrar el término adopción pretendiendo que en realidad se trataba de una familia biológica «normal». Hoy día, cuando las motivaciones para adoptar se han diversificado y cuando la mayoría de las adopciones son internacionales, los especialistas y la mayoría de las familias adoptivas sabemos que es un tema del que se debe hablar con toda naturalidad.

Además, el miedo de muchas familias adoptivas de que el interés por la familia biológica implique un menoscabo o un fracaso de ellos como familia adoptiva, es mayoritariamente respondido por los hijos/as adoptados como inexacto. La mayoría sólo quiere conocerlos, saber como son físicamente, si se parecen a ellos, los motivos del abandono, etc. Muchos no hacen esta búsqueda hasta que los padres adoptivos han muerto por miedo a hacerles sufrir, pero éste es un sufrimiento inútil porque no hay rivalidad posible, si cada uno ocupa su lugar.

Según las investigaciones realizadas en países con más tradición en adopciones interétnicas, tanto el grado de ajuste como el nivel de autoestima es similar al de otros menores, ya que el éxito o el fracaso de las mismas no está relacionado con el hecho de que existan diferencias étnicas entre los miembros de la familia, sino con la historia preadoptiva y con las actitudes que los padres/madres tengan ante dichas diferencias. Y esto va a depender, básicamente, del sistema de valores que tenga la familia, de sus motivaciones para adoptar, de su actitud en relación con la familia biológica, de sus propios prejuicios y estereotipos, etc., que son transmitidos no sólo a través de los mensajes orales, sino, especialmente, a través del tono de la voz, de las actitudes y de los gestos.

Relatos en Primera Persona

Mi agradecimiento a Montse, madre (¡adoptiva!) de dos niñas nacidas en Etiopía, por permitirme incluir esta reflexión, sincera, profunda y tierna, que pone de manifiesto los retos, las dificultades y las alegrías de la maternidad en una familia interétnica.

¿Cómo es ser madre de una niña negra?

«A menudo para mí, ser madre (¡adoptiva, que a veces me olvido!) de dos niñas negras es como andar sobre la cuerda floja, pero sabiendo que

si pierdo el equilibrio quien se cae no soy yo, son mis hijas. Y eso me da mucho miedo. Ser madre de una niña negra significa:
- **Aprender lo que es el racismo** y tener que aprender a combatirlo.
- **Sentirte algo negra** y desear ser negra como tu hija.
- **Aprender a responder** a tono y según las circunstancias a los comentarios de cualquiera, familiar, desconocido… ¡Todos se sienten con derecho a interrogarte!
- **Enseñar a tus hijas** a proteger su intimidad, sin esconder su realidad (y eso es muuuuuuuuy difícil).
- **Sentirte un poco culpable** por haberlas traído a este mundo tan blanco…
- **Interrogarte** continuamente sobre **qué es la identidad y para qué sirve**.
- **Desear para tus hijas lo mejor, sin tener claro que es lo mejor**. ¿Que se sientan africanas, cuando de africano solo tienen las personas que las engendraron? ¿Sentirse europeas, cuando muchos europeos no las reconocerán jamás como tales? ¿No sentirse nada?
- **Esperar que sean guapas, simpáticas e inteligentes**, para que el mundo "las trate bien" y les "perdone el ser tan negras". Esperar que salgan cirujanos, científicos…Sabiendo que eso no asegura la felicidad.

Cuando decidí adoptar me planteé cuáles eran mis límites:
- ¿Un niño que no tenga nuestro ADN? Por qué no… El equilibrio mental de mi familia da asquito, y si vierais a mi suegra…
- ¿Un niño negro? Si, no soy racista, adoptaría hasta un niño suizo y tengo muchos más prejuicios contra los suizos. Además el racismo es algo bastante superado en Europa…

Así que comencé con una base errónea y sin pensar en los problemas que podría tener esa personita por el hecho de ser diferente.

Dicen que uno de los elementos fundamentales para crear nuestra identidad es nuestro aspecto exterior, nuestra "raza". Entonces la "raza", el "color de la piel"… ¿son importantes? ¡No lo sabía! Así que voy a hacer el esfuerzo de enseñarle algo de… su (¿su?) *cultura de origen*. ¿Pero qué cultura de origen si llegó que no tenía ni un año? No lo sé… Yo, apátrida, no creyente y algo cínica, pero MADRE, voy a tener que enseñarles a querer y respetar un país que no conocen y –dicho sea de paso – yo tampoco. Mostrarme firme durante la fase del rechazo a los orígenes, hablar siempre con respeto de sus padres biológicos, mostrando siempre comprensión, aun cuando uno no comprende nada...

Ser madre de una niña negra, a veces, muchas veces, duele. Duele porque la quieres, así como es, ¡perfecta!, y sabes que este mundo perfecto no es y la hará sufrir.

Comencé esta aventura de un modo inconsciente e ignorante y no me arrepiento. Porque aunque duela, también llena, alegra la vida, te hace pensar, buscar recursos, tener ganas de combatir la injusticia y de cambiar el mundo; en resumen, te entran ganas de ser una persona mejor. Y se me ocurre... ¿y si todos los blancos adoptaran a un negro?

Capítulo 7

Hablando con nuestros hijos/as sobre la adopción

¿Por qué es importante hablar de la adopción?

En un pasado no muy lejano, las familias solían ocultar el hecho de que eran una familia adoptiva, y lo hacían incluso a los propios hijos/as. Lo importante era parecer una familia «normal», ya que cualquier otro tipo de parentalidad que no fuera la biológica se consideraba menos auténtica.

En general, se argumentaba que el no hablar de la adopción era una forma de evitar dolor y sufrimiento a los hijos. Aunque, realmente, también era una forma de no asumir la infertilidad, que era la motivación que normalmente llevaba a la adopción. En los casos en los que se informaba a los hijos del hecho de ser adoptados, la información no iba más allá.

Actualmente, con la diversidad familiar que caracteriza nuestro tiempo, la adopción es simplemente una forma más de convertirse en familia. Por otra parte, tanto profesionales como familias han tomado conciencia de los problemas emocionales que ha supuesto para muchas personas adoptadas el mantenimiento de secretos y mentiras en torno al hecho de su «ser adoptivo».

Hoy sabemos que cuánto más cómoda se sienta la familia hablando de los orígenes de su hijo/a y de todo lo que rodeó la adopción, tanto más a gusto se sentirá el niño/a. En realidad, está constatado que el modo de informar determina en una proporción importante la reacción de las personas ante una noticia determinada.

Es importante, pues, empezar a hablar sobre la adopción desde el principio, tomando nosotros la iniciativa, y desde una perspectiva positiva. Esto tiene varios propósitos. El primero es crear un sentimiento dentro de la familia de que la adopción es un tema normal de conversación. Puede que todavía no entiendan el significado profundo de lo que significa ser adoptado/a, pero sí entienden que la familia se siente cómoda hablando de ella.

Un segundo propósito es que reciban el concepto y los sentimientos acerca de la adopción a través de nosotros, su familia, y no a través de terceros, que pueden sesgar la información.

También nos permite hablar desde distintas perspectivas y circunstancias, sobre un asunto que envuelve sensibilidad y aspectos dolorosos. En un principio es común tener dificultades para hablar de algunos aspectos de la adopción, por lo que poner palabras a los sentimientos termina por resultar más fácil cuando es un tema del que se habla con normalidad. De esta forma también los hijos/as se sentirán con libertad de preguntar cuando sientan la necesidad.

Para algunas personas, sin embargo, hablar sobre la adopción de sus hijos/as es algo complicado. Quizás, porque no saben qué decir, porque temen decir algo que no deban y herir de esa forma a sus hijos/as, etc. Esta dificultad puede tener sus raíces en una ambivalencia en torno a la adopción misma o hacia la familia biológica, puede deberse a un duelo no resuelto en relación con la infertilidad o a otras variadas razones.

Cualesquiera que sean estas razones, es importante reconocer que existen esas barreras que impiden hablar con naturalidad de la adopción, se deberían identificar y tratar de resolver porque afectarán a las conversaciones que tengan con sus hijos e hijas.

Así, si una madre o padre adoptivo tiene una actitud negativa hacia la familia biológica, es importante que se plantee el motivo y trate de resolverlo, porque no podrá hablar sobre ella sin proyectar sentimientos negativos, que provocarán efectos no deseables en la formación del sentimiento de identidad de los hijos/as.

Por tanto, es importante que si se sienten esas barreras de comunicación, se reconozcan, se trabaje para resolverlas y no se permita que interfieran en la comunicación con los hijos/as ni en su educación.

Cómo hablar sobre la adopción

Cuando se ha perdido la familia propia, el ser adoptado/a por otra familia sólo representa el principio del fin del problema. La herida ha quedado grabada en la memoria y la idea que cada niño/a se haga de lo que le ha ocurrido va a condicionar mucho la forma en la que cicatrice esa herida.

Si hay secretos y mentiras en la forma en que los padres/madres enfrentan la adopción, es probable que el niño/a perciba que en su vida hay algo vergonzoso, que se debe ocultar, con lo cual la herida no cicatrizará adecuadamente y el trauma se instalará en su vida. El contarles las circunstancias exactas, dentro de lo que su edad y madurez permitan, les ayudará a disipar las posibles fantasías sobre su pasado o los sentimientos de culpabilidad o vergüenza sobre el mismo.

Cuando las familias adoptivas reconocemos el dolor de las pérdidas que han sufrido nuestros hijos/as en cuanto a su familia biológica, el país y la cultura de origen, los olores, sabores y texturas, quizá una familia de acogida, etc., y se elaboran adecuadamente los duelos correspondientes, los niños/as pueden pensar en ese pasado de una forma soportable, sin dolor ni resentimiento.

Por eso es importante hablar con los niños/as sobre las pérdidas que han sufrido, pero también es importante tomar conciencia de que ellos reciben la información y piensan de forma diferente a como lo hacemos los adultos. Además, la forma en que la procesan cambia a medida que van creciendo, de forma que algo puede tener sentido para un niño/a de nueve años, en cambio, podría provocar confusión en uno de cinco.

Cuando son pequeños, les gusta mucho escuchar una y otra vez qué sentimos cuando los vimos por primera vez, que hicieron ellos/ellas, como fue el viaje a casa, etc. En estas edades todavía no entienden el sentido profundo de la adopción, pero es importante que se acostumbren a hablar de ella desde un punto de vista positivo, cuidando los términos que usamos, en función de cómo ellos los perciben.

Entre los dos y los cinco años es importante hablar sobre la historia de su adopción explicándoles que primero nacieron y después fueron adoptados. Puesto que a estas edades si no se les explica, aunque para nosotros sea algo obvio y evidente, para ellos no puede serlo tanto y pueden pensar que no nacieron de la misma forma que los demás niños/as.

En el caso de las familias monoparentales es importante que entiendan que aunque no tienen padre o madre adoptivo, sí tuvieron padre o madre biológico. Una pequeña de cuatro años, tenía tan asumido que si su madre no tenía marido, ella no tenía padre, que pensaba que nunca lo había tenido. Cuando la madre se dio cuenta y la sacó de su error, se quedó sumamente sorprendida y contenta al mismo tiempo, ya que eso implicaba que ella había nacido como los demás niños/as que conocía.

Hasta casi los siete años tienen un pensamiento mágico, en el que tienden a personalizar todas las cosas y a creer que sus propios pensamientos, deseos o acciones son las responsables de lo que les ocurre. En esta etapa, suelen centrarse en la parte del mensaje que hace referencia a ellos mismos. Así, por ejemplo, si le decimos: «Tu madre no pudo cuidar de ti», pueden entender algo así como: «había algo tan malo en mí, que ni mi propia madre pudo soportarlo».

Este malentendido se puede evitar cambiando la forma de decirlo, haciendo énfasis en que sus madres, en aquellos momentos, no estaban en condiciones de cuidar de *ningún* niño/a, asegurándole que no tuvo ninguna culpa de lo que pasó y que no hay nada que hubiera podido hacer, que hubiera cambiado las cosas.

Entre los siete y los once o doce años, el pensamiento concreto es la principal forma de procesamiento de la información. En esta etapa piensan en términos absolutos, como siempre/nunca, bueno/malo, etc. y no tienen todavía mucha habilidad para entender los eufemismos o las ambigüedades.

Si le decimos que sus padres no pudieron cuidarle por problemas económicos, en caso de pérdida de empleo del padre o madre adoptiva pueden pensar que volverán a abandonarlo.

Otra forma de ayudarles a superar las pérdidas es reforzando los recuerdos positivos, o si no los tienen por haber sufrido la pérdida siendo muy pequeños, hablándoles positivamente, ya sea de su familia biológica o de su país y cultura de origen. Esto, por otra parte, no significa que se deban obviar las cosas negativas, pero sí ponerlas en la perspectiva adecuada.

Por ejemplo, podemos mencionar alguna característica física, como el color de sus ojos, su bonito pelo rizado, etc. o alguna habilidad, como la elasticidad o el oído musical, para mencionar que tal vez su madre o su padre biológico también lo tuvieran.

La adolescencia es una etapa de muchos cambios. Los principales intereses se centran en la formación de su propia identidad y en la búsqueda de la independencia. En el caso de los adoptados surgen cuestiones adicionales relacionadas con la familia biológica, porque puede que tengan todavía algunos duelos sin elaborar.

Hablar sobre aquello que les duele es una parte fundamental en el proceso de sanar las heridas emocionales. Cuando los menores no tienen adultos que les sirvan de modelo, en estos casos es frecuente que conviertan aquello que les produce desazón en cualquier otro sentimiento, ya que les resulta más fácil mostrar como se sienten que expresarlo con palabras.

Pueden mostrarlo a través del enfado, la rabia, la agresividad, molestando a los demás, llamando la atención, llorando por cualquier cosa o protestando por todo, lo cual termina haciéndose insoportable para los adultos, a los que agotan la paciencia. La clave está en ayudarles a canalizar esos sentimientos de manera adecuada.

Una técnica que ayuda en este sentido es la que se conoce como escucha activa, que hace referencia a la habilidad de escuchar no sólo lo que nuestro hijo/a está expresando directamente, sino también los sentimientos, ideas o pensamientos que subyacen debajo de lo que está diciendo.

Para que la escucha sea activa se necesitan ciertos requisitos, como la empatía, que es la capacidad de ponerse en el lugar de la otra persona, de ser sensible a sus necesidades y sentimientos sin interrumpir ni juzgar. No se debe minimizar lo que el niño/a nos está contando con expresiones como «no te preocupes, que eso no es nada», ni contar una «batallita», porque lo que necesita es hablar, no escucharnos a nosotros. También hay que evitar el «síndrome del experto», que ya tiene la solución al problema antes de que el niño/a termine de hablar.

Muchas personas piensan que pueden librarse de sus sentimientos suprimiéndolos, olvidándolos o pensando en alguna otra cosa. En realidad nos libramos de los sentimientos que nos duelen cuando los expresamos libremente, y la forma activa de escuchar incita este tipo de catarsis.

La forma activa de escuchar también ayuda a los niños/as a que tengan menos miedo de los sentimientos negativos, promoviendo una relación cálida y afectuosa dentro de la familia.

La experiencia de ser escuchado y comprendido por otra persona es tan satisfactoria que inevitablemente hace que el niño/a sienta cariño por quien le escucha, quien a su vez, aprecia cada vez más su forma de ser y ver las cosas, con lo cual se retroalimentan los sentimientos de intimidad, comprensión y amor.

La forma activa de escuchar anima al niño/niña a pensar por sí mismo y descubrir sus propias soluciones, al mismo tiempo que transmite confianza. Los mensajes de consejo, lógica, etc. transmiten desconfianza al tomar para uno mismo la responsabilidad de resolver el problema. La forma activa de escuchar es, por lo tanto, una de las formas más efectivas para ayudar a nuestros hijos/as a convertirse en personas autónomas, responsables e independientes.

Honrando los orígenes

Aunque la cultura occidental de nuestro tiempo concede una importancia capital al individuo, lo cierto es que nacemos dentro de un sistema familiar con el que, de alguna manera, estamos conectados. De forma que no sólo heredamos los ojos, la altura o el color del pelo, sino que también recibimos una herencia anímica, que nos vincula a ella.

Puesto que las vidas de nuestros hijos/as comenzaron en un sistema familiar diferente a aquel en el que se están desarrollando como personas, que es el nuestro, es fundamental que les enseñemos a integrar los dos sistemas de manera armoniosa, para que puedan desarrollar una identidad plena y saludable.

Así, mientras más activamente se ignore a la familia biológica, más dificultades tendrá el menor para tomar a la familia adoptiva con agradecimiento y ternura. Cuando el niño/a se encuentra enojado o tiene resentimiento hacia su familia biológica, esto le impide disfrutar plenamente del presente y de la familia adoptiva. A veces, de manera inconsciente, prefiere portarse mal o fracasar en la escuela porque así se explica a sí mismo la razón por la cual lo rechazó su madre biológica.

Nuestros sentimientos como madres o padres adoptivos frente a la familia biológica de nuestros hijos/as siempre se refleja de alguna manera sobre ellos e influye negativamente sobre su desarrollo emocional, su autoestima y su identidad, si los miramos con desprecio o con compasión. Por ello tenemos que ser los primeros en reconciliarnos con sus orígenes biológicos, de manera que podamos ayudarles, por una parte, a desarrollar una identidad saludable y, por otra, a evitar que vivan como un lastre su origen biológico.

Algunos padres/madres se limitan a explicar la historia de la adopción desde el momento en que ellos entran a formar parte del relato, emergiendo como estrellas y contándole al niño/a que él/ella fue elegido/a. Del menor se espera que esté radiante de felicidad, y reciba la noticia con agradecimiento.

Pero iniciar el relato antes de la adopción es fundamental porque nos permite, primero a nosotros y después a ellos, dar a la madre y el padre biológicos el lugar que les corresponde; que es un lugar de respeto y dignidad, independientemente de las circunstancias que les llevaron a dar su hijo/a en adopción. En el caso de las adopciones internacionales e interétnicas es importante respetar y dar su lugar al país, la cultura y la etnia de origen.

Algunos padres/madres en su fuero interno recriminan a los padres biológicos el abandono de sus hijos o se sienten mejores que ellos. Examinar y aceptar nuestros sentimientos es fundamental porque muchas veces el hijo se siente solidario anímicamente con los padres despreciados, y muestra su enfado con los adoptivos, en forma de rebeldía, mala conducta, etc.

Si, por el contrario, los padres biológicos son respetados y honrados por los padres adoptivos, porque le han dado la vida, los hijos/as adoptados pueden, entonces, agradecer a los biológicos la vida y a los adoptivos la crianza.

En una ocasión, una madre contaba cómo su hija tenía hacia ella una especie de enfado permanente que no alcanzaba a entender, hasta que un día la niña le preguntó por qué había tardado tanto en ir a buscarla. Como nunca le había hablado de su madre biológica, la niña, con su mentalidad infantil, había interpretado la historia que la madre le había contado sobre cómo había ido a buscarla en un avión, entendiendo que previamente la había dejado en el orfanato y por eso estaba enfadada con ella, porque había tardado mucho tiempo en volver a recogerla. Estaba atribuyendo el abandono de la madre biológica a la madre adoptiva, y por tanto volcando su rabia contra ella, puesto que no conocía la existencia de la primera, que era quien realmente la había abandonado.

Por eso, es importante que los padres adoptivos no pretendan ocupar el lugar de los biológicos, porque cuando el hijo/a tiene resentimiento o algún sentimiento negativo hacia sus padres biológicos, los reciben los adoptivos si éstos pretenden ocupar el lugar de aquellos. Si, en cambio, no se consideran más que continuadores de la labor que aquellos no pudieron llevar a cabo, esos sentimientos se dirigen hacia los biológicos, y no hacia ellos, que son los que se están encargando de su crianza.

Por otra parte, muchas familias adoptivas, especialmente las madres temen que si les hablan a sus hijos/as de la madre biológica vaya a surgir una especie de rivalidad, ya que pueden fantasear y convertirse ellas en la «mala de la película», puesto que es la que prohíbe, la que da órdenes, etc. Pero cuando la familia adoptiva entiende que su labor es llevar a término lo que la biológica no pudo, no hay rivalidad posible, ni miedo a que esto amenace la relación con el niño/a, ni a que fantaseen. Muy al contrario. Se establecerá una relación en la que los hijos/as no tienen por qué tener sus lealtades divididas, algo que les crear conflictos internos innecesarios.

Javier Múgica, responsable del Programa Adoptia, en un trabajo sobre lo que piensan los niños y niñas adoptados sobre sí mismos, encontró opiniones como ésta: «me preocupan como se han quedado mis padres y mis hermanos en Colombia» (niño de 10 años llorando y madre adoptiva con la boca abierta). O ésta otra: «cuando lloro y estoy triste me acuerdo de mis hermanos y de mi familia (biológica)».

En el trabajo constató que la familia biológica seguía presente en las vidas de los menores, aunque no hablaran de ella. También seguían presentes las familias de acogida o educadoras significativas.

La reacción de los adultos a lo dicho por los niños fue de sorpresa, a veces perplejidad, extrañeza, temor de haber abierto la caja de los truenos, etc.

Entre las conclusiones destaca que los niños/as adoptados quieren saber cosas del pasado, de su familia biológica, pero no saben si deben o no.

De esta última conclusión se desprende que en esas familias, la adopción no debía ser materia habitual de conversación, pero lo cierto es que esos niños/as necesitaban hablar de su familia biológica y de los motivos y circunstancias que les llevaron a la adopción.

El hacerlo es fundamental para que tengan un sentido de identidad saludable, puesto que su historia se inicia en la familia biológica, y no podemos cercenar esa parte de su vida sin que se resienta el resto. También lo es porque la comunicación y la expresión de los sentimientos son muy importantes como vehículo para fortalecer el proceso de vinculación con la familia adoptiva, y finalmente, aunque no por ellos menos importante, porque hablar positivamente de su pasado, poniendo nombre a los sentimientos, es un factor de resiliencia de inestimable valor.

A nosotros, las familias adoptivas, nos corresponde crear para ellos una atmósfera adecuada donde puedan sentirse con la libertad necesaria para expresar sus miedos, sus interrogantes, sus dudas, etc., con la misma naturalidad que expresan sus alegrías, sus logros o sus proyectos de futuro.

Relatos en Primera Persona

Mi gratitud a David Solá, gran profesional y amigo, por compartir uno de los muchos casos de adopción que ha tratado desde un planteamiento sistémico transgeneracional*. El segundo relato está planteado desde un punto de vista personal.

Mario

«Con mucha frecuencia, cuando me encuentro frente a un caso de adopción con problemas debo explorar en los orígenes de su existencia, sólo allí puedo encontrar la explicación y, posteriormente actuar para liberar del sufrimiento al adoptado y su familia.

En general, los padres y las personas que ha intervenido con ánimo de ayudar, tales como, profesores o algunos terapeutas, atribuyen las causas del problema a factores inmediatos o circunstanciales, obviando de forma contundente la cuestión del abandono, que el adoptado lleva interiorizada.

Éste fue el caso de una mujer que se presentó en la consulta explicándome el conflicto que sufría en la relación con su hijo mayor. Todo había ido bien hasta que el joven cumplió los 13 años, en pocos meses había cambiado su actitud en la escuela y con los padres. La madre lo describía como un niño demasiado tranquilo para su gusto, con buenos sentimientos, familiar y con un grupo de amigos muy reducido.

La madre siempre se había encargado de supervisar las tareas escolares y se quejaba de que su actitud no era positiva hacia el trabajo aunque hacía lo que le decían. A su vez, la madre reconocía ser muy exigente con su hijo y a veces hasta dura, se sentía muy decepcionada a causa de las expectativas que había depositado en él. Madre e hijo tenían muchas discusiones que terminaban en castigos pero sin ningún resultado. El joven había manifestado abiertamente que ya no quería estudiar más.

El niño fue adoptado con seis meses de edad procedente de Colombia. Era el cuarto hijo de una familia muy pobre, que por cuestión económica, lo dieron en adopción. Cuando lo entregaron estaba enfermo y desnutrido.

Al comprobar que no había ninguna causa en la experiencia directa del niño que pudiera justificar los cambios de actitud, su temperamento pasivo y la conflictividad creada entre madre e hijo, se invitó a los padres a que asistieran a una terapia sistémica transgeneracional para explorar la influencia de lo ocurrido en el desenlace entre el niño y sus padres biológicos.

Accedieron a incorporarse al grupo aunque con bastante escepticismo, puesto que, estaban convencidos que no tenía ninguna relación el hecho de la adopción con el conflicto que sufrían, más bien se lo atribuían a la cuestión de la adolescencia.

Cuando se presentó su caso, se escogieron representantes para el niño, para ella y para los padres biológicos y los configuraron como la madre entendía que se encontraban anímicamente hablando. Los padres biológicos los situó muy alejados del niño y ella se colocó frente a él. Al cabo de pocos momentos, el representante del niño comenzó a buscar con un deseo muy fuerte a su madre biológica, y ésta, también correspondía fijando toda su atención en él. La representante de la madre adoptiva impedía el encuentro y le reclamaba al niño que le atendiera a ella. La actitud del representante del niño era como si no viera a su madre adoptiva y toda su energía estaba centrada en poder alcanzar a su madre biológica.

En aquella sesión se facilitó que la madre biológica y su hijo pudieran encontrarse y arreglar la "asignatura que tenían pendiente": el reconocimiento del hijo y su lugar en la familia por parte de la madre biológica, la liberación del dolor del abandono por parte del hijo sobre su madre biológica, la aceptación de la nueva situación y la despedida. Así como el reconocimiento por parte de la representante de la madre adoptiva de los padres biológicos como verdaderos padres del niño.

Al mes siguiente la madre adoptiva vino a la sesión individual que habíamos programado. Ella también necesitaba liberar la carga emocional que tenía reprimida a causa de experiencias personales, la cual, proyectaba a menudo sobre su hijo adoptado. Lo primero que me dijo al entrar fue que la relación entre los dos: madre e hijo, había mejorado sensiblemente de forma espontánea. Ella ya no sentía tanta ira contra el hijo y el chico estaba más cariñoso con ella y cooperador.

En los dos meses siguientes, la madre reconocía que la relación entre los dos seguía mejorando en todos los aspectos, tales como la comunicación y las expresiones afectivas. Pero, en la escuela y con sus tareas escolares seguía con falta de responsabilidad. Esto aún era un punto de conflicto entre la madre y el hijo.

Se decidió presentar una nueva sesión de terapia sistémica puesto que la actitud de la madre respecto al hijo había mejorado mucho y en esta área no había resultados significativos.

Se escogieron representantes para la madre, el niño, la escuela y se configuraron conforme la madre percibía que se encontraban: la madre y el hijo juntos (no enfrentados), y el representante de la escuela a una cierta distancia.

Al dar inicio al movimiento, pronto el representante del hijo comenzó a buscar con la mirada a alguien que no estaba presente. Esto era una novedad, pues, la cuestión pendiente con los padres biológicos ya había sido puesta en orden. Le pregunté en aquel mismo momento a la madre por algún hecho significativo que ella pudiera conocer y hubiera ocurrido entre el nacimiento del niño y su adopción.

Ella quedó un momento pensativa y me miró cambiando la expresión de su cara, como la que estaba tomando conciencia de algo totalmente olvidado y que ahora llegaba a su mente con mucha fuerza:

- Los trámites con su país de origen son lentos y complejos –me dijo-, y los niños que los padres abandonan o entregan para ser adoptados van a unas casas de acogida donde las familias cuidan de varios de estos niños simultáneamente hasta haber completado todos los tramites. Nosotros pedimos que el niño que nos habían adjudicado fuera cuidado en exclusividad por una familia para que pudiera recibir la atención y cuidados máximos, por supuesto nosotros tuvimos que hacernos cargo de unos gastos extras, pero durante aquellos largos seis meses, tuvimos el consuelo y la tranquilidad de que nuestro hijo estaba bien cuidado.

Era evidente que el representante del niño estaba buscando a los *"primeros padres adoptivos"* que tuvo en su vida. Así pues, se escogieron representantes para estos padres y se colocaron a una buena distancia del representante del niño para comprobar si realmente existía un vínculo entre ellos. Automáticamente, el representante del niño se apegó a la que representaba la *madre de acogida* fundiéndose en un fuerte abrazo los dos. Permití que el abrazo durara todo el tiempo que sus representantes necesitaron hasta que pudieron mirarse a los ojos. El representante del niño tenía una mezcla de sentimientos: por una parte recibía el amor de la *madre de acogida,* pero, también sentía frustración y rabia por haber sido separado de su nueva figura de apego. Aquí, de nuevo, se tuvo que conducir la elaboración de la ruptura y despedida hasta llegar a la aceptación por ambas partes.

Una vez resuelto el tema entre el niño y la *madre de acogida,* el representante del niño se acercó a la madre adoptiva y quedó tranquilo mirando de buen grado hacia el representante de la escuela.

La madre informó posteriormente que la actitud del hijo respecto a la escuela y las tareas escolares que debía realizar en casa había mejorado muy satisfactoriamente. Su temperamento tranquilo seguía manteniéndolo, pues, esto es algo genético, pero las actitudes y reacciones inconscientes no adaptativas, suelen tener una causa que las justifica, la cual, puede encontrarse en cualquier etapa de su vida o en la de sus antepasados.

Por otra parte, el trabajo individual realizado con la madre para sanar sus experiencias traumáticas, ilusiones frustradas y carencias afectivas, resultó en una conducta más equilibrada y tolerante en la relación con el hijo.

Aunque todos los que valoraron el caso coincidían en responsabilizar a la adolescencia como causa fundamental del problema, había algo más profundo pendiente de resolver en el alma del niño respecto a sus orígenes que se agravaba por la actitud y el carácter de la madre».

* Nota Explicativa.

La terapia sistémica transgeneracional es un proceso terapéutico, cuyo objetivo es liberar a la persona de todos aquellos condicionamientos anímicos inconscientes producidos por su sistema familiar, que le impiden disfrutar con plenitud de la vida y de unas relaciones positivas con los demás.

Como en cualquier otro sistema, existen leyes silenciosas e invisibles que rigen el sistema familiar. A menudo el sufrimiento de los miembros del sistema surge cuando uno o mas miembros infringen estas leyes, entre las cuales están, que cada miembro del sistema tenga un lugar de respeto y dignidad, que se respete el orden de quien llegó primero dentro del sistema, que no se excluya del sistema familiar a ningún miembro, etc.

La metodología de trabajo consiste en analizar el problema que se pretende solucionar, mediante una breve exposición, a partir de la cual el terapeuta pide a la persona que elija entre los componentes del grupo a alguien que la represente a ella y a determinados miembros del sistema familiar. Seguidamente le pide que los coloque en el espacio, según sienta que se encuentran.

Las personas elegidas, a través de la intuición, sienten y expresan las actitudes y sentimientos acordes con las personas que representan. De esta forma se obtiene una especie de radiografía de la dinámica interna de la familia.

La terapia consiste en encontrar una «imagen diagnóstico» y una «imagen solución», que es interiorizada por la persona, de forma que se pueda liberar de aquellos condicionantes sistémicos que le impedían vivir la vida de manera positiva.

Mar

«Cuando viajé a China por primera vez en el año 2000 y posteriormente en el año 2002, para mí, el hecho de que mis hijas hubieran nacido en el sur de China era un mero accidente en sus vidas. Como se iban a criar en España, serían españolas, en concreto andaluzas, porque vivimos en el sur. Sus madres biológicas eran una nebulosa para mí, puesto que no sabía nada de ellas. Las respetaba, pero también las ignoraba, no formaban parte de nuestras vidas. Aprender chino o conocer su cultura de origen me parecía más bien un determinismo geográfico. Y así, suma y sigue.

Ahora comprendo que sus raíces están en China y que sin raíces no puede haber un crecimiento equilibrado. Así que las expongo todo lo que puedo a un ambiente en el que puedan desarrollar una identidad étnica y cultural positiva, es decir, que puedan identificarse con las personas con las que comparten una historia y una cultura, aunque sus creencias, preferencias y afinidades puedan ser distintas, ya que se están criando en otro sur, y que se sientan orgullosas y puedan enriquecerse de lo que ambas culturas les ofrece, porque también les enseño a amar la tierra que las está viendo crecer.

Sigo sin saber nada de sus pasados, pero ahora entiendo sus vidas desde una perspectiva sistémica muy diferente. Les enseño a honrar a sus padres biológicos porque ellos les dieron la vida, respetando los destinos trágicos que les impidieron mantenerlas, y sin ningún tipo de juicio hacia una cultura, que ante una ley del Estado, la ley del hijo único, excluye a parte de sus miembros.

Por eso, cuando un día, siendo muy pequeña, mi hija mayor me preguntó si su carita todavía se parecía a la que tenía cuando era bebé, yo le pregunté por qué lo quería saber. Me dijo que quería saber si, cuando volviéramos a China, su madre china, como ella la llamaba, la reconocería. Y yo le dije que sería muy difícil encontrarla, porque no sabemos su nombre, ni siquiera si vive, pero que una parte de su madre y de su padre biológicos están dentro de ella, así que, aunque nunca llegue a conocerlos, siempre estarán con ella.

La perspectiva sistémica también me ha hecho ver la importancia de tomar de nuestros propios padres, para poder, a nuestra vez, dar a nuestros hijos/as. Me ha ayudado a observar mi propia historia sistémica y personal y su posible relación con la decisión de adoptar, dándole a cada miembro del sistema familiar un lugar de respeto y dignidad, que antes, quizás por desconocimiento, no recibían.

Ahora entiendo también que el famoso hilo rojo no sólo me une a esas dos personitas que un día llegaron a mi vida, sino que también me une a dos familias de cultura, etnia y costumbres muy diferentes a las mías pero con las que comparto un proyecto común: el de darles la vida y mantenérsela a dos criaturas maravillosas.

En definitiva, puedo decir que estos planteamientos han supuesto un giro copernicano que me ha llevado a vivir de una manera diferente y más profunda la experiencia adoptiva».

Capítulo 8

En Nombre Propio

De objeto de estudio a expertos en la materia

Hasta ahora, las familias adoptivas, las ECAIs, los profesionales e investigadores y la misma administración dominaban el discurso y marcaban las agendas de los temas relacionados con la adopción internacional.

Muy recientemente, a partir del año 2000 aproximadamente, se ha producido un cambio paradigmático, en el que los adoptados/as han dejado de ser objeto de estudio para convertirse en expertos en la materia.

Así, con la llegada a la edad adulta de la primera generación de adoptados internacionales, y con las posibilidades que ofrece Internet, han empezado a surgir una serie de asociaciones a nivel global, entre cuyos objetivos están el servir de apoyo a la comunidad de adultos adoptados de todo el mundo, poniendo voz a la diversidad de sus experiencias, así como a la riqueza de sus identidades. Entre sus objetivos hay uno que es de capital importancia para las familias adoptivas actuales, que es el de proporcionar testimonios de primera mano que sirvan a las familias como referencia para la educación de las siguientes generaciones de adoptados internacionales, algo con lo que no contaron sus propias familias, pioneras en este tipo de adopciones.

Según sus testimonios, la mayoría de estas familias, con la mejor de las intenciones y sin tener modelos a los que acudir, educaron a sus hijos/as siendo: «ciegas al color», en la creencia de que de esta forma eliminaban las posibilidades de discriminación, obviando su cultura y su etnia de origen, pensando que lo importante era su nueva identidad, y creyendo que el amor, el respeto y las nuevas oportunidades serían suficientes para compensar las pérdidas que habían sufrido.

Quizás por ello, en la mayoría de las asociaciones de adultos adoptados internacionales hay una serie de temas recurrentes que tienen que ver con la formación de la identidad, el racismo, las dificultades para encajar tanto en la sociedad de origen como en la de adopción, los sentimientos ambivalentes en torno al concepto de gratitud, la búsqueda de los orígenes, etc.

En este sentido, algunos jóvenes adultos adoptados expresan las dificultades que han tenido para construir su identidad porque de pequeños no se les proporcionó la información o, incluso, les reprimieron los deseos de saber sobre su familia biológica, de forma que, para sobrevivir, se construyeron un «falso yo» o un «yo prohibido».

El primero, trataba de adaptarse a lo que le pedían, aun a costa de su propia identidad. Se comportaban como si hubieran nacido dentro de la familia y pensaban que no existían diferencias entre una familia biológica y una adoptiva. Este falso yo propiciaba un comportamiento complaciente. Una joven vietnamita adoptada en Australia lo explicaba así: «Debido a la gratitud que siento hacia mi familia nunca me he planteado explorar mis raíces. Me parece que eso puede ofenderlos o sugerir una falta de aprecio por lo que han hecho por mí […] por todo lo que me han dado yo los recompenso con la perfección. No se merecen nada menos que eso. Nunca les he dado problemas, nunca he cuestionado su forma de educarme […] es lo menos que podía hacer por ellos a cambio de lo que ellos hicieron por mí».

Detrás de este comportamiento, en realidad, hay miedo a un nuevo abandono, miedo a explorar aquello que pueda proporcionar dolor y, sorprendentemente, un sentimiento racista hacia las personas de su propio origen, que crea un estado de confusión interna, que se trata de ahogar, rechazando las diferencias. Esa misma persona continuaba así su relato: «Sé que dentro de mí albergo mucha confusión… pero estoy contenta ignorándola por ahora, quizás algún día quiera confrontarla, pero hoy no. Hoy soy feliz como soy, con mi querida familia, mis hipócritas actitudes racistas y mi forma de vida actual. Esta vida es segura. Puede no ser atractiva para otras personas, pero es segura para mí. Ahora sé como manejarme con esta vida y explorar lo desconocido puede traerme pena y dolor […]. Por ahora no quiero arriesgarme».

Por otra parte, el «yo prohibido», que es el que no debe expresarse, busca la autenticidad en las fantasías y en las conductas de rebelión. Este yo tiene resentimiento contra la familia adoptiva porque suponen una barrera hacia la verdad de su pasado.

Una chica coreana, adoptada en Noruega, lo expresaba de esta forma: «Con los ideales de igualdad social y solidaridad global dominantes, y con la autoproclamada apertura mental de la supuestamente mayoría "ciega al color", crecí pensando que la raza y la etnicidad no importaban. Lo que ellos consideraban importante era que alguien me amara y pusiera a mi alcance los altamente valorables beneficios de la educación y la democracia. Y durante mucho tiempo yo creí que esos mitos eran reales [...] me sentía culpable si cuestionaba todas sus buenas intenciones.

Pero en lo más profundo nunca me sentí bien. Me llevó tiempo ser capaz de poner en palabras los sentimientos prohibidos. No me atrevía a reconocerlos ni siquiera ante mí misma. Simplemente no había lugar para mi soledad, aislamiento racial y sentimientos de alienación, ya que todo el espacio era consumido por la felicidad de mis padres y las convicciones ciegas al color de una sociedad que consideraba que había hecho algo bueno salvándome a mí. Mostrar algo que no fuera gratitud y satisfacción habría sido como dar una bofetada en la cara de unos padres que me amaban, y de un pueblo que me había aceptado como uno de los suyos. Así que yo llevaba mi dolor a solas, con una máscara, ante el temor de que pudiera destruir las ilusiones de todos los demás.

Yo sé que nadie entenderá la tortura, pero sí, de muchas maneras ser una adoptada coreana ha sido una tortura emocional para mí, aunque quien no lo haya experimentado nunca lo entenderá [...]. Nadie me preguntó a mí si yo quería "salvar" a alguien o a algo –la oportunidad de mis padres adoptivos de paternidad y felicidad, o la necesidad de mi sociedad de adopción de sentirse noble–. Literalmente me siento como un corazón robado de un cadáver, atrapado en un cuerpo extraño».

Para llegar a formar un auténtico yo, una identidad cohesionada, es necesario integrar la identidad de origen con la identidad adoptiva. Al menos, así lo expresa un joven de origen colombiano adoptado por una familia australiana: «tanto mi padre como mi madre siempre me hablaron sobre mi adopción y siempre estuvieron abiertos a escucharme cuando lo necesité. Siempre intentaron que supiera más sobre Colombia, incluso me animaron a que, cuando fuera mayor, volviera allí para buscar a mi familia biológica. Sé que no me podían proporcionar un conocimiento preciso de mi cultura de origen, porque no era la suya, pero intentaron que me sintiera orgulloso de haber nacido en Colombia. Quizás por eso, no me molestaba cuando en el instituto los compañeros me gastaban bromas sobre si era un capo del narcotráfico. Me alegro de haber sido adoptado en Australia porque eso me ha dado una familia que me quiere, educación, medios, etc. Creo que me ha enriquecido como persona el saber que soy colombiano y australiano al mismo tiempo».

En cuanto al interés por sus orígenes, es una necesidad psicológica indispensable para algunos jóvenes y adultos adoptados a la hora de construir su identidad, mientras que otros no sienten esa necesidad de manera imperiosa. A otros, el dolor del abandono les impide pensar siquiera en la posibilidad de volver. Así, ante esta cuestión, desarrollan actitudes que van desde la mera curiosidad, sin una actitud activa de encontrar respuestas, hasta no querer ni oír hablar del tema o a sentir la necesidad de volver a su país de origen y buscar información por todos los medios posibles.

La cuestión de la existencia de un derecho a conocer la identidad de la familia de origen no está actualmente formulado de manera explícita en la Convención de los Derechos del Niño ni en La Convención de la Haya de 1993, por lo que la situación varía según la tradición jurídica de los distintos países.

Así, ciertos países reconocen a la madre un derecho de veto absoluto sobre la comunicación de su identidad, mientras que otros contemplan el derecho de la persona adoptada de conocer la identidad de los padres biológicos. En el marco de una adopción internacional esto puede plantear importantes cuestiones de derecho internacional privado.

En muchos casos, la búsqueda de los orígenes puede verse dificultada porque en el pasado se privilegiaba el anonimato o porque la información es muy limitada por falta de datos. Por ejemplo, en el caso de Vietnam, con la guerra, desaparecieron muchos documentos o simplemente muchos nacimientos ni siquiera se registraron. En el caso de China, donde el abandono está penado por la ley y, por tanto, se hace de forma clandestina, sin dejar ninguna identificación, la búsqueda se hace prácticamente imposible.

En algunos casos se ha creado oficialmente un «registro de contactos» en los que adoptados y padres, hermanos y otros miembros de la familia de origen, pueden inscribir su deseo de contacto para informar a cualquier otro interesado/a que lo consulte.

El interés por la búsqueda de los orígenes suele iniciarse en la adolescencia, una etapa que implica crisis y cambios, en la que los hijos tienden a la consolidación de su identidad. Este proceso de individuación-separación del adolescente se presenta en todos los jóvenes, sean hijos biológicos o adoptivos, sólo que en el caso de los segundos, ésa búsqueda de «quién soy yo» agudiza el sentimiento de abandono y el deseo de buscar sus orígenes, porque a esa pregunta se une otra «¿quién podría haber sido yo?».

Muchas veces, la búsqueda se convierte en una misión obsesiva, de manera que, ante el hecho de no saber y la necesidad de encontrar una respuesta, puede ocurrir que se incrementen las fantasías del adolescente al respecto de sus padres biológicos, idealizándolos o denigrándolos, buscando reivindicarlos de algún modo ante la falta de datos reales, etc. La sombra del origen, junto a la conflictividad propia de la adolescencia puede generar conductas difíciles y a menudo desafiantes. En algunos casos, una vez pasada esta etapa, no vuelven a interesarse por el tema hasta nuevos cambios en la vida, como el matrimonio o el nacimiento de los hijos.

Una experiencia común cuando vuelven a su país de origen es que tampoco allí encajan, contrariamente a lo que pensaban. En el país de adopción, aunque se sientan como naturales del país, llaman la atención por sus rasgos diferentes, la mayoría de las veces. Cuando vuelven al país de origen pensando que por fin van a pasar desapercibidos, se encuentran que, aunque sus rasgos no llaman la atención, si lo hace el hecho de que no hablan el idioma o si lo hacen, los delata su forma de mirar, o incluso su manera de andar.

Asha Miró, adoptada por una familia catalana cuando tenía seis años, y autora de dos libros, en los que narra sendos viajes a India en busca de sus orígenes, lo expresa muy bien en *La hija del Ganges*: «En Barcelona soy diferente por el color de la piel, por el pelo, las facciones, pero como lo he vivido desde pequeña ya estoy acostumbrada y no me fijo si me miran o me dejan de mirar. Con el paso de los años, he asumido ese papel, el ser diferente. Pero ahora resulta que aquí también tengo monos en la cara.

Me miran perplejos. Tenemos en común la piel y los rasgos físicos, pero por lo que parece no acabo de encajar [...]. Dentro de la intranquilidad que arrastro, me siento obligada a resolver una cuestión más que me inquieta. ¿De qué casta soy? [...]. Hablo con unas chicas indias que trabajan con la asociación con la que colaboramos [...]. Cuando logran acallar sus risas me dicen que no soy de ninguna casta porque no soy de India [...]. Tienes la piel oscura, eso sí, y los ojos y el pelo muy negros, tienes la nariz y la boca como nosotras, pero tus rasgos se han occidentalizado [...] no caminas como una india, no miras como una india, no gesticulas ni te mueves como una india. Nosotras te vemos como una europea más; por tanto no debes preocuparte por descubrir adonde perteneces [...]. No esperaba esa respuesta para nada [...] supongo que soy yo misma quien tiene que ir encontrando su sitio, y tal vez admitir que no soy de ningún lugar y sí un poco de todas partes».

Este sentimiento muy común en adultos adoptados internacionales ha dado lugar a un concepto nuevo entre algunos de ellos, «Third Space», que hace referencia a un área conceptual que supera las categorías convencionales de raza, género o identidades nacionales.

Sin duda, el poder contar con el testimonio de personas adultas adoptadas es de gran valor y utilidad para las familias adoptivas actuales, algo con lo que no contaron las familias que fueron pioneras en la adopción internacional.

Recursos en la Red

Muchas de las asociaciones de adoptados adultos que se han creado recientemente cuentan con recursos, tanto para los adoptados mismos como para agencias de adopción, profesionales de los servicios sociales y familias adoptivas. La siguiente es una lista de recursos disponibles a través de Internet.

- Vietnamese Adoptee Network **www.van-online.org**
  VAN se estableció en el año 2000, a raíz de la celebración del 25 aniversario del inicio de las adopciones internacionales en Vietnam, con una Reunión de la Primera Generación de Adoptados Vietnamitas, auspiciada por las principales agencias de adopción en aquel país.
  Un segundo evento, llamado Reunión 2000, fue el catalizador que sirvió para crear la asociación. Muchos de sus fundadores llegaron a la convicción de que era el momento de que la antorcha pasara a la comunidad de adoptados, que sería la depositaria de su propia historia y de la dirección de la comunidad.
  Entre sus objetivos está compartir experiencias, cultivar la tolerancia de las diferencias étnicas, promover la comprensión de su cultura de origen, organizar viajes a Vietnam y servir como recurso para familias adoptivas o que estén pensando en adoptar, agencias de adopción, trabajadores sociales, etc. difundiendo información en relación con la experiencia adoptiva. En inglés.

- Chinese Adoptee Links International. **www.chineseadopteelinks.org**
  Su objetivo es poner en contacto a personas adoptadas chinas de todo el mundo. Entre sus fundadoras cuenta con investigadoras y eruditas como Mei-Mei Akwai Ellerman, adoptada de 82 años, y la periodista china residente en el Reino Unido, Xinran Xue; autora del libro *Nacer mujer en China*. En inglés.

- Internacional Adoptee Congress **www.internationaladopteecongress.org**
  Entre sus objetivos está el desarrollo de recursos para adoptados a partir de la adolescencia, con la novedad de que serán recursos creados por adoptados internacionales. En inglés.

- Internacional Korean Adoptee Associations **www.ikaa.org**
  IKAA se estableció en 2004 como un espacio para proveer de recursos a la comunidad de coreanos adoptados en diferentes países del mundo. En inglés, francés y coreano.

- Global Overseas Adoptees' Link (G.O.A.'L), **www.goal.or.kr**
  Es una ONG, establecida en Seúl desde Marzo de 1998, que cuenta con más de 100 voluntarios coreanos para ayudar a aquellos adoptados que retornan a Corea. Les proporcionan conocimientos sobre cultura y costumbres coreanas, les ayudan a buscar trabajo y vivienda, así como a acoplarse a la vida en Corea. También colaboran en la localización de sus familias biológicas.
  Otro objetivo importante de esta organización es servir de voz de los adoptados en su país de nacimiento, haciendo que tanto el gobierno como la misma sociedad coreana tomen conciencia de la existencia de los coreanos adoptados internacionalmente y del significado de la adopción.
  Para aquellos que sólo vuelven para conocer el país, la organización les proporciona traductores, guías y un departamento de búsqueda de la familia biológica.
  G.O.A.'L también mantiene una lista de contacto de todos los adoptados que residen actualmente en Corea, con el objetivo de que puedan entrar en contacto e intercambiar experiencias. En coreano, inglés y francés.

- Inter-Country Adoptee Support Network **www.icasn.org**
  ICASN es una asociación australiana por y para adoptados internacionales, que comparte los mismos objetivos de asociaciones de otros países, a lo que añade el hecho de promover entre sus miembros la participación como monitores en campamentos culturales y otras actividades llevadas a cabo con menores o adolescentes adoptados internacionales de la siguiente generación. En inglés.

- Adopted & Fostered Adults of the African Diaspora **www.afaad.wordpress.com**
  Su objetivo es crear un espacio virtual para hacer visible la realidad de la comunidad adoptiva de la diáspora africana, de forma que sirva de apoyo a quienes de otra forma se puedan sentir aislados en sus experiencias. También pretenden dar voz a mensajes sobre parentesco, familia, raza e identidad negra. En inglés.

- Transnational and transracial adoption group **www.ttag.org.ukl**
  Radicada en el Reino Unido, pretende ofrecer apoyo a personas adoptadas por familias con herencia étnica y cultural diferente a las suyas de origen y, al mismo tiempo, actuar como portavoz de este colectivo a nivel nacional. En inglés.

- La Voix des Adoptés **www.lavoixdesadoptes.blog4ever.com**
  Es una asociación dirigida tanto a los adoptados como a sus familias y personas interesadas en temas adoptivos. Tiene células en función de los países de origen. En francés.

- Dongari Switzerland **www.dongari.ch**
  Es una asociación de adoptados coreanos en Suiza. Ofrece una plataforma donde discutir temas relacionados con Corea y con la adopción, así como ayuda en la búsqueda de las familias biológicas. También organiza actividades sociales para sus miembros. En alemán.

- The Evan B. Donaldson Adoption Institute. *The Gathering of The First Generation of Adult Korean Adoptees: Adoptees'Perceptions of Internacional Adoption* **www.holtintl.org/pdfs/Survey2.pdf**
  Este encuentro de adoptados adultos coreanos, fue el primero de su especie. Tuvo lugar en Septiembre de 1999. Reunió a 400 personas, adoptadas entre 1955 y 1985. El informe contiene una breve historia de la adopción en Corea, los resultados de una encuesta realizada entre los participantes, una sinopsis de los grupos de discusión, una síntesis de las observaciones llevadas a cabo por facilitadores profesionales que trabajaron en los grupos de discusión y una reflexión sobre las implicaciones de las prácticas y las políticas en las adopciones internacionales. En inglés.

EPÍLOGO

Cuando hoy miro hacia atrás, nueve años después de haber iniciado los primeros trámites, me doy cuenta de que en muchas ocasiones he tenido que navegar por aguas desconocidas, a pesar de llevar muchos años dedicada al mundo de la educación desde distintos ámbitos. En esta andadura me han ayudado mucho las anotaciones de otros marineros y especialmente marineras, que abundan más en los foros de Internet, y que también se habían aventurado a navegar por regiones ignotas, como los antiguos exploradores y navegantes. Entre todos hemos empezado a cartografiar las rutas y los mapas para navegar más seguros y alcanzar la tierra soñada, así que espero y deseo que las anotaciones y derivas de este libro contribuyan de alguna manera a que cada uno de nosotros encontremos el camino que lleve a nuestras familias a disfrutar con plenitud de la aventura que un día iniciamos con mucha ilusión, pero quizás también con mucha ingenuidad.

También me gustaría expresar mi agradecimiento a todas aquellas personas, que de una forma u otra, me han animado, acompañado y ayudado en esta aventura de poner en blanco y negro las anotaciones.

A David, que me dio el impulso para empezar y a Juan, por confiar en mí y creer en el proyecto.

A los muchos compañeros/as de viaje, que a través de tantas experiencias compartidas, me han enriquecido con sus vivencias y sus opiniones.

A todas las personas que han tenido la generosidad de compartir un trozo de sus vidas, a través de los «Relatos en Primera Persona».

A José Mª, que elaboró los gráficos y a Maribel, que me ayudó a transcribir la bibliografía.

A Blanca, siempre dispuesta a leer, comentar y corregir los textos.

A Titas, que también está al otro lado del hilo rojo, por sus opiniones siempre certeras y por estar al pie del cañón, a pesar de las circunstancias. A Rut y a Ester por su comprensión y paciencia mientras escribía un libro, que en su opinión, tenía muchas páginas.

Mairena del Aljarafe (Sevilla), 25 de Septiembre de 2007

Bibliografía

ALVAREZ GÓMEZ, Mª José, y CRESPO EGUÍLAZ, Nerea. *Trastornos de aprendizaje en pediatría de atención primaria. IV Jornada de actualización en pediatría*. Foro Pediátrico 5.

ARMSTRONG, Sarah, y SLAYTOR, Petrina (2001). *The Color of Difference. Journeys in Transracial Adoption*. Sydney, Australia: The Federation Press.

ARTIGAS-PALLARÉS, J. (2007) "Atención precoz de los trastornos del neurodesarrollo. A favor de la intervención precoz de los trastornos del neurodesarrollo". *Revista de Neurología*, 44 (Supl. 3): S31-S34.

BECCO, Guillermo R. *Vygotsky y Teorías del Aprendizaje*. Buenos Aires: Instituto San Martín de Tours.

BERÁSTEGUI PEDRO-VIEJO, Ana (2005). *La adaptación familiar en adopción internacional. Una muestra de adoptados mayores de tres años en la Comunidad de Madrid*. Comunidad de Madrid, España: Consejo Económico y Social.

BJÖRKLUND, A. y RICHARDSON, K. *How Adopted Children Born Abroad Fare as Young Adults in the Swedish Labor Market*. Sweden: Stockholm Unversity.

Boletín de la salud y seguridad en el cuidado infantil de Carolina del Norte. Febrero 2004, vol. 4, nº 1.

BOND, June (Spring 1995). "Post Adoption Depressión Syndrome". *Roots and Wings*.

BUENNING, Walter D. "Bonding and Attachment". *Chosen Child Magazine*.

CABODEVILLA ERASO, Iosu (2006). "Duelo en la adopción". *Miscelánea Comillas*. Vol. 64, nº 125, pp. 685-695.

CASTILLO Rubén, LEZAMA OE, Adriana y MORALES, J. (2005). "Rehabilitación neuropsicológica de las funciones ejecutivas en adultos con lesión cerebral a través del Modelo SAINT". Publicado en *Rev Mex Neuroci*; 6 (3): pp. 218-226.

CASTRO CAPARRÓS, M. y SÁNCHEZ NAVARRO, M. *Piaget vs. Vygotsky sobre el Desarrollo Humano.* http://campus.uab.es/~2133542/index.html

CASTRO-GAGO, M.; NOVO-RODRIGUEZ, M. I.; GÓMEZ-LADO, C. y ELRÍS-PUÑAL, J. (2007) "Efecto neuroprotector de los factores dietéticos pre y perinatales sobre el neurodesarrollo". *Revista de Neurología*; 44 (Supl. 3): S1-S10.

COOKS, Feenstra (2004). *El niño superdotado.* Barcelona: Medici.

CORTES GENERALES. DIARIO DE SESIONES DEL SENADO. *Comisión especial sobre la adopción internacional.* Celebrado el 29 de septiembre de 2003. VII Legislatura. Comisiones nº 512.

CYRULNIK, Boris (2006). *Los patitos feos. La resiliencia: una infancia infeliz no determina la vida.* Barcelona: Gedisa.

CYRULNIK, Boris (2003). *El murmullo de los fantasmas. Volver a la vida después de un trauma.* Barcelona: Gedisa.

DALEN, Mónica. *Desarrollo cognitivo y logro educativo en personas adoptadas internacionalmente.* Department of Special Needs Education, University of Oslo, Norway.

DAVIS, Ronald D. (1994). *El don de la Dislexia.* Madrid: Editex.

DEFIOR CITOLER, Sylvia (2000). *Las Dificultades de Aprendizaje: un enfoque cognitivo.* Archidona, Málaga: Ediciones Aljibe.
Desarrollo Cognoscitivo según Lev Vygotsky. www.monografias.com/trabajos15/lev-vigotsky/lev-vigotsky.shtml

ELDRIDGE, Sherrie (1999). *Twenty things adopted kids wish their adoptive parents knew.* United States of America: Bantam Dell.

EVANS, Karin (2000). *The Lost Daughters of China.* New York: Penguin Putnam.

FEDERICI, Ronald S. *Raising the post-institutionalized child risks, challenges and innovative treatment.* http://www.drfederici.com/raising_child.htm

FOLI, PH. D., Karen J. y THOMPOSON, M. D. John R. (2004). *The post-adoption blues. Overcoming the unforeseen challenges of adoption.* United States of America: Rodale.

FRANKE-GRICKSCH, Marianne (2002). *Eres uno de nosotros. Miradas y soluciones sistémicas para docentes, alumnos y padres.* Argentina: Alma Lepik.

FREUNDLICH, M. y LIEBERTHAL, J. K. *The Gathering of the First Generation of Adult Korean Adoptees: Adoptee Perceptions of International Adoption*. New York: The Evan B. Donaldson Adoption Institute.

GONZÁLEZ, Carlos. (2003). *Bésame mucho. Como criar a tus hijos con amor*. Madrid: Temas de hoy.

GARCIA-VILLAMISAR, Domingo y MUÑOZ, Paloma. "Funciones ejecutivas y rendimiento escolar en educación primaria. Un estudio exploratorio". *Revista Complutense de Educación*, 200, vol. 11, nº 1, p. 39-56.

GORDON, Thomas (1977). *P.E.T. Padres Eficaz y Técnicamente preparados. Nuevo sistema comprobado para formar hijos responsables*. México: Diana.

GIBERTI, Eva: *¿Fracasos en familias adoptantes?*. www.evagiberti.com

GINDIS, Boris, Ph. D. "**Activities to Promote Healthy Development**". *Adoption Today*, August/September 2005, vol. 8, nº 1, p. 30-31.

GINDIS, Boris, Ph. D. "**Education Evaluation**". *Adoption Today*, June/July de 2004, vol. 6, nº 6, p. 56.

GINDIS, Boris, Ph. D. "School Readiness and School Placemente of a Newly Adopted Post-institutionalized Child". The family Focus, FRUA (Families for Russian and Ukranian Adoptions). *Newsletter*, summer 2004, vol. X-2, p. 8-10.

GINDIS, Boris, Ph. D. *Language Development in Internationally Adopted Children*. *China Connection*, vol. 10, issue 2, 3004, pp. 34-37.

GINDIS, Boris, Ph. D. *Language Related Issues for Internaltional Adoptees and Adoptive Families*. En T. Tepper, L. Hannon, D. Sandstrom. Eds. "International Adoption: Challenges and Opportunities", pp. 98-108. PNPIC, Meadow Lands, PA.

GINDIS, Boris, PH. D. *Navegating Uncharted Waters: School Psychologists Working With Internationally Adopted Post-Institutionalized children*. Communiqué (National Association of School Psychologists), Part I: 27 (1), 6-9; Part II (2), 20-23.

GINDIS, Boris, PH.D. "Cumulative Cognitive Déficit in Internacional Adoptees: its origin, indicators and means of remediation". Family Focus, FRUA (Families from Russian and Ukranian Adoptions). *Newsletter*, spring 2006, vol. XII-1, pages 1-2 (Part I); summer 2006, vol. XII, pages 6-7 (Part II).

GINDIS, Boris, Ph. D. "Understanding Your Child´s Medical Report: Oligophrenia". *The Post* (Parent Network for the Post-Institutionalized Child), vol. 10, pp. 3-4. PNPIC, Medow Land, PA.

GINDIS, Boris, Ph. D. "Take Charge". *Adoption Today*, February/March 2006, vol. 8, nº 4, pp. 52, 53, 62, 63.

GREENE, Ross W. y ABLON, J. Stuart (2006). *Treating Explosive Kids*. New York: Guildford Press.

GREENE, PH. D., Ross W. (2005). *The explosive child. A new approach for understanding and parenting easily frustrated, chronically inflexible children*. New York: HarperCollins Publishers.

HALABE DE KABABIE, Elvira, dir. (2006). *El Abrazo Consentido*. México: Instituto Prekop.

HELLINGER, Bert y TEN HÖVEL, Gabriela (2002). *Reconocer lo que es*. Barcelona: Herder.

HERNANDEZ-MUELA, S.; MULAS, F.; TÉLLES DE NENESES, M. y ROSELLÓ, B. (2003). "Niños adoptados: factores de riesgo y problemática neuropsicológica". *Revista de Neurología*, 36 (Supl. 1) s. 108-117.

HJERN, Anders; LINDBLAAD, Frank y VINNERLJUNG, Bo. *Suicide, psychiatric illness, and social maladjustment in intercountry adoptees in Sweden: a cohort study*. The Lancet, vol. 360, issue 9331, 10 august 2002, pp. 443-448.

HUBINETTE, Tobías (2002). Stockholm University, Sweden. *The Adopted Koreans – Diaspora Politics and the Construction of an Ethnic Identity*. Paper presented at the First World Conference of Korean Studies, Academy of Korean Studies, Seongnam, Korea, July 18-20.

IBIC, Ivan. *Vygotsky*. Perspectivas (París, UNESCO: Oficina Internacional de Educación), vol. XXIV, nº 3-4, 1994, pp. 773-799.

IVANOVIC, Daniza; ALMAGIA, Atilio; TORO, Triana; CASTRO, Carmen; PEREZ, Hernán; URRITIA, Mª Soledad; CERVILLA, Jorge; BOSCH, Enrique e IVANOVIC, Rodolfo (2000). *Impacto del estado nutricional en el desarrollo cerebral, inteligencia y rendimiento escolar, en el marco de un enfoque multifactorial*. El Portal Educativo de las Américas. Colección La Educación nº (134-135) I, II.

IVANOVIC, D. "Impacto de la nutrición en el rendimiento escolar". *INTA Revista Nutrición 21*, nº 3, Junio/Julio, 2000, Chile.

JEWETT JARRATT, Claudia (1994). *Helping Children Cope with Separation and Loss*. Boston, Massachussetts: Harward Common Press.

JUFFER, F. e IJZENDOORN M. H. van: *Public health: International adoptees and mental health*. http://scienceweek.com/2005/sw050617-6. htm

KELLERMAN, Teresa. *Fetal Alcohol Spectrum Disorders: Soft Signs.* www.come-over.to/FAS/FASsoft.htm

KRASNAPOLSKI, Norma I. *Aspectos silenciados de la adopción.* I Jornadas Interdisciplinarias sobre Adopción. Mendoza. Argentina.

LEIVA PLAZA, Boris; INZUNZA BRITO, Nelida; PEREZ TORREJÓN, Hernán; CASTRO GLOOR, Verónica; JANSANA MEDINA, Joan Manuel; TORO DIAZ, Triana; ALMAGIÁ FLORES, Atilio; NAVARRO DÍAZ, Arturo; URRUTIA CÁCERES, Mª Soledad; CERVILLA OLTREMARI, Jorge e IVANOVIC MARINCOVICH, Daniza. *Algunas consideraciones sobre el impacto de la desnutrición en el desarrollo cerebral, inteligencia y rendimiento escolar.* Publicado en Archivos Latinoamericanos de nutrición. Órgano Oficial de la Sociedad Latinoamericana de Nutrición, vol. 51, nº 1, 2001, págs. 64-71.

MARTÍN, Laura. *Las Diferencias Étnicas y Culturales. Un reto en la adopción internacional.* Junta de Andalucía.

MIRABENT, Vinyet y RICART, Elena (2005). *Adopción y vínculo familiar. Crianza, escolaridad y adolescencia en la adopción internacional.* Fundació Vidal i Barraquer. Barcelona: Paidós.

MIRÓ, Asha (2003). *La hija del Ganges.* Barcelona: Lumen.

MIRÓ, Asha (2004). *Las dos caras de la luna.* Barcelona: Lumen.

MORRIS, Ann (2004). *La experiencia de Adoptar. Segundas oportunidades para los niños y las familias.* Barcelona: Paidós.

NEWTON VERRIER, Nancy (2006): *The Primal Wound. Understanding the Adopted Child.* Gateway Press, Inc., Baltimore, MD.

ORNBRANT, Fedrika (2002). *Adoptions to Sweden.* Embassy of Sweden. Seoul. February 12.

OSORIO ROJAS, Ricardo Arturo. *Aprendizaje y Desarrollo en Vygotsky.* http://www.nodo50.org/sindpitagoras/Vigosthky.htm

PNPIC. *Overview of the Post-Institutionalized Chile.* Issud 1, Rev. 5.

PALACIOS, J.; SÁNCHEZ-SANDOVAL, Y. y LEÓN, E. (2005). "Intercountry Adoption Disruption in Spain". *Adoption Quarterly,* vol. 9 (1), p. 35-55.

PALACIOS, J.; SÁNCHEZ-SANDOVAL, Y. y LEÓN, E. (2005).

Adopción Internacional en España. Madrid: Ministerio de Trabajo y Asuntos Sociales.

PALACIOS, Jesús; SÁNCHEZ-SANDOVAL, Yolanda y LEÓN, Esperanza. *Adelante con la adopción*. España. Junta de Andalucía. Consejería para la Igualdad y Bienestar Social.

POLAINO, Aquilino; SOBRINO MORRÁS, Ángel y RODRÍGUEZ SEDANO, Alfredo. (2002). *Adopción. Aspectos psicopedagógicos y marco jurídico*. Barcelona: Ariel Educación.

PRATS-VIÑAS, J. M. (2007) "A favor de la detección precoz e intervencionismo moderado: ¿hasta qué punto es efectiva la estimulación temprana?". *Revista de Neurología*; 44 (Supl. 3): S35-S37.

PREKOP, Jirina (2005). *El pequeño tirano. La línea media entre límites y permisividad*. México: Herder.

PREKOP, Jirina y HELLINGER, Bert (2004). *Si supieran cuánto los amo*. México: Herder.

REBAGLIATO, M.; BALLESTER, F.; RAMÓN, R. M. y MARCO, A. (2007). «Efectos de la exposición prenatal a contaminantes ambientales y de la dieta materna en el neurodesarrollo. La Red de investigación "Infancia y Medio Ambiente" (Red INMA)», *Revista de Neurología*, nº 44 (Supl. 3), S15-S18.

RIGAU-RATERA, E.; GARCÍA-NONELL, C. y ARTIGAS-PALLARÉS, J. (2006) "Tratamiento del Trastorno de Oposición Desafiante". *Revista de Neurología*, nº 42 (Supl. 2), S83-S-88.

RINCÓN GALLARDO, Laura (2001). *El abrazo que lleva al amor. Cómo sanar emocionalmente a tus hijos con un abrazo*. México: Pax México.

RINCÓN GALLARDO, Laura (2004). *Así fluye el amor*. México: Pax México.

ROBINSON, Evelyn. *Adoption and loss. The Hidden Grief*. www.clovapublications.com

ROMO PEDRAZA, Abel. *El enfoque sociocultural del aprendizaje de Vygotsky*. http://www.monografias.com/trabajos10/gotsky/gotsky.shtmi

ROSAS MUNDACA, M.; GALLARDO RAYO, I. y ANUGLO DÍAZ, P. (2000). "Factores que influyen en el Apego y la adaptación de los Niños Adoptados". *Revista de Psicología*. Año/Vol. IX, Universidad de Chile.

RUSKAI MELINA, Lois (2001). *Cómo educar al niño adoptado. Consejos prácticos y alentadores para los padres adoptivos*. Barcelona: Medici.

SAN ROMÁN, Beatriz (2005). *La aventura de convertirse en familia*. Barcelona: Blur Ediciones.

SCHÜTZ, Ricardo. *Vygotsky y la adquisición de la lengua*. http://www.sk.com.br/sk-vygot.html

SEDA. *Comparecencia de SEDA ante la Comisión Especial sobre Adopción Internacional del Senado (21 Octubre 2002)*.

SIEGEL, Stephanie E. (1989). *Su hijo adoptado. Una guía educativa para padres*. Barcelona: Paidós.

TORRES GONZÁLEZ, José Antonio (2001). "Programa de intervención para alumnos con necesidades educativas de carácter cognitivo". *Acción Pedagógica*, vol. 10, nº 1 y 2, pp. 74-84.

ULSAMER, Bertold (2004). *Sin Raíces no hay Alas*. Luciérnaga.

VAN EERSEL, Patricia y MAILLARD, Catherine (2004). *Mis antepasados me duelen*. Barcelona: Ediciones Obelisco.

VERNY, Thomas y KELLY, John (1988). *La vida secreta del niño antes de nacer*. Barcelona: Ed. Urano.

WEBER, Gunter (ed.) (2001). *Felicidad Dual*. Barcelona: Herder.

WHITE MCCARTHY, Harriet. *Post Adoption Depression. The Unacknowledged Hazzard*. Post-Adoption Learning Center (PAL Center, Inc.).

WHITE MCCARTHY, Harriet. *Survey of children adopted from Eastern Europe. The need for special school services*. http://www.adptionarticlesdirectory.com/Article/Survey-of-Children-Adopted-From-Eastern-Europe---The-Nedd-for-Special-School-Services

XING TAN, Tony. *Child Adjustment of Single-Parent Adoption from China: A Comparative Study*. Department of Pychological and Social Foundations. College of Education. University of South Florida.

XUE, XINRAN (2003). *Nacer mujer en China*. Barcelona: Emecé Ediciones.